中国燃气用具行业发展蓝皮书

中国土木工程学会燃气分会
中国市政工程华北设计研究总院有限公司
组织编写

中国建筑工业出版社

图书在版编目（CIP）数据

中国燃气用具行业发展蓝皮书 / 中国土木工程学会燃气分会，中国市政工程华北设计研究总院有限公司组织编写. — 北京 ：中国建筑工业出版社，2023.8
ISBN 978-7-112-28899-1

Ⅰ. ①中⋯ Ⅱ. ①中⋯ ②中⋯ Ⅲ. ①燃气炉灶-产业发展-研究报告-中国 Ⅳ. ①F426.41

中国国家版本馆 CIP 数据核字（2023）第 123284 号

本书共分 7 章，分别是：家用燃气灶发展历程和现状、集成灶发展历程和现状、家用燃气热水器发展历程和现状、燃气采暖热水炉发展历程和现状、商用燃气燃烧器具发展历程和现状、燃气用具行业发展相关政策、燃气用具行业发展趋势。本书可为燃气应用专业方向的学习和研究提供系统知识，帮助读者充分了解中国燃气用具行业，深刻理解燃气用具相关技术发展现状和未来趋势，从标准和规范层面进一步了解燃气用具相关性能要求、产品设计要求和技术需求，从燃气用具市场现状和发展趋势等方面为企业发展决策提供参考。

本书可供从事城镇燃气用具应用行业技术人员使用，也可供燃气用具（整机、零部件）生产制造企业、高校热能工程专业、具有城镇燃气用具方向的科研院所、燃气具应用质检机构等的技术人员使用。

责任编辑：胡明安
责任校对：姜小莲
校对整理：李辰馨

中国燃气用具行业发展蓝皮书
中国土木工程学会燃气分会
中国市政工程华北设计研究总院有限公司 组织编写
*
中国建筑工业出版社出版、发行（北京海淀三里河路 9 号）
各地新华书店、建筑书店经销
北京鸿文瀚海文化传媒有限公司制版
临西县阅读时光印刷有限公司印刷
*
开本：787 毫米×1092 毫米 1/16 印张：10¾ 字数：260 千字
2023 年 8 月第一版 2023 年 8 月第一次印刷
定价：**108.00** 元
ISBN 978-7-112-28899-1
（41271）

本书编委会

主任委员：王　启

副主任委员：刘　彤　卢宇聪　李忠华　潘垣枝　管江勇
李林涛　谭六明　王云峰　金容范　拉尔夫比尔曼
郑昭敏　邱　步　蔡文杰　钟少海　李祖芹
谢新天　吕　菲　赵继宏　诸永定　孙伟勇
商若云　徐建龙　黄卫斌　鞠木春　唐宏钊
伍笑天　杨　超

编　　委：赵志伟　孙颖楷　陆祖安　孙立东　郑　涛
黄逊青　张华平　张蒙恩　杨　波　麦海湛
孟庆峰　范宇卿　武晓斌　赵　曼　邵柏桂
杨国斌　张　燕　马海川　陈永钊　吴伟良
徐德明　陈月华　邵于佶　李利霞　黄安奎
魏　敏　宋俭明　何明辉　张　劢　狄礼君
袁　磊　陈建松　胥金龙　叶泽文　刘　勇
仇铮铮　杜璟超　陈杭平　庞智勇　时　刚
虞新才　沈行舟　江　涛

主　　编：张杨竣

副 主 编：唐　戎　杨　林　张建海

家用燃气灶（含集成灶）编制组：

闫文涛　户英杰　周　奋　张煜圣　张炳卫　余悦泳　麦海湛
陈　琦　陈　雄　吴伟良　俞　瑜　范建波　夏　曙　邵贤庆
李利霞　李　波　吴贤焘　何风华　张伟国　刘治田　王如晓
李小忠

家用燃气热水器编制组：

张　华　王保友　王家欣　唐元锋　江先明　陈必华　梁国荣
邓飞忠　孙运磊　浦　堃　郭永花　张钰锋　蔡茂虎　孙殳锋
周高云　刘治田　庞　博　叶丽荣　邓海燕

燃气采暖热水炉编制组：

周伟业　余浩伦　梁友新　田建均　曹立国　张　凯　王保友
孟庆峰　靳继祖　毛伟超　徐冬明　蔡茂虎　俞　烨　汪为彪
熊磊明　毕寒冰　武晓斌　宋俭明　杨雨鑫　狄礼君　孔祥宇
任　静　胥金龙　谢镇洲　刘治田　庞　博　孔令军　仇铮铮
陈杭平　叶杨海　江　涛　卢金山

商用燃气燃烧器具编制组：

魏　敏　鞠木春　施世佐　徐委康　张伟国　鲁信辉　廖述武
张学圆

主　审：王　启　高文学　李建勋　李颜强

主编单位： 中国土木工程学会燃气分会
中国市政工程华北设计研究总院有限公司
国家燃气用具质量检验检测中心

参编单位： 广东万和新电气股份有限公司
广东美的厨卫电器制造有限公司
华帝股份有限公司
青岛经济技术开发区海尔热水器有限公司
威能（无锡）供热设备有限公司
广东金美达实业有限公司
博世热力技术（北京）有限公司
北京庆东纳碧安热能设备有限公司
浙江菲斯曼供热技术有限公司
阿里斯顿热能产品（中国）有限公司
艾欧史密斯（中国）热水器有限公司
能率（中国）投资有限公司
广东万家乐燃气具有限公司
广州迪森家居环境技术有限公司
喜德瑞热能技术（浙江）有限公司
沃乐夫暖通设备（上海）有限公司
杭州老板电器股份有限公司
宁波方太厨具有限公司
青岛海尔智慧厨房电器有限公司
浙江亿田智能厨电股份有限公司
浙江帅丰电器股份有限公司
浙江美大实业股份有限公司
火星人厨具股份有限公司
浙江博立灶具科技有限公司
广州市赛思达机械设备有限公司
迅达科技集团股份有限公司
广东合胜热能科技有限公司

法罗力热能设备（中国）有限公司
中山市铧禧电子科技有限公司
西特燃气控制系统制造（苏州）有限公司
台州市迪欧电器有限公司
浙江新涛智控科技股份有限公司
格兰富水泵（上海）有限公司
浙江春晖智能控制股份有限公司
四川昊宇龙星科技有限公司
威乐（中国）水泵系统有限公司
广东百威电子有限公司
温州市爱光机电设备有限公司
湛江中信电磁阀有限公司
诸暨旭泰机械有限公司
广州市精鼎电器科技有限公司
深圳市合信达控制系统有限公司
宁波市万宝电器有限公司
浙江菲达精工机械有限公司
绵阳沃姆斯科技有限公司

特别感谢： 北京奥维云网大数据科技股份有限公司

前言

中国的饮食和烹饪文化具有东方特色，“民以食为天”的文化深植于大众心中，日常“炒、煎、炸、蒸、煮、炖、烤”等烹饪方式都离不开燃气用具的使用，作为与人们日常生活息息相关的产品，家用燃气灶对满足居民烹饪需求、改善厨房环境、提升生活品质发挥着重要作用，商用燃气燃烧器具的广泛应用为旅游餐饮等行业的发展提供重要支撑。燃气热水器和燃气采暖热水炉可随时满足人们对热水使用和供暖的需求，为舒适生活体验和高质量生活水平提供有效保障。与此同时，推进燃气用具产品的应用和煤替代工程，可以持续改善京津冀及周边地区、汾渭平原、长三角地区空气质量，推动北方地区清洁取暖，对大气污染治理和生态环境保护具有重要的意义。随着城镇燃气普及率逐步提升，燃气管网向下延伸，燃气用具的推广使用将充分发挥天然气清洁能源利用优势，发展燃气用具清洁低碳、安全高效的应用技术，是实现绿色低碳发展的有效途径，也是“双碳”目标下的挑战和机遇，“技术为王”将在“双碳”进程中得到充分体现。

为扩大燃气用具应用规模，促进燃气用具行业有序、健康、高质量发展，中国土木工程学会燃气分会、中国市政工程华北设计研究总院有限公司、国家燃气用具质量检验检测中心组织编制了《中国燃气用具行业发展蓝皮书》。

本书的编写始于2021年6月，中国土木工程学会燃气分会开展了以“燃气用具行业发展现状和趋势”为主题的内容征集工作，组织燃气用具行业各环节生产制造企业、百余名行业专家和技术人员，通过资料收集、专家访谈、技术总结、实验研究、数据分析等方式，完成各类燃气用具章节内容的编写工作。此后，经过多次专家研讨会，对编写内容进行阶段性讨论，并开展多轮次的修改，征求专家意见，对编写内容进行全面、严格、权威的专家评审，确保本书内容的准确性和科学性。

本书是一本系统介绍中国燃气用具行业发展现状和趋势的书籍，内容涵盖了五大类燃气用具在中国各阶段的发展历程、市场发展情况、技术水平、标准规范要求、未来发展趋势展望等，共设有七个章节。

第1章到第5章分别对家用燃气灶、集成灶、家用燃气热水器、燃气采暖热水炉、商用燃气燃烧器具等燃气用具发展情况进行系统性梳理，内容涉及发展历程、应用现状、结构部件、标准演变、性能指标、技术发展、企业生产、市场现状等维度，形成完整的燃气用具行业各环节、全链条、全覆盖的知识脉络。

第6章对“十三五”时期以来与燃气用具行业发展息息相关的国家政策进行了梳理，随着“双碳”政策的不断深入，能源发展政策、环保政策以及其他相关政策的大力推进，将继续对燃气用具行业发展起到关键作用。

第7章对燃气用具行业未来发展趋势进行展望。首先，对五大类燃气用具市场发展特点和影响因素进行了分析，并通过数学模型和行业专家问卷打分的方式，对五大类燃气用具未来市场规模进行预测。同时，结合燃气用具发展历程和现状，对五大类燃气用具的标准发展趋势进行总结展望。燃气用具技术发展趋势将集中在推进节能环保技术、提升产品舒适性、加快智能化应用、统筹发展多能源应用、建设数字化质量管控、合理发展小型化和集成化技术、加强可靠性和耐用性、推动智能制造等方面。

本书可为燃气应用专业方向的学习和研究提供系统知识，帮助读者充分了解中国燃气用具行业，深刻理解燃气用具相关技术发展现状和未来趋势，从标准和规范层面进一步了解燃气用具相关性能要求、产品设计要求和技术需求，从燃气用具市场现状和发展趋势等方面为企业发展决策提供参考。

本书在编写过程中承蒙上级领导单位的大力支持，得到了燃气用具行业各重点企业、研究机构、高等院校的大力协助，这些单位为本书的编写提供了宝贵资料和意见，特此致谢。

目　录

第1章 家用燃气灶发展历程和现状

家用燃气灶是一种通过特定的燃烧器结构，将燃气在特定供气压力下进行充分燃烧后用于加热炊具的家庭用燃气用具。家用燃气灶具有操作简单、方便耐用等优点，已广泛应用在千家万户的日常生活中，满足人们日常烹饪需求。

1.1 家用燃气灶发展历程

1.1.1 起步阶段

在1980年以前，中国燃气事业发展比较落后，城市燃气处于起步阶段，普及程度低。燃气主要以人工煤气、液化石油气为主，天然气为辅。燃气的生产、储存、输配、销售等环节形成了政府投资、国有企业经营和管理、运营经费由财政补贴的运营管理模式。与城市燃气发展同步的家用燃气灶同样处于起步阶段，燃气灶作为燃气用具中的主力产品，经历了从无到有、从小到大、从单一到多样的发展历程。

此阶段，家用燃气灶产品结构非常简单，功能单一，材料大多为铸铁，被称为铸铁灶，其表面采用喷涂等方式处理，制造工艺处于比较原始的状态，点火方式落后，无电点火装置，靠火柴引燃。

1.1.2 发展阶段

1980—1990年期间，家用燃气灶处于发展阶段。随着中国经济的高速发展、人口规模增加以及居民收入水平的提高，对燃气的需求与日俱增。同时，在国家节能政策的推动和节能资金的支持下，我国建成了一批以工业余气为主的燃气利用工程，许多城市建设了配气管网等基础设施，促进了城市燃气的发展。随着改革开放的深入，我国燃气事业得到快速发展，家用燃气灶行业跟随我国燃气事业的发展齐头并进。

我国市场经济的兴起，使得国外燃气灶具不断涌入我国市场，国内燃气灶具企业由原来的十多家猛增到百余家，企业类型由原来的燃气公司独家垄断发展为国营、集体、民营等各种企业类型，国外的品牌燃气用具生产企业开始在国内寻找合作伙伴，以中外合资办厂的方式带动了我国家用燃气灶行业的发展。

此阶段，家用燃气灶的产品质量和外观发生根本改变，产品种类和功能也不断变化，材质方面也由铸铁向钢板搪瓷和不锈钢演变，点火方式由火柴点火演变为压电陶瓷式点火和脉冲式点火，提高了操作的安全性和便捷性；搪瓷面板台式燃气灶和不锈钢面板台式燃气灶逐步取代了铸铁支架、铸铁面板、铸铁炉头的铸铁燃气灶；燃烧器结构形式开始多样化，经典的铸铁炉头搭配锻铜火盖的直火燃烧器、不锈钢炉头火盖的旋火燃烧器相继问世。受铸造工艺和技术水平的影响，以及人工煤气气源质量不稳定影响，此阶段家用燃气灶的耐用性和燃烧稳定性存在一些问题，使用一段时间后容易出现回火、脱火、黄焰和燃烧不稳定等问题。

在参考国外相关技术标准并结合中国国情的基础上，中国市政工程华北设计院（现：中国市政工程华北设计研究总院有限公司，以下简称华北院）经过大量调查研究和科学实验，确定了中国家用燃气灶的主要质量指标，编制了《家用煤气灶》CJ 4—1983 标准。该标准的发布与实施，首次规范了市场上家用燃气灶的性能，引导家用燃气灶生产研发不断改进，在耐用性和可靠性等方面有了大幅提升。

1.1.3 突破阶段

1990—2000 年期间，家用燃气灶进入技术突破阶段。在此期间中国经济进入了一个飞速发展阶段，国家开始大规模的城市燃气基础设施建设，并在规划、建设、政策和资金上给予支持，促使中国燃气行业进入快速成长时期。与城市燃气发展紧密相关的家用燃气灶行业进入突破发展阶段。

随着国外先进燃气灶研发制造技术的引入，中国家用燃气灶行业开始形成品牌整机企业和零部件生产企业分工协作的行业格局，市场上出现了一批有一定规模的外资、合资、国产燃气灶企业，专业化分工局面的形成促进了行业的高速发展。同时，家用燃气灶行业开始纳入生产许可管理范围。

此阶段，家用燃气灶品类增多，款式新颖，安全措施增强，材质、功能和性能等方面均有所改善。旋火灶、红外线灶、聚能灶、防干烧灶等产品相继推出市场，在保证燃烧性能优越、安全可靠的基础上，又满足了用户使用方便的需求。家用燃气灶在产品质量、性能指标先进性、节能环保、安全使用等方面得到了技术突破。材质基本淘汰了铸铁，出现了彩釉钢化玻璃、微晶玻璃、不锈钢等面板材质，使用中易清洁、不粘油；燃烧器采用了火焰监测、上进风等技术，此外无焰燃烧、催化燃烧、强鼓风燃烧等先进燃烧技术也得到应用，铸铝合金燃烧器技术也得到了突破；点火方式采用压电陶瓷点火和电脉冲点火，燃气泄漏报警装置、自动安全保护装置等开始在家用燃气灶中应用。

此阶段，发布了新版国家标准《家用燃气灶具》GB 16410—1996，规定了家用燃气灶的技术要求、试验方法和验收规则等内容；编制的《家用燃气用具的通用试验方法》GB/T 16411—1996，规定了人工煤气、天然气、液化石油气的家用燃气用具的通用试验方法。

1.1.4 高速发展阶段

2000—2010 年期间，中国家用燃气灶行业处于高速发展阶段。此期间，中国投入城市燃气基础设施建设的资金逐年增加，耗资千亿的“西气东输”“陕气进京”“川气东送”等工程的竣工，为能源结构的调整提供了可靠的保障，极大地促进了中国天然气的利用，扩大了城市燃气的用气规模，提升了城市燃气普及率，中国城市燃气进入了向天然气转换的新时代。同时，中国房地产行业高速发展，中国城市厨房全面升级，农村家用燃气灶产品开始普及，一些综合性大品牌纷纷进入家用燃气灶行业，产品细分出一些新品类，如烤箱、集成灶、蒸箱产品，品牌集中度提高，行业格局基本形成。

随着中国加入世界贸易组织，在出口强劲增长的拉动下，燃气用具行业销量快速增长，其中质量可靠、价格实惠的家用燃气灶出口增速达到 20%以上，同时城镇化建设规模不断扩大，在家电下乡等惠民政策的助推下，家用燃气灶行业得到高速发展，产品的安全性得到更可靠的技术保障，部分产品与技术达到国际先进水平。

此阶段，家用燃气灶产品结构逐渐从台式转向以嵌入式为主导，不锈钢面板燃气灶逐渐成为主流，玻璃面板燃气灶开始流行。家用燃气灶质量有了很大提升，各零部件品质和功能都有较大提高，例如燃气阀门种类增多，燃烧器花样百出，燃烧性能有了很大的提高。技术领先企业通过优化产品结构、改进燃烧技术，开发了“五腔驱动”“五环劲火”“四翼旋火”“双效内焰火”等燃烧器，研发了采用多孔陶瓷板的红外线燃气灶、多混合垂直引射燃气灶、双高嵌入式燃气灶等产品，提升家用燃气灶质量安全性能和热效率。同时，家用燃气灶企业为了迎合各层次消费者的需求，开发出了形式多样、功能丰富的燃气灶或者燃气组合灶，卡式炉、燃气集成灶、烤箱灶在市场上的销售份额不断扩大。

此阶段，国内家用燃气灶生产企业的科研技术水平不断提高。部分城市开始禁止使用非安全型家用燃气灶，极大地促进了熄火保护装置、过热保护装置等燃气灶安全防护技术研发。随着天然气市场的快速发展，气源多元化与种类多样化程度不断加深，针对气源种类复杂、气质发生变化，研制了适应范围更广的家用燃气灶，通过调节或更换喷嘴实现多种气源的适应性。此外，随着计算机技术的不断发展，逐渐开始将数值模拟方法用于燃气灶的开发研究，以解决试验方法中存在研发周期长、成本高等问题。

为保障市场流通的家用燃气灶性能，国家修订发布了《家用燃气灶具》GB 16410—2007，新版国家标准在主火功率、熄火保护装置、环保条款以及燃烧器材料等方面进行修订，修订后的部分参数高于欧美国家标准。

1.1.5 稳定创新阶段

2010 年至今，为中国家用燃气灶的稳定创新时期。此期间，中国建成了西北、东北、西南及海上四大油气战略通道，中俄东线、东北管网系统、陕京系统和西气东输系统互联互通，共同组成了纵贯南北、横跨东西和连接海外的天然气管网，保障国家能源安全。天然气产业高速发展，促进了中国家用燃气灶行业新发展。

此阶段，嵌入式家用燃气灶成为主流，台式不锈钢燃气灶逐渐成为二线产品。集成灶突破了发展前期存在的问题，发展速度较快，成为近十年新的增长点。从 2011—2016 年，家用燃气灶行业产量稳步增长，市场需求与产品销量进入相对平衡阶段。同时，一些大的生产企业在产品质量、技术创新、市场营销等方面投入重金。一些一线品牌的大企业，已经建立起自己的研发团队，打造自己的市场营销模式，在市场上逐步树立起品牌优势，并进一步向二三线市场开拓。

家用燃气灶产品整体达到了较高水平，制造工艺大大提高，产品能效提升，外观设计亮点突出，智能化产品逐步进入用户视野。家用燃气灶行业经过近四十年的发展，随着产业投入加大、技术突破与规模积累，在产品技术水平和质量水平上均取得长足进步，基本达到国际先进水平，部分技术达到了国际领先水平。

此阶段，发布了新版国家标准《家用燃气灶具》GB 16410—2020 和《家用燃气灶具能效限定值及能效等级》GB 30720—2014。在现行国家标准的引领下，各企业加大创新力度，采用不同的技术路线优化燃烧器和产品设计，家用燃气灶产品在节能、环保等方面取得一定成效。家用燃气灶热效率有了较大提升，由原先大部分产品热效率在55%左右，通过能效技术研发将热效率提升至一级能效，有部分企业产品的热效率值突破了70%。家用燃气灶火力调节更加人性化，实现“燃烧器火力宽控化”，同时定时与防干烧技术也日趋完善，出现了蓝牙智控型、高效智能触屏控制、新型光控、低功耗智能火力控制等新型家用燃气灶，可实现远程智能控制，具有电子脉冲点火、熄火保护、童锁保护等功能。此外，在材质方面出现了微晶玻璃面板，具有良好的耐冲击与耐高温性能。

1.2 家用燃气灶应用现状

1.2.1 家用燃气灶产品类型

家用燃气灶按燃气类别可分为人工煤气灶、天然气灶、液化石油气灶、沼气灶等；按灶眼数可分为单眼灶、双眼灶、多眼灶；按结构形式可分为台式燃气灶、嵌入式燃气灶、落地式燃气灶、组合式燃气灶、其他形式燃气灶；按燃烧方式可分为大气式燃气灶、红外式燃气灶、大气-红外复合型燃烧器；按点火方式分为脉冲点火型、压电陶瓷点火型；按进风方式分为下进风、上进风、立体进风；按面板材料分为不锈钢面板、钢化玻璃面板、微晶玻璃面板、陶瓷面板、喷涂面板等。

1. 台式燃气灶

台式燃气灶是一种放在橱柜或其他家具台面上使用的家用燃气灶，由燃烧器、旋塞阀、熄火保护装置、电点火装置和壳体等组成，如图1-1所示。台式燃气灶是家用燃气灶发展过程中很重要的一类产品，曾一度为全国消费者喜爱。

台式燃气灶的优点是结构简单、维护方便、价格低廉；橱柜不用开孔，空气补充顺畅，燃烧充分；燃气发生泄漏时不会在家用燃气灶或橱柜内积聚，容易被发现，不会出现严重的安全事故。其缺点是由于放置在台面上，使用时容易滑动，美观性差。目前台式燃气灶主要分布在农村市场或老住宅区，市场占比逐渐萎缩。

图1-1 台式燃气灶

2. 嵌入式燃气灶

嵌入式燃气灶是一种镶嵌在烹饪台面使用的家用燃气灶，由底壳、旋塞阀、燃烧器、电点火装置、熄火保护装置、控制器、面板等部分组成，如图 1-2 所示。嵌入式燃气灶的主体部分和燃气接口均在操作台下方，可实现与橱柜的完美搭配，节约了厨房空间，且比较美观，是市场上主流产品。

图 1-2　嵌入式燃气灶

嵌入式燃气灶因燃气管道和接口均在橱柜内，避免了油污和高温对气管的影响，但同时由于产品嵌装在橱柜内，产品设计上需更重视空气补充方案和开关柜门对产品燃烧稳定性的影响，以及更加重视燃气泄漏积聚的风险。

嵌入式燃气灶的优点是美观性好，与橱柜形成一体；使用时不会出现滑动，舒适性好。缺点是需要在橱柜上开安装孔，每个厂家的燃气灶开孔尺寸不一致，置换时造成不便；橱柜要求开设进风口，蟑螂、老鼠等小动物容易进入，影响卫生，内部清洁不方便。为克服上述缺点，近年来嵌入式燃气灶相关技术取得了突破性进展，整机结构更加优化，有效避免了污物进入燃气灶内部，同时防干烧技术也在部分嵌入式燃气灶中得到应用。

随着住房装修的提升，嵌入式燃气灶市场占比不断提升。部分企业考虑到用户使用时的便利性，在嵌入式燃气灶底壳上带有可拆卸的灶脚，推出安装结构灵活的台嵌两用式燃气灶，如图 1-3 所示。

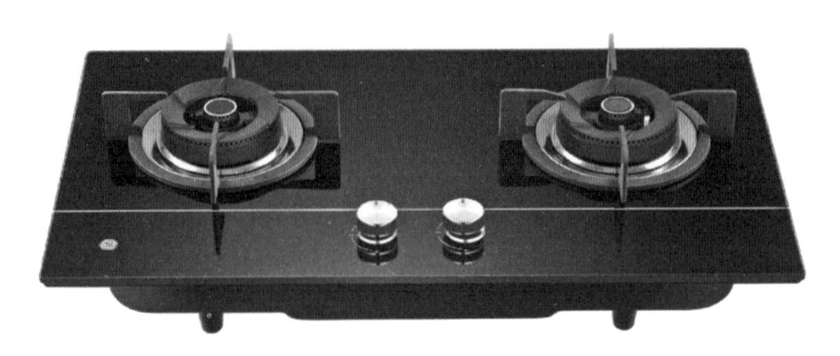

图 1-3　台嵌两用式燃气灶

3. 大气式燃气灶

大气式燃气灶是基于大气式燃烧器，采用部分预混燃烧方式的一种较常见的家用燃气灶，如图 1-4 所示。大气式燃气灶的燃气在一定压力下，以一定流速从喷嘴流出，进入引射器吸气收缩段，靠燃气自身的能量吸入一次空气。在引射器内燃气和一次空气混合，经过头部的火孔流出，并从周围再获取二次空气进行燃烧，形成具有内、外焰的本生火焰，产生的高温烟气主要以对流换热的方式对锅具加热。

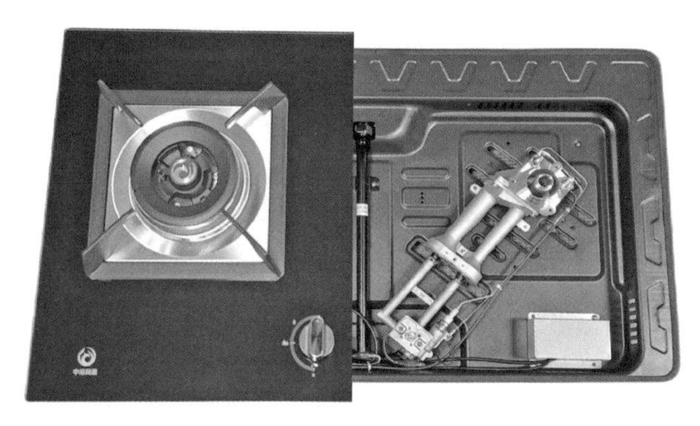

图 1-4　大气式燃气灶

大气式燃烧器的一次空气系数通常为 0.45～0.75；燃气从火孔出口的流出速度大致为：天然气 1.0～1.3Nm/s，液化石油气 1.2～1.5Nm/s，炼焦煤气 2.0～3.5Nm/s。大气式燃气灶结构简单，操作方便，调节范围宽，特别适用于家庭炊事，故长期广泛使用。但大气式燃气灶热效率低、烟气中氮氧化物含量相对较高、火焰分散，当配风不合理时一氧化碳易超标、易出现积碳和熏锅现象，导致辐射换热量降低。

4. 红外式燃气灶

红外式燃气灶是基于完全预混式红外线辐射燃烧器，采用完全预混燃烧方式的一种家用燃气灶，如图 1-5 所示。红外式燃气灶的结构主要由引射器、辐射板炉头、分气盘、锅支架等组成，辐射板炉头有多孔陶瓷板和金属纤维网两种材质。

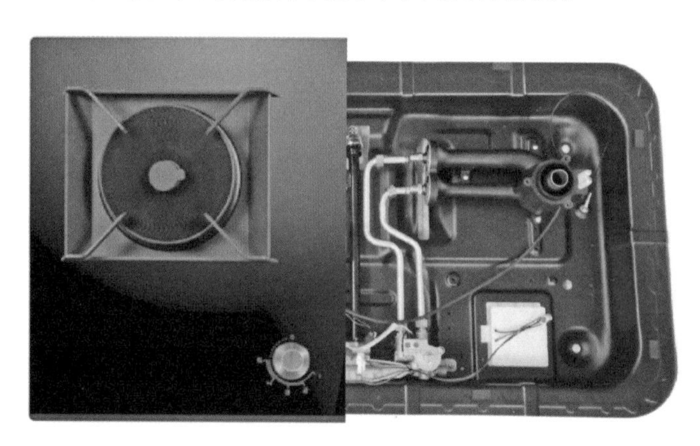

图 1-5　红外式燃气灶

红外式燃气灶利用引射器预混燃气燃烧所需要的全部空气，通常过剩空气系数在 1.05～1.10，燃气、空气混合物以 0.1～0.14m/s 的速度从数千个小孔道溢出并在孔道表面进行燃烧，点火后约 40～50s，燃烧器表面温度可达到 850℃以上，最高可达到 1100℃，面板被加热到赤红状态。面板和高温烟气对锅具进行辐射和对流传热，此时燃烧为无焰状态。

红外式燃气灶的优点是火焰温度较均匀，一氧化碳和氮氧化物排放量极低，辐射换热量大，热效率高。缺点是当结构设计不合理时，易出现引射的空气量不足、混合不均匀等问题；火焰稳定性差，易出现回火现象；火孔热强度低、大热负荷时需要的陶瓷板或金属纤维网面积大；使用寿命和易清洁性有待提高等。

5. 旋流式燃气灶

旋流式燃气灶是大气式燃气灶的一种，主要区别在于头部火孔的形式及出气角度。旋流式燃气灶的燃烧器利用气体旋流的作用，强化传热，达到改善燃烧效果的目的。旋流式燃烧器按火孔的分布规律可分双旋流燃烧器和单旋流燃烧器，目前中国家用燃气灶应用的主要是双旋流式燃烧器。

旋流式燃烧器由炉头（带火盖）、引射器、喷嘴、调风板等部分组成，如图 1-6 所示。当燃气在一定压力下以一定流速从喷嘴流出，进入混气管，燃气靠本身的流速吸入一次空气。在混合管内燃气与一次空气混合，然后从火孔以一定的夹角、流速喷出，燃烧的同时形成聚焦的螺旋形柱体，在圆柱体中心形成烟气回流区。混合气与二次空气在炽热的回流烟气作用下受到强烈的预热，增加了燃烧速度，对燃烧起到了强化作用。

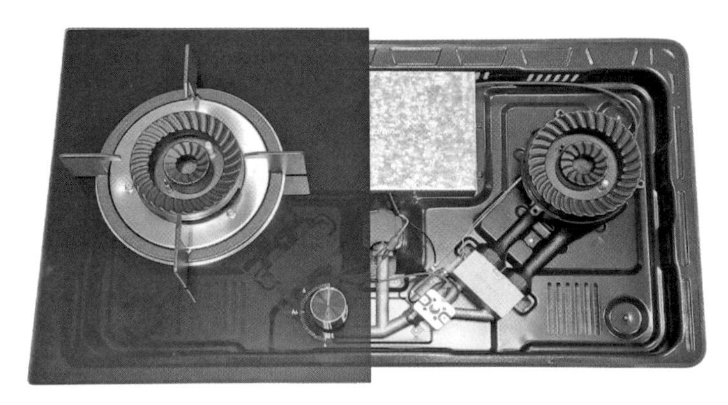

图 1-6　旋流式燃气灶

1.2.2　家用燃气灶结构及部件

家用燃气灶主要由燃烧系统、气路控制系统、点火系统、安全系统及外观部件组成。

燃烧系统由火盖、分气盘、引射器、喷嘴和风门片组成，其工作原理是燃气经过阀门调节后经阀体中的管路从喷嘴喷出，经引射器的作用将周围的空气吸入引射器内部，在引射器内燃气和一次空气充分混合，然后经分气盘进行合理的气流组织后，从火盖火孔流出点燃燃烧，未燃气体与空气进行二次混合后充分燃烧。

气路控制系统主要由主通气管、进气管接头和阀体总成组成，主要作用是把具有一定压力和流速的燃气经阀体调节后输送给燃烧系统。

点火系统的作用是将火孔出口处的燃气-空气混合气体点燃，由点火针和点火器构成，大部分使用脉冲点火或压电陶瓷点火。

安全系统指在燃气灶工作过程中，对安全性进行监控，防止意外发生的装置，主要包括了熄火保护装置和防干烧保护装置等。

外观部件主要是指面板、盛液盘、锅支架、底壳、旋钮等。

1. 燃烧器

家用燃气灶燃烧器按照一次空气系数分类，可以分为扩散式燃气器、大气式燃烧器和全预混燃烧器；按照空气的供给方法分类，可以分为引射式燃烧器、鼓风式燃烧器等；按照火孔方式分类，可以分为直火燃烧器、旋火燃烧器和直火-旋火组合燃烧器。

引射大气式燃烧器一般由引射器、分气盘、火盖、喷嘴和调风板等组成，如图 1-7～图 1-9 所示。

图 1-7 铸铁分体式引射大气式燃烧器

1—固定喷嘴；2—火盖（带稳焰）；3—分气盘；4—铸铁引射器；5—调风板

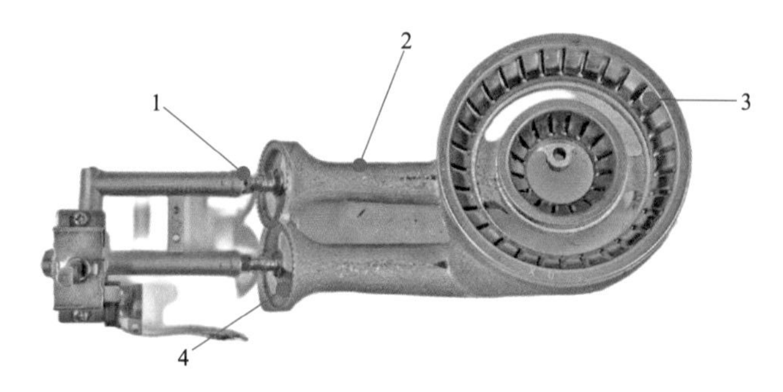

图 1-8 铸铁一体式引射大气式燃烧器

1—固定喷嘴；2—铸铁引射器；3—一体式火盖；4—调风板

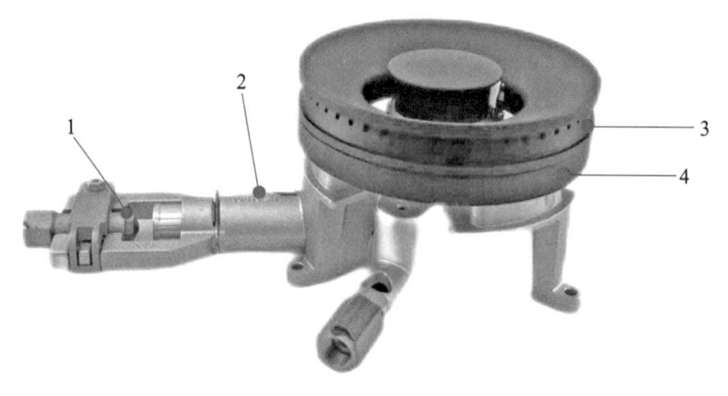

图 1-9 铸铝分体式引射大气式燃烧器

1—可调喷嘴；2—铸铝引射器；3—火盖；4—分气盘

喷嘴是燃气灶的主要零部件之一，一般是安装在炉头引射管处或者安装在阀体管路上，分为固定喷嘴和可调喷嘴两种，固定喷嘴结构简单、阻力小，引射空气的性能较好，但只能适应一种燃气；可调喷嘴结构复杂、阻力大，引射空气的性能较差，但能适应燃气性质的变化。

引射器包括吸气收缩管、混合管、扩压管等，其材质一般为铸铁、铸铝、不锈钢等，一体铸造完成或压制，也有采用分体结构设计，其作用是输送一定量的燃气，将高能量的燃气引射低能量的空气，并使两者在内部均匀混合，混合气体形成一定压力，克服通道阻力损失，在火孔出口获得一定速度，保证火焰燃烧的稳定性。

分气盘的材质一般分为铜制、铝制、不锈钢等，其作用主要是把燃气和空气混合气体均匀地分布到火盖的火孔上。

火盖的材质一般有铸铁、不锈钢、铜合金三种，可做成多火孔头部和单火孔头部，与分气盘配合使用。多火孔头部的火孔有多种形式，如圆火孔、方火孔、条形火孔和带稳焰孔的火孔等；单火孔主要用于某些要求火力集中和火孔热强度高的大气式燃烧器。不同的火孔和火盖外观设计相匹配，形成不同的火焰形态，也是产品之间不同外观的体现。火盖的结构形式多样，如双环火圆火孔火盖、多环火圆火孔火盖、红外多孔陶瓷板火盖、红外金属多孔板火盖、上进风旋流火孔火盖等。

调风板一般固定在引射器的进气孔处，主要作用是用来调节一次空气的进气量，使燃气和空气的比例适当，保证燃烧稳定性。

各种火盖燃烧器见图 1-10～图 1-13。

图 1-10　双环火圆火孔火盖燃烧器

图 1-11　红外多孔陶瓷板火盖燃烧器

图 1-12　多环火圆火孔火盖燃烧器

图 1-13　上进风旋流火孔火盖燃烧器

2. 阀体

家用燃气灶阀体有旋塞阀、比例阀、步进电机调节阀等，其中以旋塞阀为主导，部分高端燃气灶和电控燃气灶采用比例阀、步进电机调节阀、电磁分段阀来实现燃气流量控制。

旋塞阀根据家用燃气灶结构分类，可分为台式用旋塞阀和嵌入式用旋塞阀。台式用旋塞阀采用锥度阀芯密封，机械旋转角度来调节热负荷，集成熄火保护与压电点火功能。阀轴与喷嘴角度有12.5°、30°、60°，以适用于不同结构的家用燃气灶，如图1-14所示。嵌入式用旋塞阀采用锥度阀芯密封，机械旋转角度来调节热负荷，集成了熄火保护装置与电点火功能，结构类别上有插管阀和走管阀之分。插管阀又称为直插阀，是指在阀体上直接装上喷嘴和调节风门片，并将其直接与燃烧器组装，中间不通过其他管路连接，如图1-15（a）所示。走管阀是指阀体上安装接头，接头连接外置的气管（一般为铝管或铜管），气管的另一端连接喷嘴和调节风门片，最后组装到燃烧器上，如图1-15（b）所示。插管阀和走管阀有各自的优点，插管阀可以有效降低生产成本，走管阀可以适应不同燃烧器位置的安装需求。

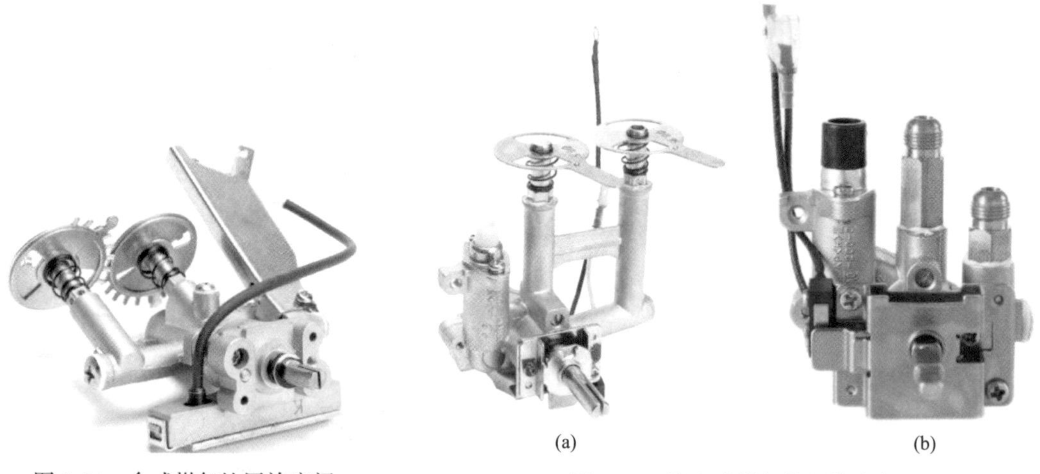

图1-14　台式燃气灶用旋塞阀

图1-15　嵌入式燃气灶用旋塞阀
（a）插管阀；（b）走管阀

步进电机调节阀用步进电机调节燃气通道，实现热负荷调节，能精确控制各位置的燃烧热负荷，并实现极大和极小燃烧热负荷的控制，在步进电机调节阀上集成智能控制等功能模块来满足智能家用燃气灶的需求，如图1-16所示。

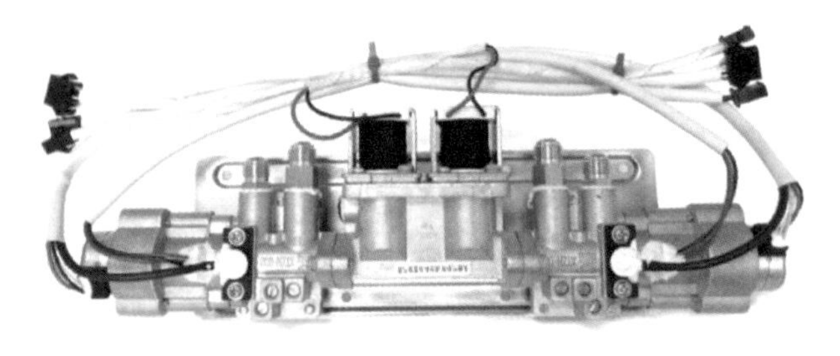

图1-16　步进电机调节阀

家用燃气灶用阀体的创新发展历程主要分为以下几个阶段：

第一阶段，普通旋塞阀体。只具有关闭和调节功能的阀体，分为单通道输出阀体和双通道输出阀体，分别与单环火燃烧器和双环火燃烧器配合使用，家用燃气灶使用火柴点火。

第二阶段，在普通阀体的基础上，增加了压电装置，包括压电陶瓷、撞击锤、点火针、点火燃烧器、拨片等。

第三阶段，带熄火保护压电点火的旋塞阀总成，在第二阶段阀体的基础上，增加熄火保护电磁阀和推顶结构，此阶段也有双金属片式的热控安全阀。

第四阶段，带熄火保护脉冲点火的旋塞阀总成，在第一阶段阀体的基础上增加微动开关，由微动开关连通点火电路，或由微动开关提供的开关信号给控制器，由控制器来启动点火。

3. 脉冲点火控制器

脉冲点火控制器的主要功能是产生高压脉冲，高压脉冲在点火电极和燃烧器之间放电产生电火花。脉冲点火控制器的关键元器件有振荡变压器、CBB储能电容、触发管或可控硅、高压包等。

主流脉冲点火控制器可分为普通型、普通热电偶型、普通自吸阀型、多功能型和智能家用燃气灶控制器等。普通型只有脉冲点火功能，常用于单线圈热电偶电磁阀；普通热电偶型又分为单延时型（具有吸阀延时功能）和双延时型（具有点火延时和吸阀延时功能），常用于双线圈热电偶电磁阀；多功能型的脉冲点火控制器不仅具有脉冲点火、点火延时、吸阀延时功能，而且还具有锅底温度探测、定时燃烧、吸油烟机和家用燃气灶联动等功能。目前中高档的家用燃气灶都使用脉冲点火，点火可靠性强、寿命长久。

图1-17是一个普通型脉冲点火器的电原理图，图中的T_3是振荡变压器、C_1是CBB储能电容、E_1是触发管、T_1和T_2是高压包。其工作原理为：当左炉开关闭合时，Q_1、T_3、R_2组成的振荡器产生振荡，将电池的1.5V或3V直流电变换升压为交流电，T_3输出的振荡电压经过二极管D_1整流后给电容器C_1充电，当电容器C_1的电压充到大约150V时，触发管E_1导通，电流流过高压包T_1后在L_HV端产生12 kV以上的高压，L_HV的高压端和地（燃烧器）之间（大约5mm间隙）放电产生一个电火花。当完成一次放电后，触发管E_1截止，整流二极管D_1输出的电压再次给电容器C_1充电，进入下一次充电、触发导通、高压放电的过程。当左炉开关断开时，Q_1、T_3、R_2组成的振荡器停

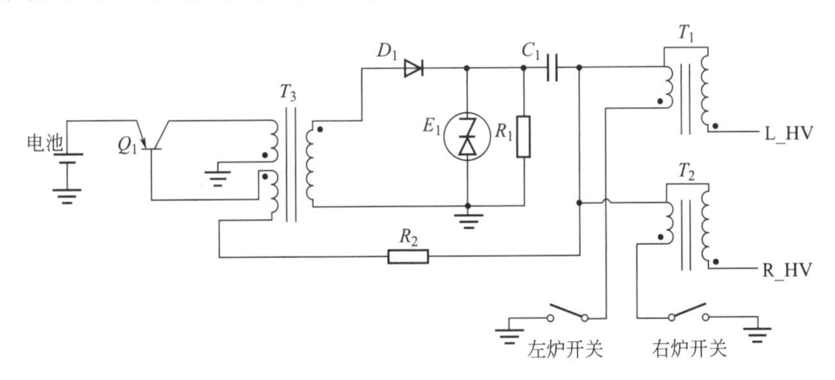

图1-17 普通双炉脉冲点火器电原理图

止振荡，L _ HV 和地（燃烧器）之间随之停止放电。当右炉开关闭合时，R _ HV 产生高压脉冲，R _ HV 的高压端和地（燃烧器）之间（大约 5mm 间隙）放电产生持续的电火花，其工作原理与左炉相同。

4. 压电陶瓷点火器

压电陶瓷点火器主要依靠具有压电效应的陶瓷元件，将机械能转化为电能，瞬间放电产生电火花引燃混合气。压电陶瓷点火器由高压点火针、耐高压橡胶导线、压电陶瓷、击锤、复位弹簧、外壳体等组成，具有压电效应的物质一般以钴钛酸铅为原料制成。

图 1-18 带有压电陶瓷点火器的阀体

压电陶瓷点火器工作原理是当按下并旋转旋钮，旋钮杆上的拨叉摆动，推动点火器内的击锤内移，击锤复位弹簧被压缩，当旋钮旋转到 90°时，拨叉脱离击锤，在弹簧力的作用下，击锤击打压电陶瓷负极，在正极产生瞬间高压，点火针产生电火花引燃气体。

台式燃气灶一般较多采用该点火方式，其缺点是由于按压并旋转一次只能点一次火，点火准确率相对较低，且使用寿命相对较短，图 1-18 为带有压电陶瓷点火器的阀体。

5. 熄火保护装置

为保障家用燃气灶的用气安全，现行国家标准《家用燃气灶具》GB 16410—2020 中强制规定，所有类型的家用燃气灶每个燃烧器均应设置熄火保护装置。熄火保护装置根据传感器类型，可分为热电式熄火保护装置和离子感应式熄火保护装置。一般家用燃气灶中热电式熄火保护装置较常用。

热电式熄火保护装置由热电偶和电磁阀两部分所组成，如图 1-19 所示。热电偶做传感元件，电磁阀做控制元件，当热电偶感知火焰熄灭现象发生时，电磁阀自动切断燃气通路。热电偶是由两种不同的合金材料组合而成，两种不同成分的导体两端接合成回路，当接合点的温度不同时，在回路中就会产生电动势，形成电流，电流作用于电磁阀驱动进气阀门保持开启状态，当火焰熄灭时，电流消失，进气阀门关闭。其优点是能耗小，结构简单、安装方便；缺点是热惰性大、反应速度慢。

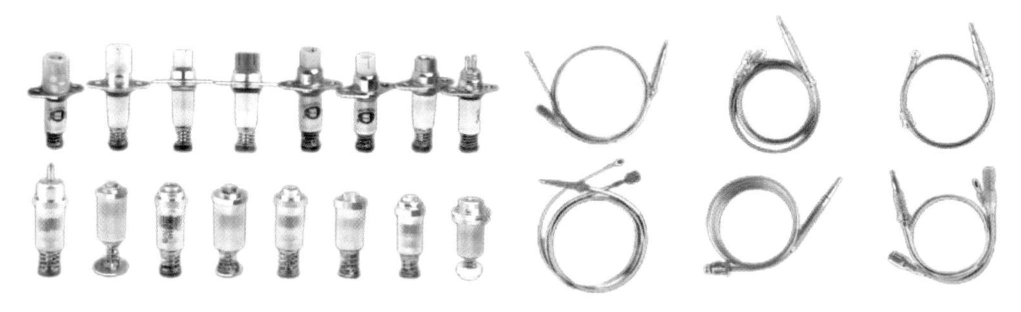

图 1-19 热电式熄火保护装置的电磁阀和热电偶

离子感应式熄火保护装置由感应针、电磁阀和电控器组成，感应针做传感元件，电控器和电磁阀做控制元件。离子感应针设置在燃烧器炉头，火盖喷射的火焰中有正、负离子，通过外加电场形成电流，电流作用于电磁阀驱动进气阀门保持开启状态，当火焰熄灭时，电流消失，进气阀门关闭。其优点是反应速度快，故障率低，控制器除具有电脉冲点火、熄火保护功能外，还可以增加过热保护、防止回火燃烧保护、低电量报警等功能；缺点是能耗较高，使用小火时电流太弱，无法维持住正常燃烧，会有误熄火现象。

6. 防干烧控制装置

防干烧控制装置是近几年应用在家用燃气灶上的安全保护装置，主要由温度传感器、控制板、双线圈电磁阀、热电偶等模块共同作用实现。在燃气灶对锅具加热过程中，与锅底紧密接触的温度传感器实时检测锅底温度，并将温度信号转换为电信号反馈给控制板，控制板对温度传感器反馈回的电信号进行处理和判断，并控制燃气通路的开闭，图 1-20 为防干烧控制燃烧器炉头。

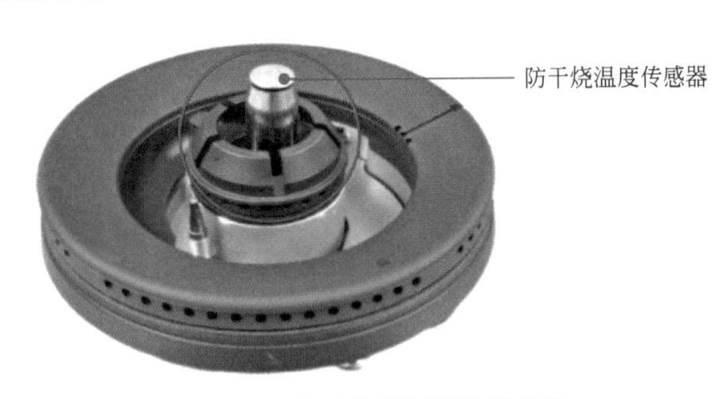

图 1-20　防干烧控制燃烧器炉头

7. 面板

目前市场上家用燃气灶的面板材质多为不锈钢、钢化玻璃、微晶玻璃、陶瓷面板等。不锈钢面板安全性高，不会爆裂，耐腐蚀，但清理时容易划伤，影响产品外观。钢化玻璃是现在市场上使用较多的面板材质，美观大方，清洁方便，表面不易划伤，耐温 600℃，但钢化玻璃因其自身的生产工艺和特性，有一定的自爆概率，所以要求玻璃背面必须贴防爆膜，以便减少自爆时产生的碎片飞溅。微晶玻璃耐化学腐蚀、耐磨，热稳定性好，耐温可达 1000℃，但与钢化玻璃面板相比，价格高，一般使用在高端产品上。陶瓷面板材料结实，光洁度好，耐候性和耐火性强，耐酸碱抗腐蚀，坚固耐用，易于清洗，但长期使用后表面会失去光泽，缺陷是有断裂风险的，长时间风化会缩短使用寿命，图 1-21～图 1-24 为家用燃气灶不同类型的面板。

图 1-21　家用燃气灶用不锈钢面板

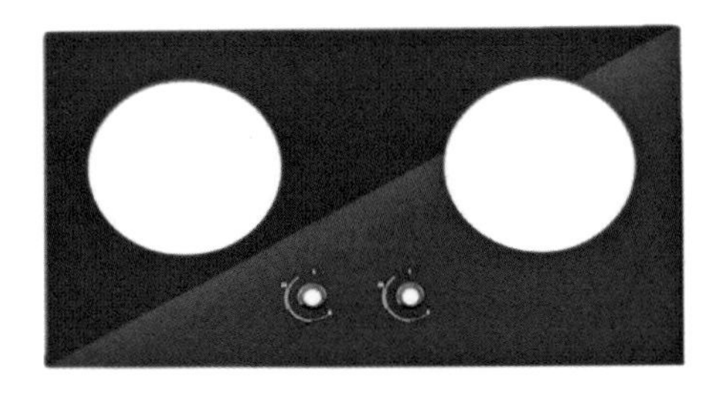

图 1-22　家用燃气灶用钢化玻璃面板

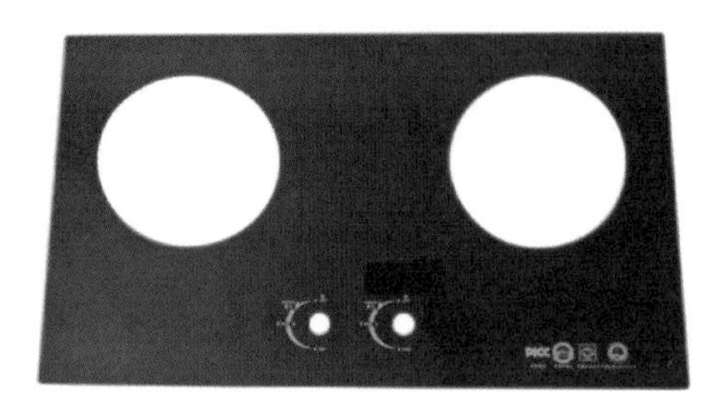

图 1-23　家用燃气灶用微晶玻璃面板

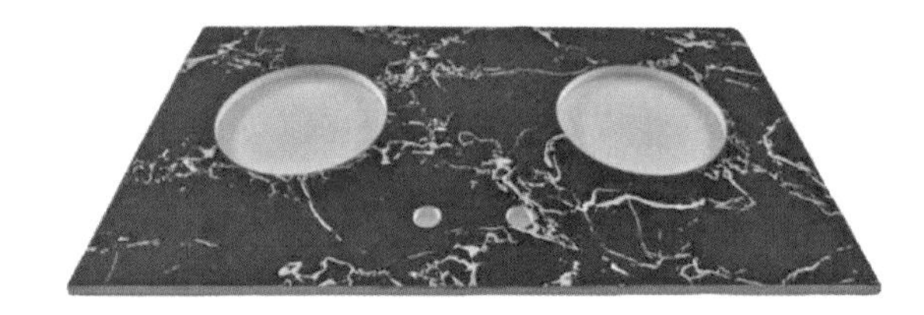

图 1-24　家用燃气灶用陶瓷面板

8. 锅支架

家用燃气灶锅支架的材质一般是铸铁或钣金，采用的工艺为铸造成型或钣金焊接。锅架的结构不仅影响产品外观，同时也会影响燃气灶的使用体验和传热性能参数，所以在设计锅架外观和高度时，要考虑使用锅具的多样性，同时要匹配相应的燃烧系统进行结构调整，确保整机的性能参数满足标准要求，如图 1-25 所示。

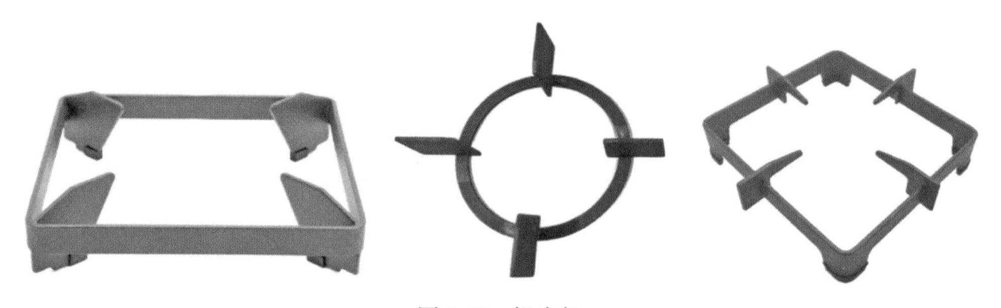

图 1-25　锅支架

随着节能需求的提升，具有节能效果的聚能罩逐渐在家用燃气灶中开始使用。聚能罩的材质有铸铁、压铸铝等，采用压铸、钣金焊接等工艺制作。聚能罩能够显著提升燃气灶热效率，单层聚能罩能提升热效率 2%～4%，双层聚能罩能提升热效率 4%～10%；此外，聚能罩匹配得当时不会影响一氧化碳排放，如图 1-26 所示。

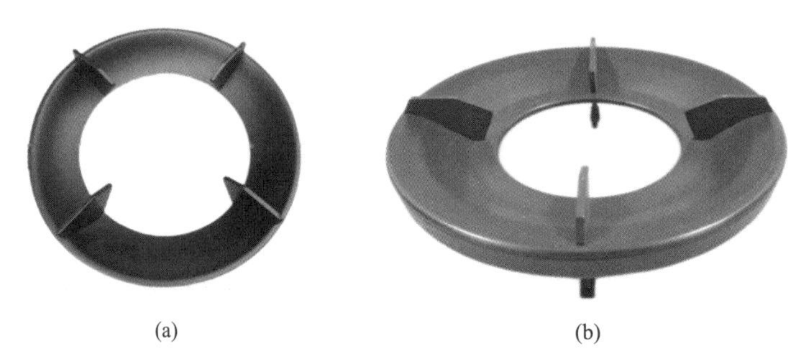

(a)　　(b)

图 1-26　单层聚能罩锅支架和双层聚能罩锅支架

（a）单层；（b）双层

1.2.3　家用燃气灶标准发展现状

1981 年，城乡建设环境保护部和轻工业部委托华北院，在参考国外相关技术标准并结合中国国情的基础上，制定了国内第一部家用燃气灶标准《家用煤气灶》CJ 4—1983，于 1984 年 9 月 1 日实施，该标准起到了规范和推动家用燃气灶产品的作用。

1996 年城镇建设行业标准《家用煤气灶》CJ 4—1983 升级为国家标准《家用燃气灶具》GB 16410—1996，并于 1997 年 3 月 1 日实施执行。该标准参照日本标准的范围和框架结构，结合国内产品的发展现状和趋势而制定，该标准进一步推动行业的发展，标志燃气灶产品正式进入国家强制管控产品系列。

2002 年开始修订《家用燃气灶具》GB 16410—1996，经过 4 年多的工作，《家用燃气灶具》GB 16410—2007 由国家质量监督检验检疫总局、中国国家标准化管理委员会正式发布，自 2008 年 5 月 1 日起正式实施。新版标准在结合国内燃气现状及消费者的饮食习惯的基础上，对部分条款进行了修订，强制要求安装自动熄火保护装置，提高了灶眼火力参数，对火孔部位要求采用耐高温材料等，该版标准对减少家用燃气灶安全事故起到了重要作用。

2012 年开始修订《家用燃气灶具》GB 16410—2007，经过编制组 8 年的辛勤工作，《家用燃气灶具》GB 16410—2020 已于 2020 年 12 月 24 日发布，并于 2022 年 1 月 1 日正式实施。新版国家标准按有关要求，已由原来的条文强制变更为全文强制，删除了部分与现有产品性能发展相关度不高的强制性内容要求，扩充了产品范围，将集成灶和家用户外烤炉纳入标准，提高了热效率、耐用性要求。该版标准的修订对引导和推动了家用燃气灶技术水平的提升起到重要作用。

随着国家能源战略的实施，节能已经成为所有电器产品追求的参数指标，家用燃气灶产品实施能效认证也被正式提出。2014 年 6 月 9 日，国家质量监督检验检疫总局和中国国家标准化管理委员会 2014 年第 11 号文联合批准发布《家用燃气灶具能效限定值及能效等级》为国家标准，标准号为 GB 30720—2014，自 2015 年 4 月 1 日起实施。该标准为强制性国家标准，主要规定了家用燃气灶的能效等级、能效限定值和节能评价值，以及具体的能效测试方法，该标准对推动家用燃气灶能效提升起到重要作用。

1.2.4 家用燃气灶性能指标要求

家用燃气灶的性能评价指标可分为功能性指标、安全性指标、耐用性指标等。功能性指标主要包括热负荷、热效率、电点火装置等；安全性指标主要包括气密性、干烟气中一氧化碳含量、安全装置等；耐用性指标主要包括耐热冲击、耐重力冲击、耐久性能等。

1. 功能性指标

（1）热负荷

热负荷是家用燃气灶功能性指标之一，现行国家标准《家用燃气灶具》GB 16410—2020 对家用燃气灶的热负荷性能进行了规定，家用燃气灶的热负荷应满足：

1）每个燃烧器的实测折算热负荷与额定热负荷的偏差应在±10%以内；

2）总实测折算热负荷与单个燃烧器实测折算热负荷总和之比大于等于 85%；

3）两眼和两眼以上的燃气灶、气电两用灶和集成灶应有一个主火燃烧器，其实测折算热负荷：普通型灶大于等于 3.5kW，红外线灶大于等于 3.0kW。

（2）热效率

热效率是家用燃气灶功能性指标之一，现行国家标准《家用燃气灶具能效限定值及能效等级》GB 30720—2014 对家用燃气灶的热效率进行了规定（表 1-1），家用燃气灶热效率最低达到 3 级能效限定值。

GB 30720—2014 规定的家用燃气灶能效等级 **表 1-1**

类型		热效率(%)		
		1 级	2 级	3 级
大气式灶	台式	66	62	58
	嵌入式	63	59	55
	集成灶	59	56	53
红外线灶	台式	68	64	60
	嵌入式	65	61	57
	集成灶	61	58	55

注：1. 多火眼燃气灶的能效等级根据最低热效率值火眼的能效等级确定。
2. 大气-红外复合型燃烧器按红外线灶的能效等级确定。

2. 安全性指标

（1）气密性

气密性是家用燃气灶安全性指标之一，现行国家标准《家用燃气灶具》GB 16410—2020 对家用燃气灶的气密性进行了规定，家用燃气灶的气密性应满足：

1）从燃气入口到燃气阀门在 4.2kPa 压力下，漏气量小于等于 0.07L/h；

2）自动控制阀门在 4.2kPa 压力下，漏气量小于等于 0.55L/h；

3）从燃气入口到燃烧器火孔用基准气在最高试验压力下点燃，不向外泄漏。

（2）干烟气中一氧化碳含量

干烟气中一氧化碳含量是家用燃气灶安全性指标之一，现行国家标准《家用燃气灶具》GB 16410—2020 对家用燃气灶的干烟气中一氧化碳含量进行了规定，采用基准气在额定燃气供气压力下，对室内型燃气灶，干烟气中一氧化碳体积分数小于等于 0.05%；对室外型燃气灶，干烟气中一氧化碳体积分数小于等于 0.08%。

（3）安全装置

安全装置是家用燃气灶安全性指标之一，现行国家标准《家用燃气灶具》GB 16410—2020 对家用燃气灶的安全装置进行了规定，包括熄火保护装置、油温过热控制装置、防干烧装置等。标准规定熄火保护装置应满足开阀时间小于等于 10s，闭阀时间小于等于 60s；油温过热控制装置应满足油的最高温度小于等于 300℃。

3. 耐用性指标

（1）耐热冲击

耐热冲击是家用燃气灶耐用性指标之一，现行国家标准《家用燃气灶具》GB 16410—2020 对家用燃气灶的耐热冲击性能进行了规定。灶面钢化玻璃耐热冲击性能应符合《家用燃气灶具用涂层钢化玻璃面板》CJ/T 157—2017 中 5.4 要求，耐热冲击性能试验后，玻璃面板应无裂纹，涂层面不应变色、起皮，防爆层不应脱开。陶瓷面板耐热冲击性能应符合《家用燃气灶具陶瓷面板》CJ/T 305—2009 中 5.5 条的要求，耐热冲击性能试验后，陶瓷面板不应出现炸裂或裂纹现象。非金属材料面板耐热冲击破碎后不应飞溅。

(2) 耐重力冲击

耐重力冲击是家用燃气灶耐用性指标之一，现行国家标准《家用燃气灶具》GB 16410—2020 对家用燃气灶的耐重力冲击性能进行了规定。灶面钢化玻璃耐重力冲击性能应符合《家用燃气灶具用涂层钢化玻璃面板》CJ/T 157—2017 中 5.5 条的要求，耐重力冲击性能试验后，玻璃面板不应有破损、裂纹等不良现象。陶瓷面板耐重力冲击性能应符合《家用燃气灶具陶瓷面板》CJ/T 305—2009 中 5.6 条的要求，耐重力冲击性能试验后，陶瓷面板不应出现炸裂或裂纹现象。非金属材料面板耐重力冲击破碎后不应飞溅。

(3) 耐久性能

耐久性能是家用燃气灶耐用性指标之一，现行国家标准《家用燃气灶具》GB 16410—2020 对家用燃气灶的耐久性能进行了规定，家用燃气灶的耐久性能应满足表 1-2 的要求。

GB 16410—2020 规定的耐久性能要求 **表 1-2**

序号	装置名称	耐久性能要求
1	燃气旋塞阀	动作 30000 次后，气密性合格，不妨碍使用
2	熄火保护装置	动作 6000 次后，气密性及开、闭阀时间合格，不妨碍使用
3	电磁阀	动作 30000 次后，气密性合格，不妨碍使用
4	机械定时器	动作 2000 次后，气密性合格，不妨碍使用，定时范围的变化在±10%以内

1.2.5 家用燃气灶技术发展现状

家用燃气灶产品技术发展主要集中在火力大小、热效率高低以及安全性提升等方面。

现在的产品中，热负荷指标普遍有所提升，相较之前的 4.0kW 左右提升至 4.5kW 以上；热效率指标也是在逐年提高，目前市场上最高的热效率标称值为 76%，相较标准中规定的 1 级能效限定值（63%）高出 13 个百分点；在安全性能方面，除了熄火保护装置和定时装置外，近年来防干烧保护装置也引起行业内的重视，纷纷推出了相应的防干烧产品，提升了产品的安全性。此外，随着温度检测技术的应用和智能算法的研究，智能自动控温技术在家用燃气灶中应用，多功能互动产品逐渐增多，提出集成烹饪概念。

1. 高效节能燃烧技术

提高能效的技术手段主要在于改善燃烧系统结构，提高燃烧器一次空气引射能力、优化火孔分布。大气式燃气灶采用部分预混燃烧方式，燃烧所需要的空气分为一次空气和二次空气，通过优化结构提高一次空气比例，有利于提高火焰温度、缩短火焰长度、拉近炊具与火孔的位置，距离火孔越近射流流速越高，更加有利于促进炊具底部的对流换热；此外，采用内聚火、内旋火、直喷火等火孔分布方式，可以使火焰更加靠近炊具底部中心，有利于提高对流换热，提升热效率。

(1) 燃烧器增设稳焰火孔的燃烧火焰结构

在主火焰上部增加一圈稳焰火，使燃烧器的一次空气量得到提高，强化了燃气燃烧强度，有效提高火焰温度，调整火焰的高温区与锅底的接触位置，提高火焰与锅底的热交换，可提升 10%左右的热效率；设置稳焰火，燃烧器的传火速度更快；在与锅架支撑架对应位置不设置主火焰，避免因火焰烧到锅架而产生的接触黄焰，有效降低燃烧产物中有害气体一氧化碳产生。

（2）高效节能内燃火嵌入式结构

高效节能内燃火嵌入式结构采用分层火焰内燃火的燃烧方式，将燃烧器放置于面板下的半封闭的燃烧室内；燃烧室壁作为供燃烧所需空气的通道，减少了燃烧产生的热量因热传导、辐射、对流换热向周围环境的热损失，使家用燃气灶的热效率超过60％。

分层火焰内燃火燃烧技术使火焰向内分层燃烧，减少火焰与空气的接触面积。设计先进的火盖和分气盘使空燃混合气向内分层溢出燃烧，使火焰集中加热锅底、提高换热效果，并且火焰与空气接触的面积较小，大大减少了与空气对流换热造成的热损失。

半封闭室燃烧技术将燃烧器放置在面板以下，并用隔热层将燃烧室隔离开。隔热层由两个圈径不同的圆筒组成，两个圆筒的端面高度差形成进风口，两个圆筒之间的间隔作为供给空气的通道。燃烧器在燃烧室内燃烧时，由于负压的作用，冷空气从进风口经圆筒之间的空气通道进入燃烧室，而源源不绝的冷空气回收了火焰辐射损失的热量，大大减少了燃烧室内的热量因为热传导、辐射、对流换热的热损失。另外由于减少了燃烧器与空气的接触面积以及减少其余的空气补充通道，使烟气中的氧含量降低，烟气带走的热量减少。燃烧所需的冷空气在通道中吸收内隔热筒上的热量而起到预热的作用，促进燃烧完全，降低烟气中的一氧化碳排放。由于燃烧室的保护作用，燃烧火焰燃烧稳定，不受外界气流的影响。

（3）完全上进风旋流燃烧器

燃气灶包括引射管在内的燃烧器核心部件全部转移到面板的上方，面板全封闭，中心火与主火引射管对向布置，喷嘴安装在面板上方，一次空气、二次空气完全在面板上方补给；实现真正的完全上进风燃烧器结构，具有高热负荷、高热效率、高安全性、高保洁性及烟气排放低等特点。突破传统嵌入式燃烧器引射管在灶壳内部的结构，将引射管结构与燃烧器头部优化组合成为一个整体，一起置于面盖上方，安装喷嘴的支座伸出至面盖上，喷嘴横向安装于支座上，以此实现面盖全封闭结构，一次空气在面盖上方进行引射。解决空气供给、空燃混合等瓶颈问题，保证燃烧器既实用又美观。燃气从预混到燃烧全部在面板上方进行，有效解决燃气在橱柜内部相对密闭空间的泄漏沉积，从根本上杜绝了燃气灶内腔产生回火的可能。封闭式的面板结构也杜绝了食物、汤汁等进入燃气灶内部的可能，保证了内部的卫生洁净，可以延缓零部件的老化锈蚀，使燃气灶更为安全耐用。

（4）缝隙孔旋流燃烧器

缝隙孔旋流燃烧器，火盖为倒圆锥形，铆合于燃烧器主体，采用不锈钢薄板冲压成型，火孔为均布的百叶窗式缝隙孔，燃烧时，混合气体从缝隙孔成切向流出，产生集中旋流燃烧，形成旋流火焰，热流呈螺旋状上升，二次空气从分火盖周边和中心同时补充，燃烧更加充分，且延长了热交换时间，大幅提升热效率。其结构简单，制造、装配和维护都很方便，耐高温耐腐蚀、使用寿命更长。搭配完全上进风旋流燃烧器，具有高热负荷、高热效率及烟气排放低等特点，家用燃气灶内腔温度低，有效保护内腔零部件正常使用，延长使用寿命。

（5）高效三维立体燃烧器

根据节能、环保的需求，创新性地在炉芯和火盖上各设计了四组和八组出火孔，通过出火孔的角度和交叉排列使炉芯火焰和火盖内圈火焰交叉，增设各维度燃烧空气进入路径，形成了360°全方位立体空气供给系统，解决了燃烧时二次空气吸入与排烟有效分隔，二次空气进入燃烧器更顺畅，使排烟沿着锅壁有效利用排烟中的余热，热效率由传统燃气灶的55%提升至68%左右，极大地提高了热效率又降低了烟气排放。

在燃烧器与锅具中间设置导流圈，热效能导流装置解决了燃烧时二次空气与排烟的有效分隔，二次空气进入燃烧器更顺畅，使排烟沿着锅壁有效利用排烟中的余热。在燃烧器上使用热效能导流技术，使得燃烧器的热损失大大减小，持续提升燃烧器的热效率。

（6）密簇网直喷型高效燃烧技术

同轴多环密簇网直喷型高效燃烧技术，突破密簇型高温合金加工工艺，创新厚度仅为0.5～1mm镍铬合金内环火盖的嵌套安装方法，达到火孔阻力下降及一次空气系数提升的效果；利用同轴多环密簇型火盖，在有限的33mm直径圆内，将内环热负荷从900W提升至1200W，实现竖直向上的锥状冲击高温火焰，燃气灶的热效率从国标一级能效63%的水平提升到75%，实现火随锅动、火力集中、火焰温度提高，满足用户猛火爆炒的需求。

（7）红外式燃烧技术

相比于大气式燃气灶，红外式燃气灶采用全预混燃烧技术和表面辐射加热技术，燃气从喷嘴流入引射器时吸入燃烧需要的全部空气，经预混腔充分预混后，在辐射燃烧板表面进行燃烧，并通过高温表面辐射换热和高温烟气对流换热的方式对炊具进行加热。红外燃烧器燃烧充分、燃烧温度高，排放的一氧化碳和氮氧化物含量低，使得炊具底部更加靠近火孔，有利于辐射和对流换热，提高热效率。

高红外发射率多孔陶瓷燃烧技术用多孔陶瓷板替代铜、铁铬铝等高耗能稀缺金属材料制造燃烧器，燃气与空气完全预混无焰催化燃烧，大大减少了化学热损失和污染物排放；高温红外辐射燃烧的能源利用率高，能实现最大能效比。

全预混无焰燃烧技术通过独特设计将燃气燃烧得到的热量大部分以红外辐射的方式传递。采用完全预混式催化燃烧技术，精确控制空燃比，使混合更均匀，既保证燃烧更完全，减少不充分燃烧带来的化学热损失，又减少了过剩空气所带走的热量，同时还有效抑制了一氧化碳和氮氧化物的生成。

（8）聚能罩技术

聚能罩技术是一项能够大幅度提升燃气灶热效率的技术，可有效提升热效率3%～10%。聚能罩是通过在燃烧器头部周围设置一圈隔热屏障，来降低火焰向外部的辐射热损失、控制二次空气量并引导高温烟气的流向。聚能罩大多安装在锅支架上或者与锅支架设计为一体，其主体结构可以设计为单层、双层或多层，双层或多层的聚能罩层间可填充隔热材料，进一步降低热量损失，提高热效率。单层聚能罩能提升热效率2%～4%，双层聚能罩能提升热效率7%～10%。

除上述主流技术手段之外，优化燃烧器结构增加预热空气的通道、降低燃烧器头部热量向灶内传导的隔热技术、缩小头部直径提高火孔热强度等提高热效率的技术手段，在现有产品中也有应用。

2. 燃气灶油温过热控制技术

燃气灶油温过热控制技术的原理是利用温度传感器监测燃气灶底部外表面的温度，当发现锅底外表面温度超过预设的阈值或温度曲线产生突变时，由控制器发出切断燃气的指令，防止因温度过高造成危险。目前，油温过热控制技术中接触式温度传感器应用较成熟，其环境适应性较好，工作稳定。另外，有一些研究机构对非接触式的红外线温度传感器在油温过热控制上开展应用研究，由于其环境适应性较弱，且成本价格较高，工作稳定性不足，目前尚未形成成熟的应用案例，只应用于部分概念产品和形象产品上。

3. 燃气灶防干烧技术

燃气灶防干烧技术原理是在炉头小火燃烧器的中间增加一个可伸缩的温度传感器，当锅具放置在锅支架上时，温度传感器头部的感温部件与锅底面接触，通过测量锅底温度来判断锅内是否干烧。判断逻辑是当锅底温度急剧上升时，则认为锅内发生了干烧。同时，当燃气灶意外熄火或长时间大火燃烧不坐锅，燃气灶也能检测到，并能在第一时间切断气源，避免意外发生。

4. 意外熄火保护技术

家用燃气灶在工作期间，会遇到各种各样的复杂情况，比如锅中的水溢出将火焰浇灭，或者门窗开启时有较大的风速流过时将火焰熄灭，在这种情况下，虽然火焰熄灭了，但燃气依然通过喷嘴向外流出，当达到爆炸极限时，会引发燃气爆炸事故。意外熄火保护技术，可以在家用燃气灶工作状态中遇有意外熄火时，主动切断气源，防止燃气泄漏。

熄火保护装置主要有两种类型，一种是热电式熄火保护装置，另一种是离子感应式熄火保护装置。

热电式熄火保护装置的工作原理是：当火焰点燃后，对热电偶加热，此时热电偶利用两种金属温差产生热电势，维持以动能驱动开启的电磁阀；当火焰意外熄灭时，热电势降低，电磁阀在弹簧作用力下复位，关闭燃气通路。

离子感应式熄火保护技术的工作原理是：当火焰点燃后，火焰内部会产生大量的正、负离子，在外加电场的作用下，一般通过在火焰的两端施加一个 AC 100V/1mA 的电源，火焰中的正、负离子便会在电场的作用下定向移动，产生电流（一般在 μA 级），控制器通过离子电极监测这一电流值，当该电流值过小或消失，则判定为火焰熄灭，立即关闭燃气电磁阀。

5. 烟灶联动技术

烟灶联动技术是指当燃气灶点火燃烧时，抽油烟机自动开始工作；当燃气灶关闭时，抽油烟机自动关闭或延时关闭，且抽油烟机的风力大小随火力的大小或者油烟的大小进行自动调节。常见的技术手段有红外线、蓝牙、无线射频、气源感应等。

6. 智能菜谱技术

智能菜谱技术主要配合智能燃气灶，该技术是针对特定的菜肴，通过试验的手段分析炊具的火候、食材的最佳烹饪温度，设计出科学的温度曲线和烹饪算法，由控制器来执行特定的烹饪模式。用户在使用时，只需准备好食材，选择相应的菜谱，燃气灶即可自动完成烹饪过程。目前，多家品牌企业已将该技术应用到智能灶产品上，实现了一键自动烹饪、精准控火、恒温煎炒、高温爆炒等功能。

1.3 家用燃气灶市场现状

1.3.1 家用燃气灶生产企业分析

2019 年之前，家用燃气灶生产企业按“工业产品生产许可证制度”进行管理。截至

2019 年 8 月，家用燃气灶生产企业获得“生产许可证”的企业数量共有 888 家，从 2013—2019 年整体保持增长趋势，如图 1-27 所示。

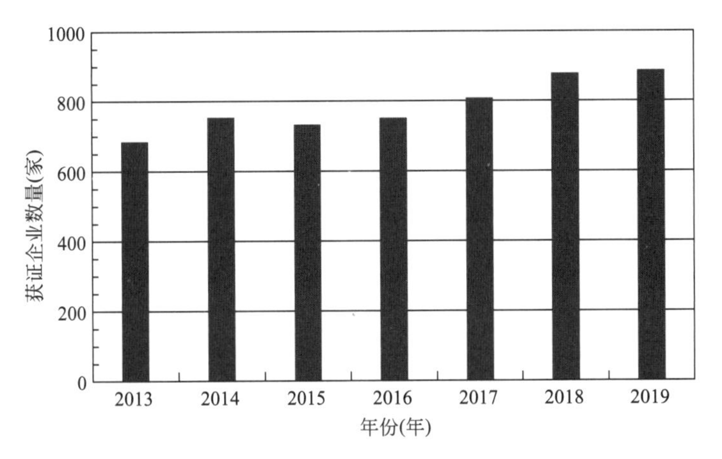

图 1-27　家用燃气灶获证企业数量情况（2013—2019 年）

2020 年开始，家用燃气灶生产企业转为“中国强制性产品认证（以下简称 CCC 认证）”管理。截至 2022 年年底，中国内地（不含港澳台）获得家用燃气灶 CCC 认证的企业 722 家，共获得 CCC 认证证书 10868 张；海外地区获得家用燃气灶 CCC 认证的企业 13 家，共获得 CCC 认证证书 53 张。根据获得 CCC 认证企业的分布情况，中国内地的家用燃气灶生产企业主要分布在广东省和浙江省，其中广东省企业数量占比高达 70.5%、获证数量占比 67.2%，浙江省企业数量占比 21.5%、获证数量 28.6%。中国家用燃气灶产能达到 5000 万～6000 万台/年。

1.3.2　家用燃气灶市场规模分析

根据相关部门统计数据显示，2015—2022 年我国家用燃气灶产量波动较大，如图 1-28 所示。2015 年中国家用燃气灶产量为 3668.7 万台，2016 年猛增至 4224.1 万台，同比增长 15.1%，主要原因受房地产去库存政策影响，刺激工程市场的增加；而随着 2016 年年底的中央经济工作会议提出“房住不炒”，房地产行业随之受控，间接对房地产相关行业

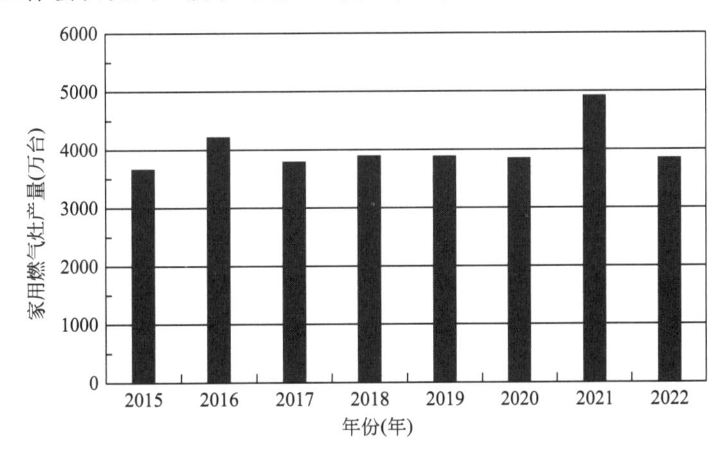

图 1-28　家用燃气灶产量数据（2015—2022 年）

造成一定影响，从 2017—2020 年，燃气灶产量均未突破 4000 万台，增速显著放缓。2021 年，中国家用燃气灶产量达到了峰值 4925.6 万台，较 2020 年增长了 27.9%，究其原因主要是出口形势好转，出口量激增带动了家用燃气灶产量提升。2022 年，家用燃气灶产量为 3852.8 万台，同比下降 21.8%，回落到 2020 年水平。

根据奥维云网（AVC）监测数据，2015—2019 年中国家用燃气灶销售市场处于相对较稳定的状态，市场销售量在 3000 万台左右，销售额在 200 亿元左右（图 1-29、图 1-30）。自 2020 年新冠肺炎疫情以来，家用燃气灶市场销量和销售额均呈现下降的趋势，2020 年家用燃气灶全年销售 2804 万台、销售额 188 亿元，同比分别下降了 8.1%和 5.9%；截至 2022 年年底，家用燃气灶全年销售 2151 万台、销售额 170 亿元，同比分别下降了 15.4%和 11.0%。家用燃气灶市场销售规模下降的原因是多方面的，新冠肺炎疫情期间的诸多不利因素一定程度上影响了家用燃气灶的线上线下销售，同时集成灶等其他同类型产品的快速发展，对家用燃气灶市场也造成一定的影响。

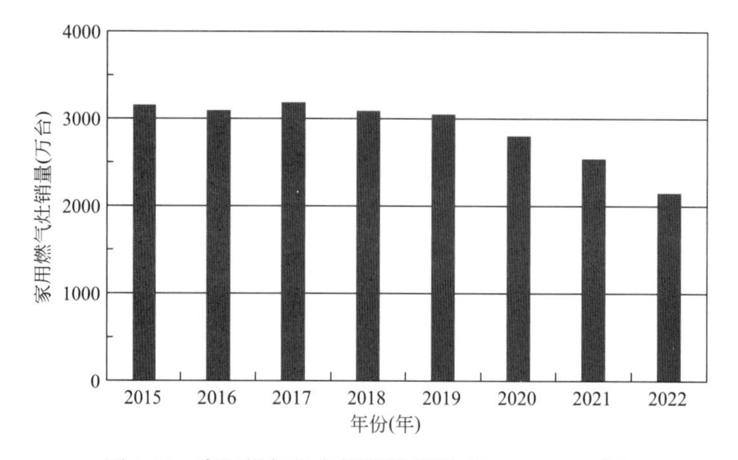

图 1-29　家用燃气灶市场销量规模（2015—2022 年）

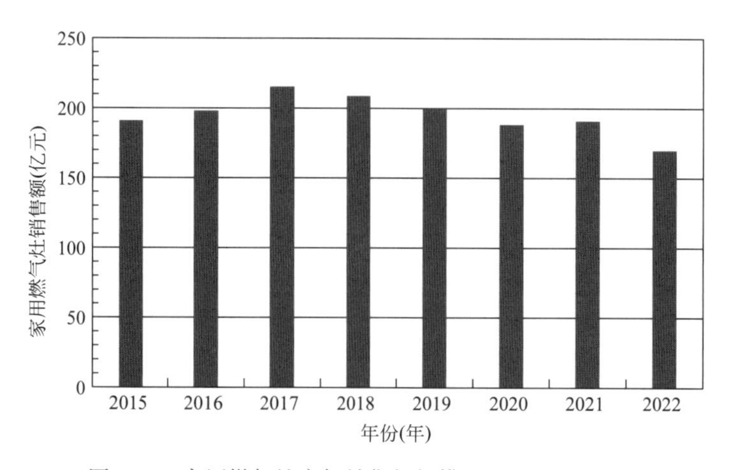

图 1-30　家用燃气灶市场销售额规模（2015—2022 年）

从产品类型上看，嵌入式双眼燃气灶是市场主流产品，占据了市场销售额的 96.5%，其他类型产品，如嵌入式单眼燃气灶、台式双眼灶、台式单眼灶等市场销售占比较低，虽然一些高端品牌持续推动多眼灶市场的发展，但从目前表现来看，多眼灶市场发展仍较缓慢。

近年来，大热负荷家用燃气灶的市场占比逐渐增大，根据奥维云网（AVC）监测数据，市场销售规模最大的是热负荷在5kW以上的产品，销售占比35.0%，热负荷在4.3～4.9kW的家用燃气灶产品销售占比33.5%，热负荷低于4kW的家用燃气灶产品销售占比仅为6.1%（图1-31）。

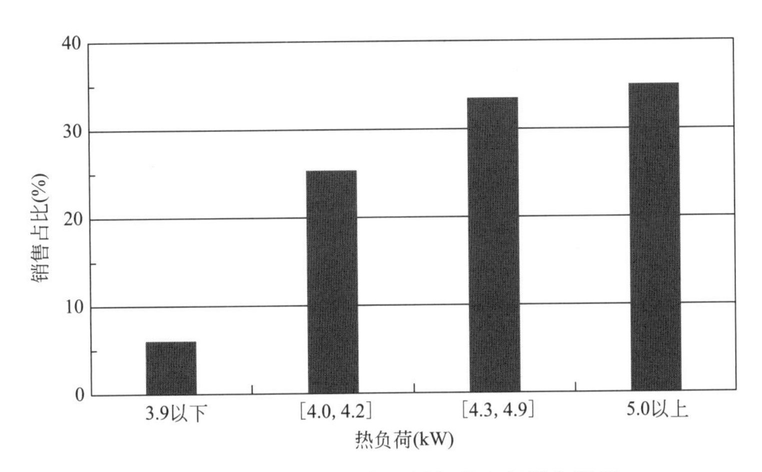

图1-31　不同热负荷家用燃气灶市场销售规模

与此同时，消费者更青睐于高能效产品，一级能效产品的市场占有率逐步增加。随着高效节能技术的发展，目前已有部分家用燃气灶生产企业拥有热效率超过70%的产品在市场上销售。

除此之外，随着家用燃气灶在智能安全技术方面的发展，一些具备安全防护和智能化控制的产品市场销售占比也在逐年提升，如具有防干烧功能的家用燃气灶线上销售占比2.5%，线下销售占比1.8%，且增长趋势明显。

1.3.3　家用燃气灶销售渠道结构分析

随着中国经济增长、居民收入增加、消费者年龄结构、消费方式和消费习惯等变化，家用燃气灶市场从产品端和销售端都在发生变化，销售渠道逐渐从传统的实体店销售向线上电商平台销售转移。目前中国消费者线上消费的习惯已经养成，社会消费品总额中线上比重逐年增加，电商运营模式不断创新，国家政策的倾斜和相关法规持续健全，家用燃气灶线上销售呈现出新的发展趋势。

根据奥维云网（AVC）监测数据，从2015—2020年，家用燃气灶线上销量逐年增长，从400万台增长到1143万台，线下销量逐年下降，从2747万台下降至1660万台。2021年和2022年受疫情等多方面因素影响，家用燃气灶线上和线下销量均有所下降，但降幅略有差异，特别是2022年线上销量989万台、同比下降4.7%，线下销量1162万台、同比下降22.8%。未来，家用燃气灶线上销量将超越线下销量（图1-32）。

1.3.4　家用燃气灶产品价格结构分析

从价格特征上看，由于家用燃气灶市场本身具备极强的换新属性以及在三四线市场具有低饱和度特征，使得燃气灶市场呈现出较为明显的两极分化趋势。

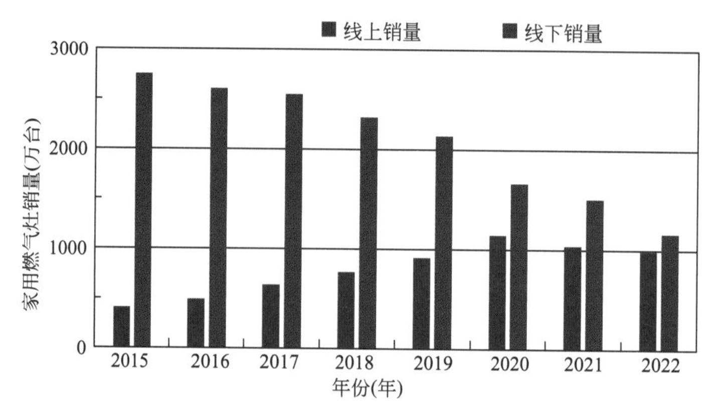

图 1-32　家用燃气灶线上和线下销量情况（2015—2022 年）

根据奥维云网（AVC）监测数据，从家用燃气灶市场销量情况来看，2022 年家用燃气灶市场在 500 元以下和 500～999 元价格区间的线上销量显著高于线下销量，两个价格段产品的线上销量占比均超过 30%；在 2000 元以上的产品线下销量则显著高于线上销量，其中 2000～2499 元和 3000 元以上的线下销量占比均超过了 15%（图 1-33）。

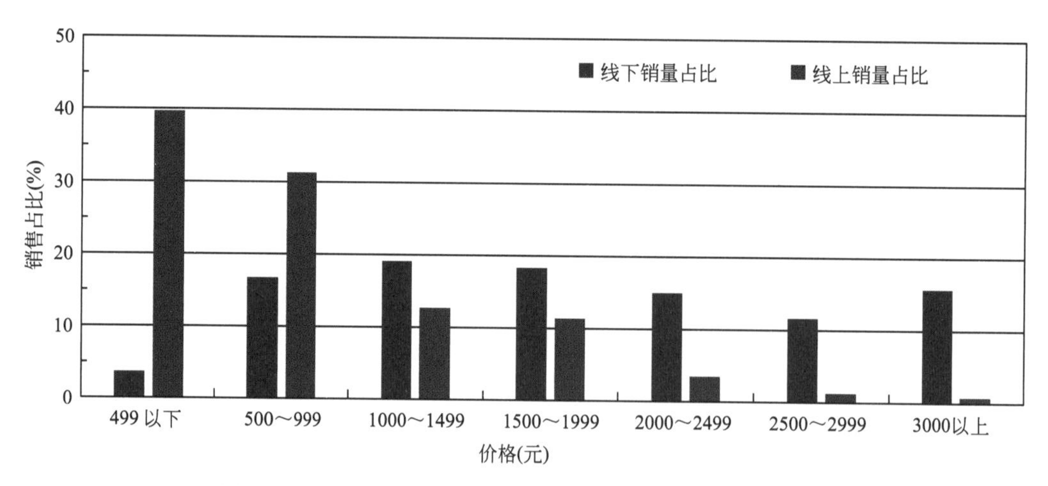

图 1-33　不同价格区间家用燃气灶线上和线下销量占比情况

家用燃气灶线上销售的产品价格主要集中在 1000 元以下，占据了线上销量的 70%；线下销售的产品价格主要集中在 1000 元以上，且各价格段的线下销量占比差异不大；消费者购买 2000 元以上的家用燃气灶时，更多地选择线下购买。

1.3.5　家用燃气灶品牌市场结构分析

经过多年的发展，中国家用燃气灶行业已形成了较成熟的品牌市场，线上和线下市场各自形成了自身的品牌优势。

根据奥维云网（AVC）监测数据，从线下销量分布情况来看，TOP3 品牌销量占比 52.8%，TOP5 品牌销量占比 64.2%，TOP10 品牌销量占比 81.3%。家用燃气灶线下品牌市场集中度较高。

相比于线下销量情况，家用燃气灶线上市场则相对分散。TOP3 品牌销量占比32.1%，TOP5 品牌销量占比 48.9%，TOP10 品牌销量占比 69.6%。从线上渠道看，消费者选择购买品牌更多，头部品牌竞争更加激烈。

1.3.6 家用燃气灶各地区市场占有率分析

根据奥维云网（AVC）监测数据，家用燃气灶的市场销量占有率最高的是华东地区占比 38.9%，其次是中南地区（包括华中和华南地区）占比 21.1%，华北地区和西南地区家用燃气灶市场销量占比超过 10%，东北地区和西北地区市场销量占比分别为 8.7%和7.3%。家用燃气灶各地区市场销量的分布情况与各地区的人口数量、收入水平、城镇化率等有一定的关系，呈现出华东、中南等相对城镇化率高、可支配收入多的地区家用燃气灶市场占有率更高（图 1-34）。

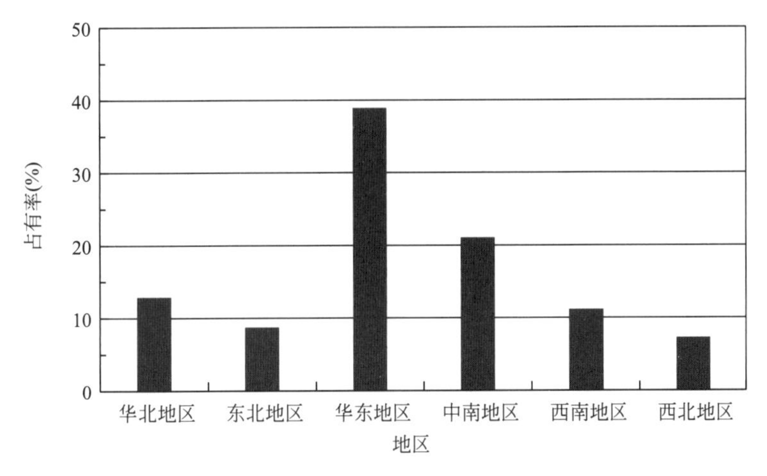

图 1-34　家用燃气灶各地区市场销量占有率情况

第2章　集成灶发展历程和现状

集成灶是一种将烟机、燃气灶及其他功能模块（如烤箱、蒸箱、消毒柜、储存柜、洗碗机等）有机地结合在一起的烹饪燃气用具，适用于以大火爆炒为特征的中餐厨房，通过环吸或侧吸和下排风产生流体负压区，使燃气灶烹饪所产生的油烟往下吸走并排出。与传统的燃气灶加吸油烟机相比较，集成灶不存在吸油烟机碰头、油烟吸入烹饪操作者体内的问题，具有排油烟效率高、整体设计美观的优点。

2.1　集成灶发展历程

2.1.1　起步阶段

2000—2005年，中国集成灶发展处于起步阶段。2001年6月中国科学院微电子物理研究院洪重光教授申请了“一种复合式下排风排烟灶具”的实用新型专利，其专利产品所描述的下排风排烟燃气灶可认为是国内最早的集成灶产品。2002年1月浙江美大公司与洪重光教授签订专利技术实施许可与产品化的合同，开始开发第一代集成灶。2003年9月第一台深井环吸式集成灶问世，由此拉开了集成灶产业规模化的序幕。

此阶段，集成灶产品处于探索阶段，市场没有类似的产品或标准可以参考借鉴，第一代集成灶产品在具备最核心的下排油烟和烟灶联动的功能外，在其他方面存在一些不足，如灶面采用下凹设计，结构封闭，空气补充不足，燃烧不充分，未燃混合物易被卷入油烟机内部，产生安全隐患，此外在产品外观、材料、密封性、清洁保养等方面也存在不足。

在市场推广方面，由于集成灶产品在初期多个方面受到业内的质疑，推广力度不大，市场引导速度相对缓慢。由于消费者对新兴产品的接受需要经历从不接受、到了解、到认可、再到购买的漫长过程，此时用户对集成灶产品还处于不了解的阶段，市场接受度差，未引起较大的关注。

在集成灶发展的起步阶段，从技术发展来讲，其单元组合较简单，主要包括深井环吸式吸排油烟装置、燃气灶和一个储存柜或餐具消毒柜等。

2.1.2　发展阶段

2005—2010年，集成灶进入发展阶段。经历了起步阶段产品生产、销售以及市场第一批用户的使用反馈后，集成灶生产企业进一步加大研发力度，提升产品科技含量，研发产品以环吸式为主、侧吸式为辅，辅助功能由消毒柜延伸到电烤箱、微波炉、电蒸箱等。外观由塑料改为耐用、安全的不锈钢和钢化玻璃为主，搭配触摸控制系统。通过对风道系统的结构进行优化，使产品在噪声、吸油烟效果、密封性等方面得到突破性提升。集成灶市场逐步显现出良好的发展趋势，国内多家企业开始进军集成灶领域，生产的产品类型包括深井环吸型和侧吸下排型，开始迎来第二代“侧吸式集成灶”。

在市场推广方面，随着产品宣传力度的加大，越来越多的人逐步开始关注集成灶产品，一部分年轻人和新装修厨房开始“尝鲜”体验，并在使用后对集成灶的吸油烟效果大加赞赏，开始慢慢形成口碑宣传和推广，产品受到越来越多的市场和消费者的关注，市场占有率不断提升。

在此阶段，从技术发展角度来讲，首先是集成灶搭配越来越多样化，更多的功能单元引入到集成灶中，比如灶台部分增加了电磁灶、电陶炉，其下方除了储存柜和餐具消毒柜功能以外，还引入了电烤箱。在结构方面，主要是吸排油烟装置进风口的多样化，除了深井环吸式和侧吸下排式进风口以外，还出现了一种翻盖式的进风口设计。

2.1.3 突破阶段

2010—2015 年期间，集成灶发展进入突破阶段。集成灶经过近十年的市场培育，凭借其功能集成、吸油烟效果良好、噪声低等优势获得市场的一致认可，但是在产品操作和使用的便捷性、安全性、易清洁性等方面与消费者的需求目标还存在一定的差距。

此阶段，在环吸式集成灶基础上，进行改良升级的侧吸式集成灶开始进入市场。该类产品在放锅位置、操作方式上更加接近传统的燃气灶，吸油烟的通道和结构也经过改进更接近于传统的侧吸式油烟机，便于用户清洁打理。通过延长吸风口与锅具的距离，可降低明火意外吸入烟道的风险，大幅提升集成灶的安全性。自 2014 年起，侧吸式集成灶成为市场主流机型，标志着集成灶进入“侧吸式模块化集成灶”时代。

在此期间，《集成灶》CJ/T 386—2012 行业标准正式发布，2013 年国家标准《家用燃气灶具》GB 16410—2007 以第 1 号修改单的形式将集成灶产品纳入其范围，上述两个标准让集成灶产品在标准规范上有依据。另外，现行国家标准《家用燃气灶具能效限定值及能效等级》GB 30720—2014 的发布，对集成灶热效率进行了规定，从而消除了用户对集成灶热效率低的质疑。

随着集成灶产品标准的发布实施，越来越多的企业开始进入集成灶行业，并基本形成了完整的产业链。集成灶在浙江的海宁、嵊州两个地区得到了快速发展，集成灶头部企业保持快速增长势头。2012 年，集成灶首家上市企业诞生，使集成灶跃上新的发展平台，极大地提高了行业影响力，带动行业进入高速发展时代。

在集成灶发展的突破阶段，随着《集成灶》CJ/T 386—2012 行业标准的发布，集成灶产品更加重视标准带来的技术影响，在此期间，越来越多的技术要求得到重视和实现，比如需要安装漏电保护装置，进风口需要安装烟道防火装置，对电气安全要求和电磁兼容作出规定等。

2.1.4 高速发展阶段

2015 年至今，为集成灶行业高速发展阶段。在此期间，集成灶行业新增多家上市企业，行业迎来了最辉煌的时刻。

在此阶段，集成灶市场总量每年保持近 40%的增长率，吸引了许多传统大牌厨电企业进入集成灶行业，更加激烈的市场竞争态势，助推了整个行业的高速发展，许多技术难题得到攻克，集成灶开始真正实现技术和销量的双重突破。随着健康饮食烹饪理念深入人心，2016年之后具备电蒸箱、蒸烤一体的集成灶一经推出，便受到市场的广泛好评，市场销量占比高速攀升。另一方面，集成灶产品市场从三、四线城市向一、二线城市普及的反传统发展路径，给予了其充足的生存空间，也为厨电行业注入了生机与活力，既满足了消费者对无烟厨房的需求，又颠覆了传统厨电的产品设计，推动了中国厨电的持续升级。

在集成灶高速发展阶段，随着集成灶十余年沉淀的基础以及工程技术人员的不断深入研究，技术发展朝着高、精、尖的方向前进。在此期间，以往各类针对集成灶产品的问题都得到了一定程度的解决。随着《家用燃气灶具能效限定值及能效等级》GB 30720—2014标准的发布，各集成灶企业技术人员通过产品的优化升级，将热效率从整体上低于三级能效提升到大部分产品可以达到一级能效的水平，集成灶行业取得了重大技术进步。除此之外，语音控制技术、APP控制等智能化技术也得到应用，在安全性方面，防干烧、燃气泄漏报警等安全装置也不断应用到集成灶之中。

2.2 集成灶应用现状

2.2.1 集成灶产品类型

集成灶按燃气类别可分为人工煤气集成灶、天然气集成灶、液化石油气集成灶，按灶眼数可分为单眼集成灶、双眼集成灶、多眼集成灶等，按集成的主要模块功能可分为保洁柜式集成灶、消毒柜式集成灶、烤箱式集成灶、蒸箱式集成灶、蒸烤式集成灶、洗碗机式集成灶等，按风机结构可分为卧式风机集成灶、立式风机集成灶等，按吸油烟方式可分为环吸式集成灶、侧吸式集成灶等。

1. 环吸式集成灶

环吸式集成灶又名深井式集成灶，是最早研发出的集成灶，其燃气灶台面放锅具位置内凹设计，锅架设计为下凹结构，锅灶上沿形成流体隔膜，通过深井环吸、下排风方式，使产生的油烟在锅的边沿被吸进排风系统内，通过近距离的吸附达到抽走油烟的效果，如图2-1所示。其优点是吸油烟效果好，产品运行噪声低，功能集成，节省厨房空间；缺点是吸风口与燃烧源距离较近，当用户因疏忽出现锅内起火时，明火易被卷入油烟系统内部，从而产生一定的安全隐患。

2. 侧吸式集成灶

侧吸式集成灶是深井式集成灶的升级，遵循下排油烟的原理和理念，在放锅位置、操作方式上更加接近传统的燃气灶。吸油烟的通道和结构经过改进更接近传统的侧吸式油烟机，采用侧吸方式，在离心风机的作用下，油烟经过吸烟口吸入进气箱中，然后在进气箱中通过离心风机将油烟中混有的油脂分离出来，分离出来的油脂会自动经导风箱流入集油盒中，将油烟经导风箱排出到室外（图2-2）。

侧吸式集成灶通过延长吸风口到锅具的距离，使明火意外吸入烟道的风险极大降低，同时应用防火墙技术，解决了环吸式集成灶产品的安全问题，使集成灶的安全性能大幅提高。侧吸式集成灶的优点是模块化设计易安装、易清洗、易维护；缺点是吸烟口与燃烧源距离相对偏远，又受室内开窗空气流动的影响，因此存在吸油烟路径紊乱的可能。

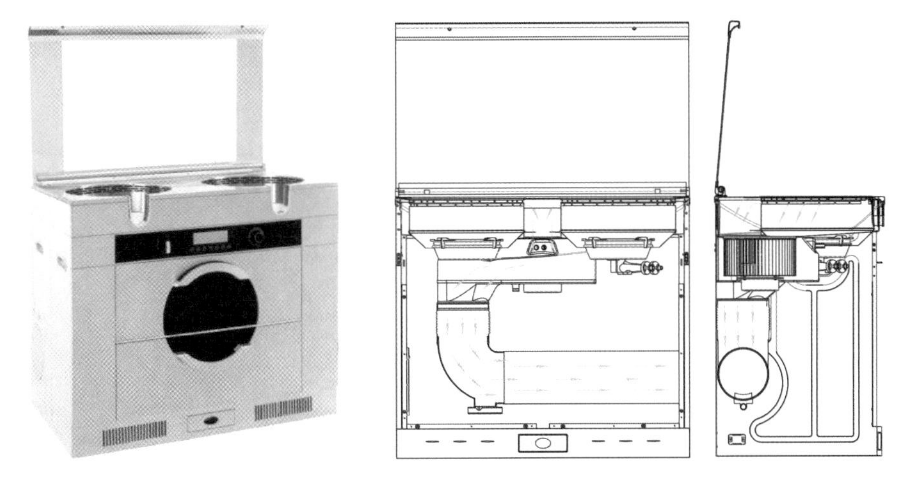

图 2-1　环吸式集成灶工作原理图

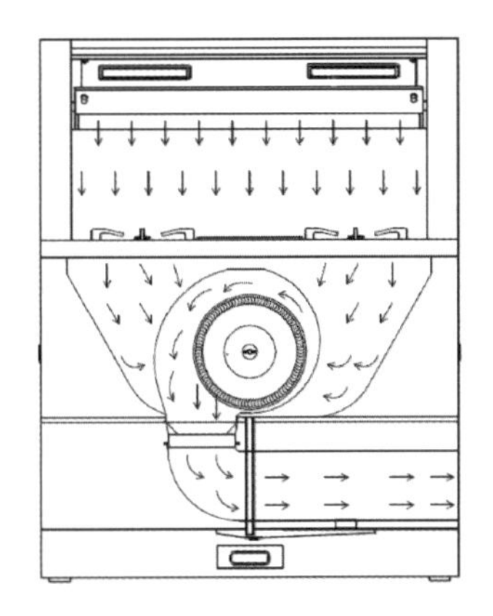
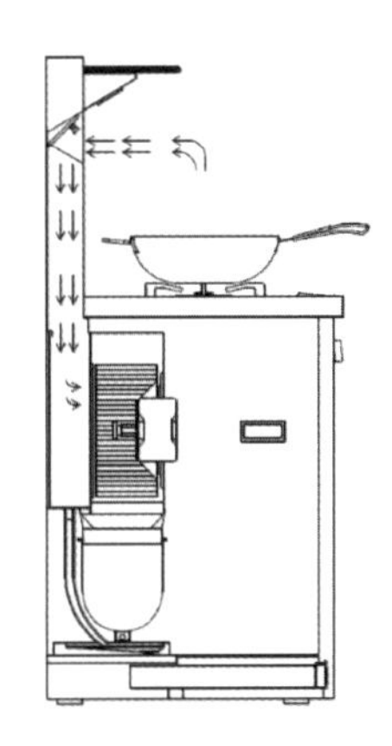

图 2-2　侧吸式集成灶工作原理图

2.2.2　集成灶结构及部件

集成灶结构及部件随集成的功能不同而变化，主要包含有燃气灶模块、烟机模块、控制模块、机架模块和集烟腔模块等，其中烟机模块、集烟腔模块共同构成通常所说的吸排油烟装置。

1. 燃气灶模块

燃气灶模块的组成与家用燃气灶基本相同，主要部件有燃烧器、燃气旋塞阀总成、点火装置、熄火保护装置、燃气灶面板、炉架等，具备点火、燃烧、熄火保护、调节火力大小等功能，保证用户在烹饪过程中对明火的需求。

燃气灶模块工作流程如图 2-3 所示，旋钮安装在阀体的阀杆上，当用户按下燃气灶旋钮时，阀体上微动开关接通，与该微动开关连接的点火脉冲开始放电，脉冲通过金属点火针将高频电流释放到燃烧器火孔处产生火花，此时旋转旋钮阀体通路被打开，燃气到达燃烧器的火孔，燃气碰到火花，火孔处产生火焰。火焰燃烧时，在燃烧器内的热电偶感受到热量产生热电势，热电势形成的电流通过连接线流入阀体内的电磁阀，电磁阀吸合，此时松开旋钮在电磁阀的作用下，阀体持续打开并通过燃气，保证燃烧持续。若炉头火焰意外熄灭，热电偶温度降低，热电势消失，电磁阀复位后阀体关闭，燃烧器不再通气。

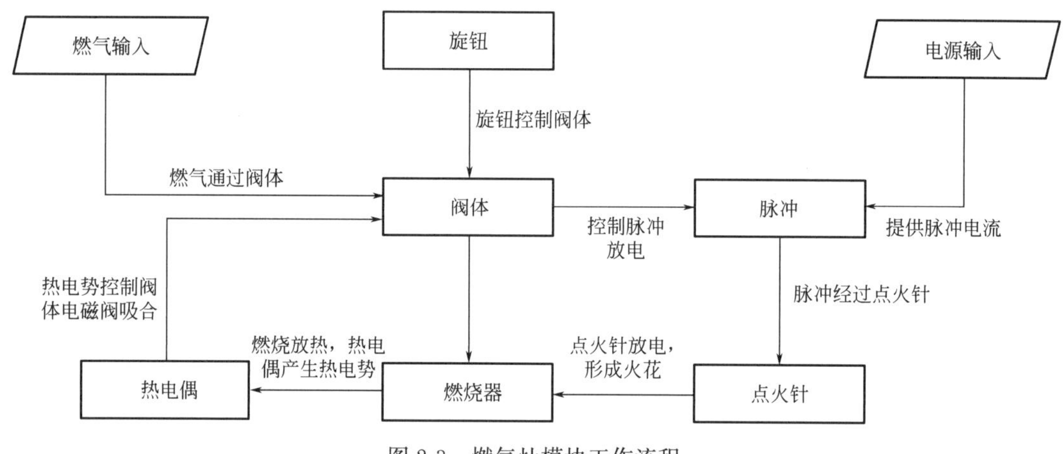

图 2-3 燃气灶模块工作流程

（1）燃烧器

集成灶一般采用大气式燃烧器，由引射器、燃烧器头部、火盖和调风板组成，使空气和燃气充分混合并实现高效燃烧。其中，燃烧器头部材质一般为铸铁、高温铸铝或不锈钢；火盖、炉芯材质一般为铜质，分气盘一般采用耐温 500℃以上的高温铝或铜质。

（2）燃气旋塞阀总成

燃气旋塞阀总成是以旋塞阀为主体配以不同的附加装置的控制装置，包括挡位流量控制旋塞阀总成、无级流量调节旋塞阀总成、热电熄火保护装置组合旋塞阀总成等。

（3）点火装置

实际应用中主要采用电子脉冲点火，用以产生瞬间连续性电火花，从而点燃燃气产生火焰。

（4）熄火保护装置

市场主流产品为离子感应式熄火保护装置和热电式熄火保护装置。

（5）燃气灶面板

市场主流的燃气灶面板有不锈钢、钢化玻璃两种，也有陶瓷等其他材质的面板。

（6）炉架

一般采用铸铁一体铸造或钢材焊接而成，表面采用搪瓷处理。

2. 烟机模块

烟机模块的主要部件有主电机、叶轮、蜗壳、负压箱、风道等。主电机一般采用交流电机或直流无刷电机，用于驱动叶轮运动。叶轮一般采用由多个叶片组成的离心式风轮，利用离心力对气体做功，实现气流的快速运动和压力的提升。蜗壳由钣金件通过焊接、铆接及表面处理制成，外形为对数螺旋线或阿基米德螺旋线，用于固定安装电机和叶轮，其形状及尺寸直接影响电机的效率及风量、风压等性能参数。

烟机模块通常置于集成灶机架模块内的后背部，或位于风道内，或与风道壁叠置；也有将烟机模块布设在机架模块底部的中间位置，便于安装时按用户实际需求调换排风口方向，以及便于烟机模块及其零部件的维修和保养，同时便于拓展集成灶附加功能模块的布置和附加功能模块烹饪腔体的扩容。

3. 控制模块

控制模块通常称为控制器或控制系统，按结构可分功能模块组合式和一体式两种，应符合《燃气燃烧器和燃烧器具用安全和控制装置 特殊要求 电子控制器》GB/T 38603—2020 标准相应规定要求。

控制模块主要由电源板、操控面板两个部件组成，带语音控制时则附带有语音控制模块，带手势控制时则附带有手势感应模块，带远程控制时则将手机等移动通信工具作为集成灶产品的信息显示和指令输入端。

电源板由印刷线路板作为支撑和连接的各种电子元器件组成，向集成灶各模块提供适配电源，对应用场景条件、工作状态和各模块运行的监测、反馈或输入信号进行处理，并输出规定程序的相应控制信号，使集成灶保持安全、稳定运行。印刷线路板基本采用单面印刷的硬板（PCB），随着集成灶产品功能的拓展和智能化程度的提高，将会有双面板、多面板和软硬结合板、软板的应用。

操控面板常见的有机械式的按钮面板和触控屏，主要用于产品状态显示和工作指令的输入，是用户与产品交互的器件或界面。随着集成灶产品智能化程度和集成度的提高，触控屏的应用越来越多。

4. 机架模块

机架模块作为支撑整个集成灶主体架构的承重模块，一般由强度较高的钣金、管材、铝材等通过螺钉、铆接、焊接、粘接等方式进行固定，具有集成灶在使用及运输、搬运过程中所需的承载能力。

5. 集烟腔模块

集烟腔模块是根据使用中油烟升腾特性而具有拢烟功能和不同造型的油烟导流、吸入模块，同时因造型、空间布局的不同可具备照明、操控、置物等功能，也有将吸入口设计为随烟机模块联动的自动开、闭机构，防止油烟倒灌和串味。

2.2.3 集成灶标准发展现状

中国集成灶标准体系处在一个新产品在先、法规标准滞后的局面。2003 年，第一代集成灶产品问世时，无相关国家、行业标准作为检验依据，产品执行企业标准（备案）作为出厂检验标准。

集成灶在市场销售过程，因产品油烟下排，需在厨房烟道壁下方开孔，不符合行业标准《住宅厨房排风道》JG/T 3044—1998 的规定，很多地方的物业和相关部门不允许在烟道壁下方开孔，导致集成灶无法安装。2006 年对厨房排气道标准《住宅厨房、卫生间排气道》JG/T 194—2006 进行了修订，该标准将集成灶产品“下部排风口”合规化，突破了集成灶产品的法规壁垒，为集成灶行业的发展奠定了基础。

2012 年 2 月 8 日，住房和城乡建设部牵头组织起草的集成灶行业标准《集成灶》CJ/T 386—2012 发布，并于 2012 年 5 月 1 日正式实施，该标准的实施为集成灶行业明确了技术要求，指引了发展方向，规范了行业健康发展。

2013 年 1 月，《家用燃气灶具》GB 16410—2007 第 1 号修改单将集成灶纳入国家标准，对产品符合的功能、性能以及安全等方面起到了关键的规范作用。同时，集成灶产品是一个涉及燃气、吸油烟、电气安全等多功能集成产品，已有的国家标准《家用燃气灶具》GB 16410—2007 条款主要对燃气类规范了相关要求，而对电气安全和其他电器功能未提及，集成灶产品仍需进一步完善。

2014 年 6 月，发布的标准《家用燃气灶具能效限定值及能效等级》GB 30720—2014，对集成灶的燃气灶部分能效限定值及能效等级提出了要求。该能效标准的发布实施，对集成灶燃烧系统的技术升级起到了积极的促进和发展作用。

另外，多个关于集成灶产品的团体标准发布，如 2015 年浙江省浙江制造品牌建设促进会发布的《集成灶》ZZB 032—2015 标准，2019 年中国五金制品协会发布的标准《集成灶》T/CNHA 1020—2019 等。

2019 年 8 月 28 日，《认监委关于发布防爆电气、家用燃气器具等产品强制性产品认证实施机构指定决定的公告》（2019 年第 18 号）正式发布，集成灶作为家用燃气灶的一种类别正式纳入强制性认证产品目录。

2.2.4 集成灶性能指标要求

集成灶产品所集成的模块不同，其性能指标要求也有所不同，且随着集成度提高，集成灶满足有关标准规定要求的性能指标也越来越多。按《家用燃气灶具》GB 16410—2020 给出的定义，集成灶是将家用燃气灶和吸排油烟装置组合在一起的器具，或在此基础上增加食具消毒柜、烤箱、电磁灶、贮藏柜等一种或一种以上功能的器具。因此，其主要性能指标对应于家用燃气灶、吸排油烟装置两个基础模块，即符合《家用燃气灶具》GB 16410—2020、《吸油烟机及其他烹饪烟气吸排装置》GB/T 17713—2022 有关要求。

1. 家用燃气灶模块主要性能指标要求

（1）气密性

从燃气入口到燃气阀门在 4.2kPa 压力下，漏气量不大于 0.07L/h；自动控制阀门在 4.2kPa 压力下，漏气量不大于 0.55L/h；从燃气入口到燃烧器火孔用基准气在最高试验压力下点燃，不向外泄漏。

（2）热负荷

每个燃烧器的实测折算热负荷与额定热负荷的偏差应在±10%以内，总实测折算热负荷与单个燃烧器实测折算热负荷总和之比不小于 85%；两眼和两眼以上的燃气灶、气电两用灶和集成灶应有一个主火燃烧器，其实测折算热负荷满足：普通型灶不低于 3.5kW；红外线灶不低于 3.0kW。

（3）热效率

未开启吸油烟装置时，不低于 55%；开启吸油烟装置时，不低于 53%。

（4）一氧化碳含量

在基准气额定供气压力下，干烟气中过剩空气系数折算为 1 时的一氧化碳体积分数不大于 0.05%。

2. 吸排油烟装置主要性能指标要求

（1）烟道防火安全装置

明火进入到烟道后 30s 内应切断燃气通路和风机电源。

（2）空气性能

风量不小于 7m^3/min；全压效率不低于 19%；风量实测值与明示值的允差不应超过明示值的－10%。

（3）噪声

风量小于等于 12m^3/min 时，噪声上限值为 69dB（A）；风量大于 12m^3/min、小于等于 14m^3/min 时，噪声上限值为 70dB（A）；风量大于 14m^3/min 时，噪声上限值为 71dB（A）。

（4）气味降低度（外排式）

瞬态气味降低度不小于 60%。

（5）油脂分离度（外排式）

油脂分离度应不小于 85%。

3. 电气安全性能

集成灶产品的电气安全性能应满足《家用和类似用途电器的安全 第 1 部分：通用要求》GB 4706.1—2005、《家用和类似用途电器的安全 带有电气连接的使用燃气、燃油和固体燃料器具的特殊要求》GB 4706.94—2008、《家用燃气燃烧器具安全管理规则》GB 17905—2008 的规定要求。

带有电灶、烤箱模块的集成灶产品应满足《家用和类似用途电器的安全 驻立式电灶、灶台、烤箱及类似用途器具的特殊要求》GB 4706.22—2008 的规定要求。

带有洗碗机模块的集成灶产品应满足《家用和类似用途电器的安全 洗碗机的特殊要求》GB 4706.25—2008 的规定要求。

团体标准如《集成灶》T/CNHA 1020—2019、《集成灶》ZZB 032—2015 等除对集成灶产品热效率、空气性能、噪声、气味降低度和油脂分离度等性能指标有更高的要求外，也对干烟气中氮氧化物浓度有强制规定要求。具体差异，见表 2-1。

现行标准对集成灶产品主要性能指标要求对照表　　表 2-1

<table>
<tr><th colspan="2">标准号</th><th>GB 16410—2020</th><th colspan="2">T/CHNA 1020—2019</th><th colspan="2">ZZB 032—2015</th><th>GB/T 17713—2022</th></tr>
<tr><td rowspan="3">热效率</td><td rowspan="2">开启吸油烟装置时</td><td rowspan="2">≥53%</td><td>大气式灶</td><td>≥56%</td><td>大气式灶</td><td>≥59%</td><td rowspan="3">—</td></tr>
<tr><td>红外线灶</td><td>≥58%</td><td>红外线灶</td><td>≥61%</td></tr>
<tr><td>未开启吸油烟装置时</td><td>≥55%</td><td colspan="2">—</td><td colspan="2">—</td></tr>
<tr><td colspan="2">干烟气中CO浓度 (α=1,体积分数)</td><td>≤0.05%</td><td colspan="2">≤0.05%</td><td colspan="2">≤0.05%</td><td>—</td></tr>
<tr><td colspan="2" rowspan="2">干烟气中NO_x浓度 (α=1,体积分数)</td><td rowspan="2">资料性附录</td><td>天然气、人工煤气</td><td>≤0.009%</td><td>天然气、人工煤气</td><td>≤0.009%</td><td rowspan="2">—</td></tr>
<tr><td>液化石油气</td><td>≤0.011%</td><td>液化石油气</td><td>≤0.011%</td></tr>
</table>

续表

<table>
<tr><th colspan="2">标准号</th><th>GB 16410—2020</th><th colspan="2">T/CHNA 1020—2019</th><th colspan="2">ZZB 032—2015</th><th colspan="2">GB/T 17713—2022</th></tr>
<tr><td rowspan="5">吸排油烟装置</td><td rowspan="2">噪声</td><td rowspan="2">—</td><td>风量≥12m^3/min</td><td>≤71 dB(A)</td><td>风量≥14m^3/min</td><td>≤72 dB(A)</td><td>风量>14m^3/min</td><td>≤71 dB(A)</td></tr>
<tr><td>风量<12m^3/min</td><td>≤68dB(A)</td><td>风量<14m^3/min</td><td>≤71dB(A)</td><td>风量≤12m^3/min</td><td>≤69dB(A)</td></tr>
<tr><td>常态气味降低度</td><td>—</td><td colspan="2">≥93%</td><td colspan="2">≥90%</td><td colspan="2">—</td></tr>
<tr><td>瞬时气味降低度</td><td>—</td><td colspan="2">≥55%</td><td colspan="2">50%</td><td colspan="2">≥60%</td></tr>
<tr><td>油脂分离度</td><td>—</td><td colspan="2">≥90%</td><td colspan="2">≥80%</td><td colspan="2">≥85%</td></tr>
</table>

注：项目指标不适用于相应标准，用“—”表示。

2.2.5 集成灶技术发展现状

随着集成灶产品逐步被市场熟悉和认可，集成灶市场不断完善，各方面技术日趋更新，在烟机、燃气灶、电气安全等方面满足相关国家标准的性能、安全指标要求，同时在功能的组合、协同上较传统的厨电产品具有一定的技术创新。集成灶技术的研发和应用主要是为了解决产品功能的集成优化以满足不同消费者的功能需求，同时在现有燃气灶安全防护技术基础之上，如熄火保护技术、防干烧技术等，保证产品使用安全，改善厨房环境，为用户提供舒适的烹饪体验。

1. 排风技术

在排风技术发展方面，以最初的环吸式集成灶为基础，对吸风方式及吸风口位置、结构等进行升级改造，研发出侧吸式排风技术，同时对排风噪声的控制越来越重视。

侧吸下排烟技术的应用，缩短了燃气灶与烟机之间的距离。在油烟升腾后，不再经过人体面部，从侧部吸入排出，吸入流速更快，吸排烟更彻底。相较于传统背部风道，在侧吸下排烟技术之上，通过配置应用下置风机，提高集成灶整体空间利用效率，充分扩容大量内部有效空间，达到增容降噪的目的。被集成至产品的功能也由最初的贮藏柜、保洁柜、消毒柜发展至电蒸箱、电烤箱、洗碗机、蒸箱、蒸烤一体机、蒸煲一体机等。

2. 风道防火墙技术

在安全性技术发展方面，集成灶产品已经普遍采用了风道防火墙技术，实时监控风道的温度变化，在锅内意外起火时，主动切断气源、关闭风机，阻止明火吸入集成灶内部结构。

风道防火安全装置是集成灶吸排油烟装置的关键保护功能部件，由于集成灶吸排油烟装置距离灶眼较近，当锅中起火时，火焰有可能被吸入风道，并引燃风道中残存的油脂引发火灾事故，因此要求集成灶在吸排油烟装置的进风口安装烟道防火安全装置，以免万一锅中起火时，能够在规定时间内关闭燃气通路和风机电源。根据《家用燃气灶具》GB 16410—2020 标准的规定，明火进入到烟道后 30s 内应切断燃气通路和风机电源。

最早正式提出防火安全装置是在《集成灶》CJ/T 386—2012 行业标准中，该标准对风道防火提出了两个思路，一是可以阻止明火进入烟道，二是当无法阻止明火进入烟道时，则应在规定的时间内切断燃气通路和风机电源。随着防火墙技术在集成灶中的应用，对提升集成灶产品安全和保护消费者人身财产安全起到了积极的作用。

3. 燃气泄漏报警技术

燃气泄漏报警技术是近年来应用到集成灶中的一种燃气安全防护技术，当集成灶内部发生燃气意外泄漏时，通过切断工作电源和关闭气源，并打开风机主动排风换气，达到安全防护目的。

燃气泄漏报警装置主要由传感器和控制器两部分组成，传感器根据产品气源特点也有差异，比如天然气的传感器对甲烷敏感，液化石油气的传感器对丙烷和丁烷敏感。在使用监控过程中，当传感器感知到空气中一定量的燃气时，会将此信号发送到控制器，控制器作出报警或切断燃气通路的动作，从而起到预防和保护的作用。

4. 清洁技术

集成灶在清洁技术发展方面，除了针对结构上进行吸烟口的可拆卸设计，方便对重油部位进行清洁外，还配备有利用高温熔融或高压蒸汽原理的自动清洗技术，可以定期实现对烟机叶轮表面的油污清洗，有效地减少专业拆机的复杂工作，避免破坏产品安装状态，无需将产品从安装位置整体移出即可维修、清洁集成灶机架模块内的零部件，特别是能从集成灶正面操作位置拆修、拆洗烟机模块及其零部件，极大地提升了集成灶产品的可维修性和可清洁性。

5. 控制技术

集成灶在控制技术发展方面，控制程序由最初的各个功能模块独立控制发展到功能模块间相互联动的协同控制，操控面板逐渐由机械式的按钮面板演变为触控屏占主导地位，使集成灶的操作变得更简便、快捷。语音控制、手势控制、菜谱 APP、云端食谱等的应用，给集成灶的智能化发展带来了可喜的变化。

2.3 集成灶市场现状

根据相关数据显示，中国居民人均住房建筑面积为 40.8m^2，城镇居民人均住房建筑面积为 36.6m^2，农村居民人均住房建筑面积为 45.8m^2，总体还处于较低水平。根据奥维云网（AVC）消费者调研数据显示，中国家庭的厨房面积普遍偏小，8m^2 以下厨房的占比高达 68.5%。从整个家庭的布局来看，厨房内的电器是最密集的，这就要求厨电产品的功能要进一步集成，不仅提供更多功能，还需节省更多空间。从厨电产品发展趋势来看，以集成灶为代表的集成化厨电产品将成为未来家庭厨房设备的重要发展趋势。

2.3.1 集成灶生产企业分析

相比于传统分体式烟灶，集成灶生产企业还比较年轻，生产企业主要集中在浙江嵊州、浙江海宁和广东省三大集成灶产业集群地区。浙江嵊州是集成灶企业高密度地区，涉及企业 200 余家；浙江海宁则聚集了 10～20 家相关企业；广东省集成灶企业较为分散，规模较小，产业集群度相对低；此外江苏、安徽等地也有集成灶产业聚集。随着集成灶行业的快速发展，传统厨电生产企业和燃气用具生产企业也相继进入集成灶行业。目前，浙江嵊州的集成灶产量约占全国的 65%，浙江省的集成灶产量约占据了全国 90%以上的份额。

2.3.2 集成灶市场规模分析

集成灶发展初期因行业缺乏产品标准，部分不规范产品影响市场销售和推广，集成灶用户口碑有所走低，并一度被打上“质量差”“不安全”等标签，普及速度出现明显放缓。随着集成灶产品的标准发布实施，2015 年开始集成灶行业迎来快速发展时期，持续多年保持快速增长趋势。

根据奥维云网（AVC）监测数据，集成灶市场销量从 2015 年的 57 万台增长至 2021 年的 304 万台（图 2-4），市场销量年均增长率 32.2%；集成灶市场销售额从 2015 年的 36 亿元增长至 2021 年的 256 亿元（图 2-5），年均增长率 38.7%，行业发展增速显著领先于传统烟灶行业，市场销售额规模超越家用燃气灶市场销售额规模。

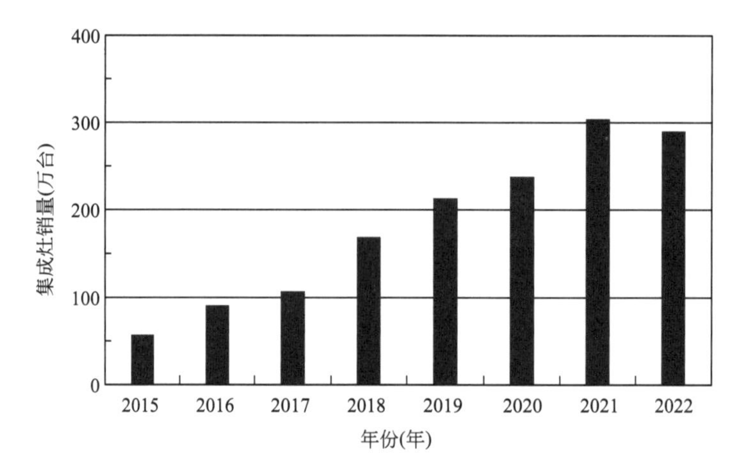

图 2-4　集成灶市场销售量规模（2015—2022 年）

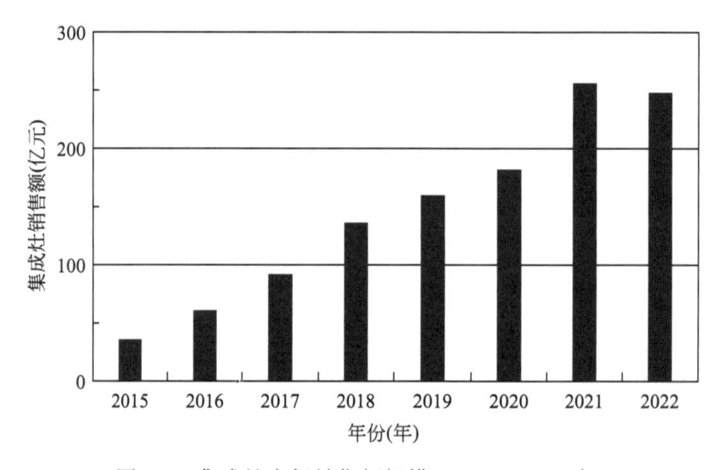

图 2-5　集成灶市场销售额规模（2015—2022 年）

集成灶市场的快速发展，一方面受益于三、四线城市地产行业快速发展，为集成灶的爆发式增长提供了良好契机。随着 2015 年地产销售政策放松，商品房销售增速强势反弹，尽管 2017 年开始整体有所回落，但三、四线城市在棚改货币化政策刺激下景气度仍维持高位，并显著拉动了后续厨电配置需求，主要布局于三、四线城市市场的集成灶产品趁势再度进入大众视野。另一方面集成灶产品用户接受度提升也是行业景气复苏的必要条件。随着集成灶产品质量提升、产品升级迭代，前期受到诟病的产品质量、安全、噪声等问题均得到了很好地解决，用户口碑积累，消费者对集成灶产品的认识和接受度逐步提高，助推集成灶市场的快速发展。

2020 年开始受新冠肺炎疫情等因素影响，家电市场进入限量市场，传统厨电品类普遍增长趋缓，但是集成灶作为厨电产业当中的新兴品类，仍保持较快增长，2020 年和 2021 年市场销量增长率分别为 11.7%和 27.7%，市场销售额分别增长 13.8%和 40.7%。2022 年集成灶市场有所下降，根据奥维云网（AVC）监测数据，全年市场销量 290 万台，同比下降 4.6%，市场销售额 248 亿元，同比下降 3.1%。

根据集成灶市场销售数据，目前集成灶品类中蒸烤一体款的集成灶市场销量占比最高，近 50%的市场销量占比，其次是消毒柜款集成灶市场占比超过 30%，蒸烤独立款和蒸箱款集成灶市场销量占比也近 10%（图 2-6）。

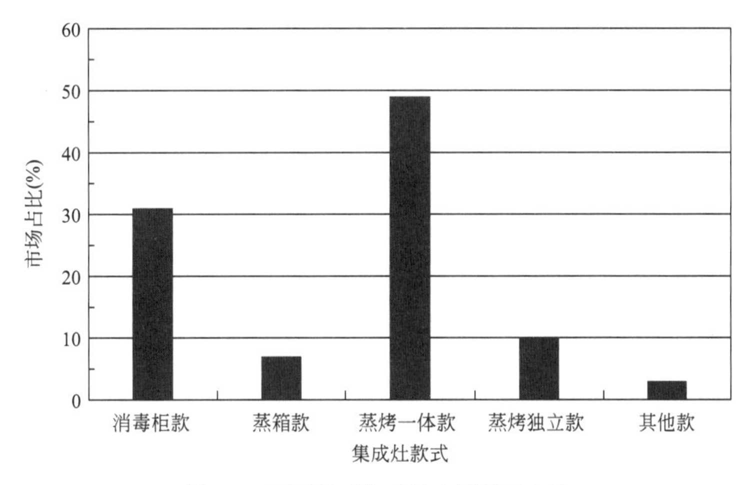

图 2-6　不同款式集成灶市场销量占比

2.3.3　集成灶销售渠道结构分析

根据奥维云网（AVC）监测数据，从集成灶销售渠道结构来看，线上与线下市场均呈现出较快增长速度，从 2015—2021 年，集成灶线上销量年均增长率为 58.7%，线下销量年均增长率为 27.6%，线上消费趋势的增速显著高于线下消费。但相比于传统家用燃气灶，集成灶品类更需要结合产品结构和外观与家居装修进行定制化设计安装，一定程度上限制了线上销量。截至 2022 年年底，集成灶线上销量为 74 万台，仅为线下销量的 1/3，显著低于线下销量（图 2-7）。

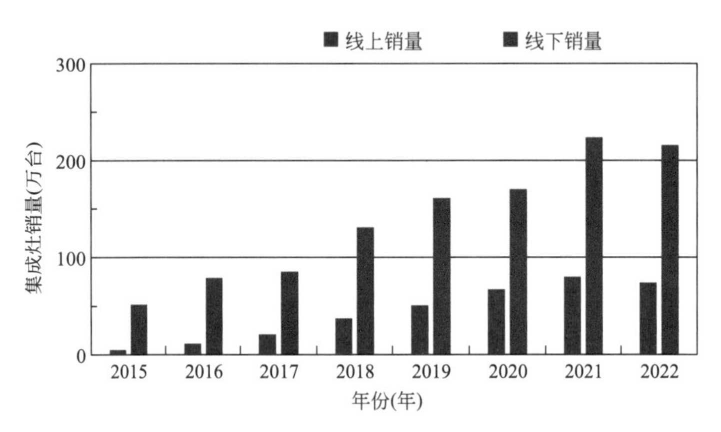

图 2-7　集成灶市场线上和线下销售渠道情况（2015—2022 年）

2.3.4　集成灶产品价格结构分析

根据奥维云网（AVC）监测数据，从线上销售的集成灶产品的价格结构来看，价格主要集中在 6000 元以下，占比 38.1%；其次是 6000～7999 元段，占比 20.9%；12000～13999 元段和 14000 元以上的线上销量占比则较低，两者分别为 7.1%和 5.0%（图 2-8）。线上市场整体表现出低价和高性价比的产品较为欢迎，线上促销活动，如“618”“双 11”等，一定程度刺激低价和高性价比产品的线上销量。

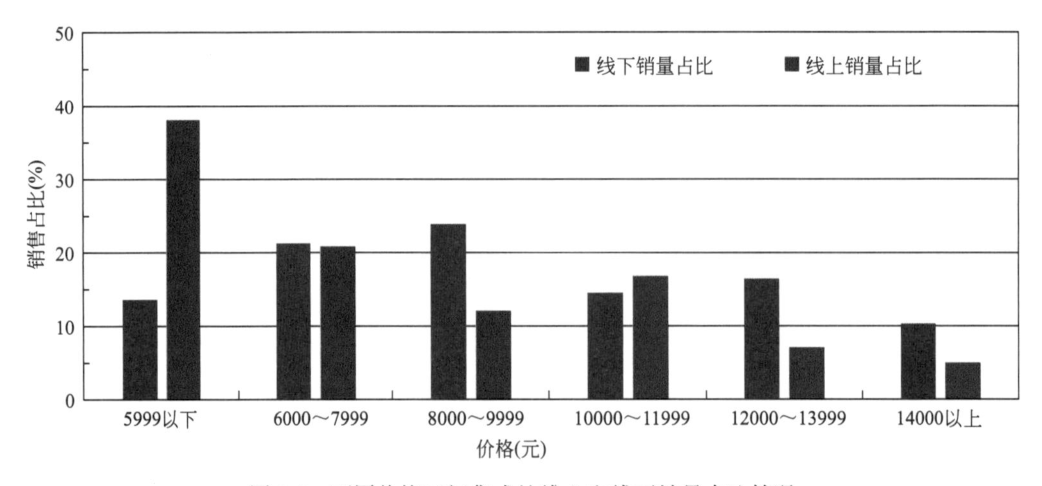

图 2-8　不同价格区间集成灶线上和线下销量占比情况

根据奥维云网（AVC）监测数据，从线下销售的集成灶产品的价格结构来看，价格段主要集中在 8000～9999 元，市场占比 23.9%；6000～7999 元价格段和 12000～13999 元价格段的线下销量占比也比较可观，分别为 21.3%和 16.4%；另外，在高价段 14000 元以上，线下销量占比也达到了 10.3%。在线下市场中，各价格段的产品销量差异较小，整体表现为在追求性价比的同时，万元级以上的高端产品更加受到消费者的喜爱。

2.3.5　集成灶品牌市场结构分析

集成灶市场广阔，增速迅猛，众多品牌涌入，相关数据显示，2015 年集成灶品牌数量仅为 83 个，2020 年已经翻倍到 266 个，其中线上品牌 193 个，机型 1537 个，线下品牌 73 个，机型 574 个。

根据奥维云网（AVC）监测数据，线上销量 TOP3 品牌销量占比 38.7%，TOP5 品牌销量占比 50.7%，TOP10 品牌销量占比 65.1%；线下销量 TOP3 品牌销量占比 50.9%，TOP5 品牌销量占比 63.8%，TOP10 品牌销量占比 83.2%。

从线上和线下渠道看，集成灶行业主导品牌格局逐渐清晰，专业品牌竞争格局梯队分化，线下品牌集中度更高，线上品牌竞争激烈，品牌较多。

2.3.6 集成灶各地区市场占有率分析

根据奥维云网（AVC）监测数据，集成灶的市场销量占有率最高的是华东地区占比 44.2%，华北地区、中南地区（包括华中和华南地区）、西北地区和西南地区的市场占有率差异不大，分别为 14.3%、13.9%、11.8%、11.1%（图 2-9）。集成灶产业集群主要集中在浙江省，华东地区消费者对集成灶产品的认知度和接受度相对于其他地区要更高，一定程度上推动了集成灶在华东地区的市场销量，同时随着集成灶产品的逐渐普及，其他地区的市场销量也在逐步提升。

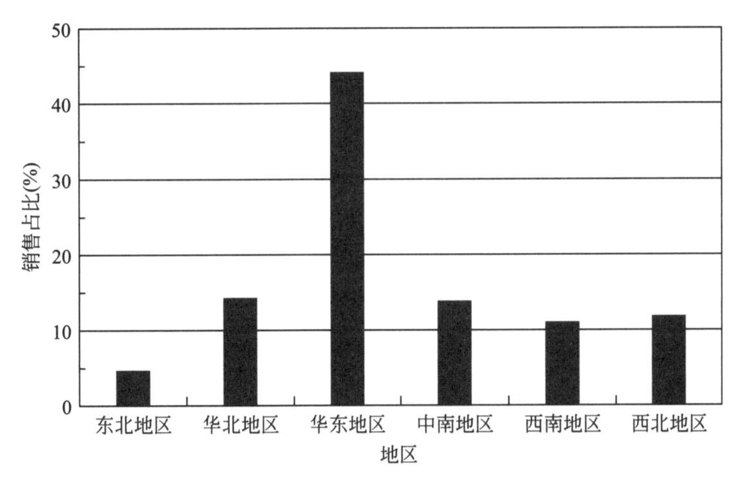

图 2-9　家用燃气灶各地区市场销量占有率情况

第3章　家用燃气热水器发展历程和现状

家用燃气热水器是利用天然气、人工煤气、液化石油气等燃气燃烧放出的热量制备热水的燃气用具，可以满足人们的淋浴、盆浴、洗涤等需求，是居民常备的日用消费品之一，主要用于家庭洗涤、生活用水和取暖等。

3.1　家用燃气热水器发展历程

中国家用燃气热水器发展经历了起步阶段、发展阶段、突破阶段、高速发展阶段、稳定创新阶段，产品由直排式和自然排气式逐渐向强制排气式、给排气式、户外式等技术发展，每一阶段都是一次技术突破，是在洗浴“安全”和“舒适”上的一次迈进。

3.1.1　起步阶段

中国燃气热水器的使用历史可以追溯到1862年，上海雁荡大厦内使用的由英国制造的燃气热水器产品，结构简单，人工点火，安装有专用烟道，燃烧产生的废气通过烟道排放到室外。1949年后在国家的大力倡导下，全国各地纷纷启动城市煤气化进程，上海煤气表具厂曾经制作过一些仿制欧洲产品的燃气热水器，当时取名为蓝宝石牌，由于煤气供应能力的限制，一直没有形成批量生产。

1979年，中国内地第一台燃气热水器在南京研制成功，南京玉环正式形成中国第一批量产5L直排式燃气热水器生产能力并实现批量生产，标志中国人民用锅烧水洗澡的时代结束，老百姓的洗浴生活进入一个新的时代。

3.1.2　发展阶段

1980—1990年期间，家用燃气热水器进入初期发展阶段。这一时期，直排式家用燃气热水器开始流行并占据市场主流，自然排气式（烟道式）燃气热水器开始出现。与此同时，从日本进口了一些给排气式（平衡式）燃气热水器，但没有大范围推广。

此阶段，家用燃气热水器在增加热水容量、改进点火方式等技术方面有所提升，但燃气热水器导致人身伤亡事故频发，燃气热水器相关技术研究均围绕安全问题，如熄火保护技术、水气联动技术、烟气排放标准值选择（0.03%还是0.05%）、燃烧器稳定性指标、常明火设置等，以提高燃气热水器的使用安全性。

在此期间，正式发布实施了国家标准《家用燃气快速热水器》GB 6932—1986，以规范家用燃气热水器在中国的发展。

3.1.3　突破阶段

1990—2000年期间，家用燃气热水器进入突破发展阶段。在此期间，外资品牌纷纷以中外合资形式进入中国，为中国燃气热水器行业带来了先进的技术和产品。直排式燃气热水器仍是市场主流产品，自然排气式（烟道式）燃气热水器随着技术的不断成熟，市场占有率逐步增加，给排气式（平衡式）和户外式燃气热水器未能得到推广，强制排气式燃气热水器产品开始在市场上出现，容积式燃气热水器逐渐从简易结构向成熟换代。

此阶段，家用燃气热水器在技术发展方面取得了突破。家用燃气热水器的输出功率逐渐增大，热水容量提升至 12L/min，热水舒适性能得以提高。熄火保护装置技术基本成熟，但由于人工煤气气质问题，导致熄火保护装置稳定性不够。水气联动阀、流量传感器开始应用，但水气联动装置故障率较高，导致干烧或停水温升过高的现象时有发生，致使防干烧装置开始出现，缺氧保护技术开始研发。自然排气式（烟道式）家用燃气热水器的防倒风（抗风性能）技术开始出现。强制排气式家用燃气热水器的出现，不但提升了燃气热水器的热负荷和热效率，缩小了结构尺寸、降低原材料消耗和生产成本，而且将困扰燃气热水器的排烟和安装问题得到了有效解决，使燃气热水器的安全性提高，变得适合城市建筑环境安装和家庭使用。强制排气式家用燃气热水器引入市电，使得电器安全问题成为重要技术之一。

此阶段，家用燃气热水器的标准修订工作顺利开展，发布实施了新版国家标准《家用燃气快速热水器》GB 6932—1994。在行业发展的同时，直排式燃气热水器的弊端逐渐显现、安全事故频发。为此，在 1999 年，由国家轻工业局和国内贸易局联合发布了《关于禁止生产、销售浴用直排式燃气热水器的通知》（国轻行〔1999〕101 号），要求从 1999 年 10 月 1 日起禁止浴用直排式燃气热水器的生产，从 2000 年 5 月 1 日起禁止浴用直排式燃气热水器的销售。

3.1.4 高速发展阶段

2000—2010 年期间，家用燃气热水器进入高速发展阶段。进入 21 世纪，由于直排式燃气热水器事故造成的影响，该类型产品被政府强制要求退市，上海等地出台相关政策限制自然排气式（烟道式）燃气热水器销售，进一步推动了强制排气式燃气热水器的发展，市场占有率逐渐提升。冷凝式燃气热水器作为高能效产品开始在市场上出现，容积式燃气热水器随着标准制定实施后逐渐趋于成熟，但市场占有量较低。

此阶段，强制排气式燃气热水器产品的快速普及，带动了以安全为抓手的燃气热水器产品技术革新和升级，如抗风性能（防倒风）、控制技术、安全保护功能等均有了较大提高，热水自动恒温性能快速提升，大功率技术不断创新，特别是强制排气式燃气热水器，热负荷可达 24kW 以上。

与此同时，修订并发布实施了新版国家标准《家用燃气快速热水器》GB 6932—2001，对家用燃气热水器市场进一步规范，在安全、舒适、便捷的基础上，更加注重高效和环保要求，如对氮氧化物和一氧化碳浓度作出了明确要求。2007 年 7 月 1 日，正式实施国家标准《家用燃气快速热水器和燃气采暖热水炉能效限定值及能效等级》GB 20665—2006，将家用燃气热水器的热效率进行细致地划分，实行能效等级制度。

3.1.5 稳定创新阶段

2010 年至今，家用燃气热水器进入稳定创新阶段。在此阶段，随着强制排气式燃气热水器产品技术的逐渐成熟，市场占有率逐步提升，成为市场主流，自然排气式（烟道式）燃气热水器产品逐渐被取代，冷凝式燃气热水器和容积式燃气热水器市场占比相对较小，国家推出了鼓励节能产品的推广政策，在一定程度上推动节能家用燃气热水器发展。

此阶段，家用燃气热水器的安全保护装置基本齐全，抗风性能、过热保护等安全控制技术成熟，安全事故大大降低。随着用户对热水要求的逐步提升，舒适性成为燃气热水器的主要技术研发领域，水温稳定性、温度波动小、停水温升小、加热时间短等核心技术逐渐应用，零冷水燃气热水器产品出现以满足用户零等待的热水使用体验。随着互联网技术的快速发展和智能终端的推广应用，家用燃气热水器控制技术增强，APP 控制、语音控制等智能控制功能层出不穷，人机交互功能逐步完善。与此同时，修订并发布实施了新版国家标准《家用燃气快速热水器》GB 6932—2015，以更好地促进中国燃气热水器事业的发展。

经过 30 余年的发展，中国家用燃气热水器行业已经积聚了一定的技术研发人才和自主创新技术，市场竞争逐步加剧，研究消费者的使用痛点是家用燃气热水器行业的重点，用户舒适性、用户体验和智能化控制逐渐成为产品研发的主要方向。

3.2 家用燃气热水器应用现状

3.2.1 家用燃气热水器产品类型

家用燃气热水器的设计主要因使用气源和给排气方式的不同而存在差异。目前，国内的家用燃气热水器类型划分众多，根据使用燃气类别可分为天然气热水器、液化石油气热水器和人工煤气热水器，根据结构类型可分为快速式热水器和容积式热水器，根据安装位置可分为室内型和室外型，根据换热方式可分为非冷凝式和冷凝式，根据燃烧器方式可分为部分预混式和全预混式。室内型家用燃气热水器根据给排气方式又可分为自然排气式（又称烟道式）、自然给排气式（又称平衡式）、强制排气式（又称强排式）和强制给排气式（又称强制平衡式）。

1. 室外型燃气热水器

室外型燃气热水器是将热水器安装在室外，其最大优势是燃烧需要的空气取自室外，废气排向室外，使用时不用考虑室内空气流通问题，避免了漏气安全隐患，而且不占用室内空间，噪声影响小。但是，室外型燃气热水器需要考虑防风、防雨、防冰冻和防紫外线等设备防护措施。

室外型燃气热水器结构主要包括风机、燃烧器、热交换器、电控板、电磁阀、电加热装置、水流开关、温度传感器以及各种保护装置等，如图 3-1 所示。室外型燃气热水器结构上与强制排气式燃气热水器相似。

2. 自然排气式燃气热水器

自然排气式燃气热水器又称为烟道式燃气热水器，是直排式燃气热水器的改进版，在原直排式结构上部增加一个带有防倒风排气罩的排烟系统，燃烧时需要的空气取自室内，燃烧产生的废气通过一个专用烟道利用热烟气比空气轻的原理在排烟终端产生的自然抽力

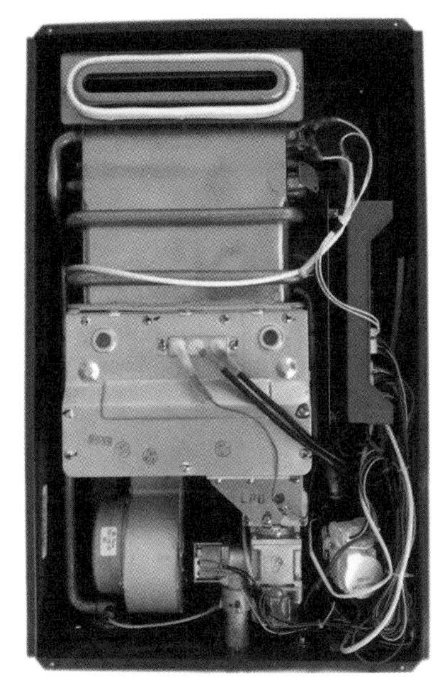

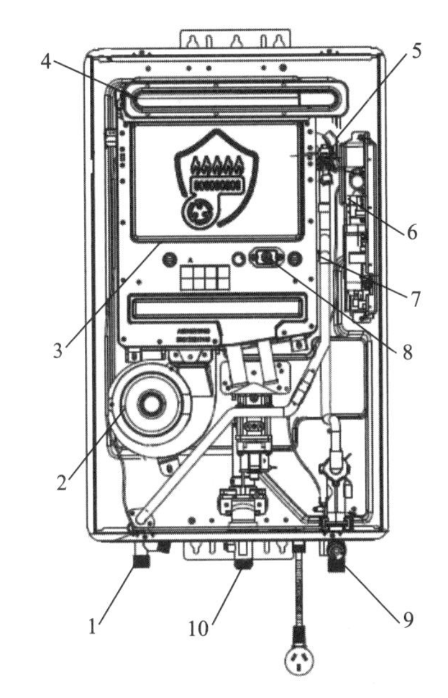

图 3-1 室外型燃气热水器结构图

1—出水接头；2—风机；3—燃烧室；4—排烟口；5—防冻温控器；
6—电脑板；7—点火针；8—感应针；9—进水接头；10—进气接头

作用下将废气排放到室外，而在外界有强气流造成烟气排放不畅的情况下，燃烧废气会从热水器两侧的排烟口上溢出而排至室内。燃烧烟气经烟道排向室外，在一定程度上解决了室内空气污染问题。

为了在烟道的终端能产生自然抽力，自然排气式燃气热水器对烟道的设置安装有极高的要求。烟道的直径比较大，一般在 150mm 以上，随着烟道高度的增加，烟道的直径还需相应加大，烟道的排烟口必须设置在房顶 50cm 以上的区域，如果邻近有建筑物高度超过热水器安装建筑高度，烟道的终端必须要设置在邻近高建筑物屋顶 50cm 以上的区域内。自然排气式燃气热水器的安装场所必须保持通风换气良好的状态，严禁安装在浴室、客厅等生活起居场所内，排烟管要能承受自然界风吹雨淋的考验而不得发生损坏。燃气热水器需要设置熄火保护、过热保护、缺水保护、防倒风机构等安全装置。由于自然排气式燃气热水器一般容量较大（7L 以上），相应热负荷也大，燃烧产生的废气量较多，一旦安装不当，安全隐患远胜于直排式燃气热水器。因此，在城市的楼宇和居住环境下，自然排气式燃气热水器难以达到安装要求，目前已基本不在市场上销售。

自然排气式燃气热水器结构主要包括燃烧器、热交换器、防倒风集烟罩、水汽联动阀、电点火器、电池盒、过热保护装置等，如图 3-2 所示。自然排气式燃气热水器结构相对简单，但是其无法准确控制水温，一般采用混水的方法进行温度调节。

3. 强制排气式燃气热水器

强制排气式燃气热水器是采用强制抽风或者强制鼓风的方式将燃烧烟气排至室外，其燃烧所需的空气取自室内，在风机作用下通过排烟管将燃烧尾气强制排至室外。强制排气式燃气热水器的优点是安全性能更完善，安装相对简便。与自然排气式燃气热水器相比，

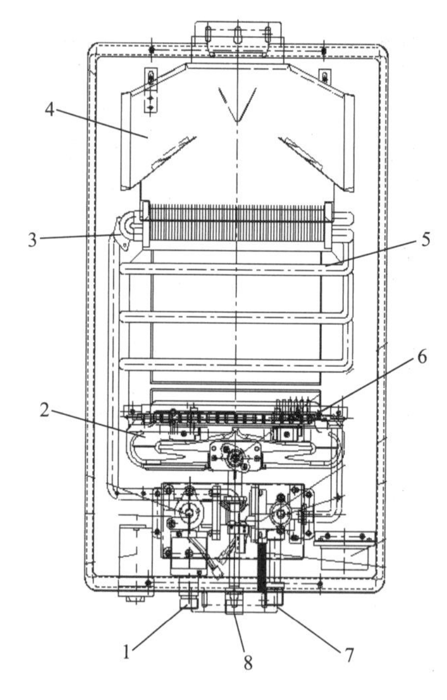

图 3-2　自然排气式燃气热水器结构图

1—燃气入口；2—燃烧器总成；3—温控器；4—集烟罩组件；
5—热交换器；6—点火针、感应针；7—冷水入口；8—热水出口

强制排气式燃气热水器在结构上要复杂。强制排气式燃气热水器配有一个风机来提供动力排放烟气，其辅助能源为电网供电，电气安全性能要求更加严格，多采用水温恒定和燃气稳压设计装置。强制排气式燃气热水器根据风机安装位置的不同又可分为上抽风式和下鼓风式。

上抽风式强制排气式燃气热水器（以下简称上抽风式强排燃气热水器）结构主要包括燃烧器、热交换器、风机、燃气阀、控制器、温度传感器、过热保护装置等，如图 3-3 所示。风机安装在燃烧室上方通过抽力使燃烧室产生负压，将空气吸入燃烧室内参与燃烧，在风机作用下通过排烟管将烟气强制排至室外。上抽风式强排燃气热水器的优点是燃烧控制方式相对简单，燃烧火焰稳定；其局限性是燃烧热强度小，额定热负荷一般不大于 34kW，产热水能力不大于 18L/min，气压适应性较弱。风机可用交流风机和直流风机，直流风机具有高抗风、高效率、低噪声、低温升等优点。

下鼓风式强制排气式燃气热水器（以下简称下鼓风式强排燃气热水器）的结构与上抽风式强排燃气热水器有些不同。下鼓风式强排燃气热水器的风机安装在燃烧室下方，通常为直流风机，将燃烧所需空气泵入燃烧室，使燃烧室产生正压并通过排烟管将烟气强制排至室外，如图 3-4 所示。下鼓风式强排燃气热水器一般采用强化燃烧结构，相同热负荷下，其整体结构体积更小。下鼓风式强排燃气热水器的优点是全密闭燃烧，无烟气泄漏至室内，燃烧热强度大，额定热负荷可达 48kW 以上，产热水能力可达 24L/min 以上，燃气气质和气压适应性强，抗风性能好；但其燃烧控制方式较复杂，对燃烧器火排结构、热交换器结构等零部件精度要求高，且易产生燃烧共振和高频振荡噪声。

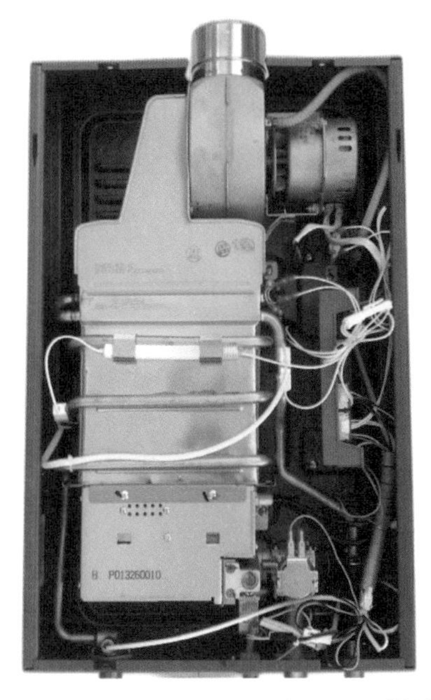

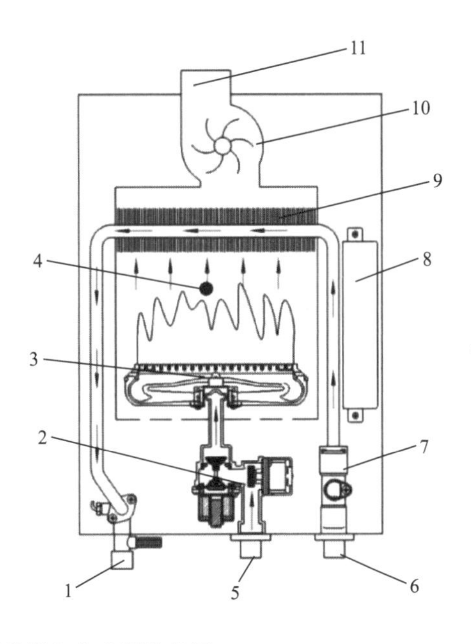

图 3-3　上抽风式强排燃气热水器结构图

1—热水出口；2—燃气阀；3—燃烧器；4—负压燃烧；5—燃气进口；6—冷水进口；
7—水流传感器；8—控制器；9—热交换器；10—风机；11—排烟口

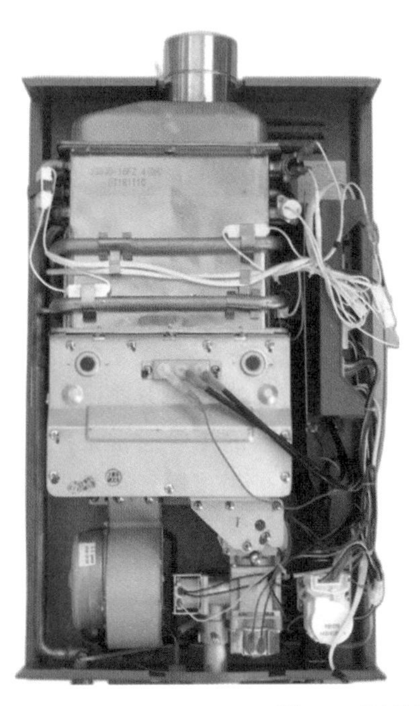

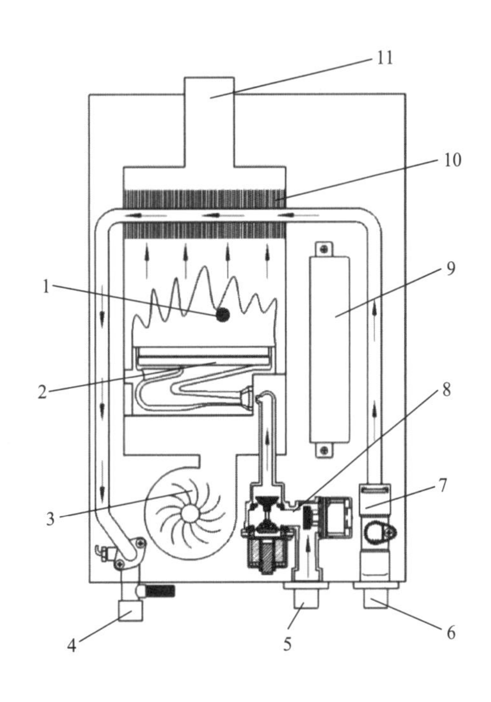

图 3-4　下鼓风式强排燃气热水器结构图

1—正压燃烧；2—燃烧器；3—风机；4—热水出口；5—燃气进口；6—冷水进口；
7—水流传感器；8—燃气阀；9—控制器；10—热交换器；11—排烟口

4. 自然给排气式燃气热水器

自然给排气式燃气热水器又成为平衡式燃气热水器，其内部结构与自然排气式燃气热水器类似，主要区别是自然给排气式燃气热水器的燃烧系统完全与室内空气隔绝，其主要依靠燃烧产生的热烟气上升产生吸力，将新鲜空气引入燃烧室进行燃烧，如图 3-5 所示。由于自然给排气式燃气热水器的吸力有限，因此烟管设计一般较大，以便减小空气流动时的沿程阻力，由于安装不便，该类型燃气热水器未能推广。

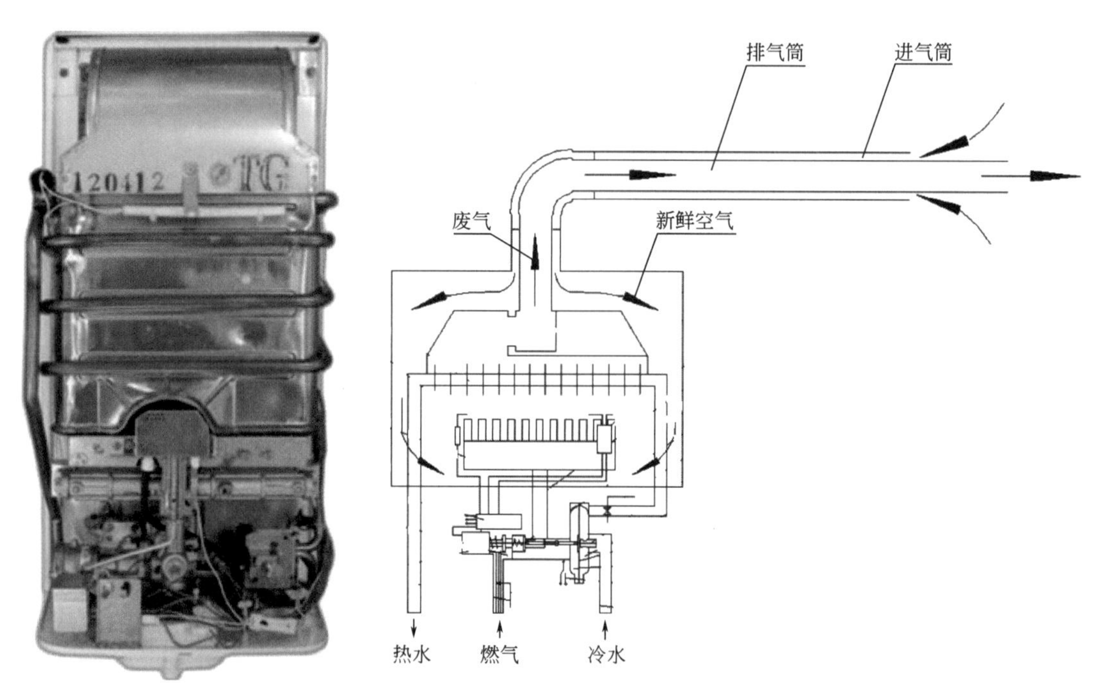

图 3-5　自然给排气式燃气热水器结构图

5. 强制给排气式燃气热水器

强制给排气式燃气热水器的内部结构与强制排气式燃气热水器类似，主要区别是强制给排气式燃气热水器的燃烧系统完全与室内空气隔绝，其燃烧用新鲜空气完全由风机引入燃烧室，燃烧产生废气排向室外，如图 3-6 所示。由于采用强制排气的方式，其烟管管径比自然平衡式热水器的烟管管径要小。强制给排气式燃气热水器的烟管通常采用同轴硬质烟管，内管为排烟管，外管为进气管。在中国香港地区的强制平衡式燃气热水器，有些烟管采用波纹管连接，内管为不锈钢制波纹管，可以耐高温，外管为铝制波纹管，为了防止烟气回流进热水器，不锈钢波纹管通常为一根长管，而铝制波纹管可以由多段波纹管连接而成。

6. 冷凝式燃气热水器

冷凝式燃气热水器结构上主要是在已有燃气热水器的排烟通道上设置一个二次换热器，用以吸收高温烟气余热，提高换热效率。冷凝式燃气热水器是将烟气中水蒸气的汽化潜热吸收，达到更高的热效率，其排烟温度一般低于 80℃，排烟温度越低，烟气冷凝水产生量越多，被吸收的潜热量越大，节能效果越好。在运行过程中由于烟气温度低，烟气中

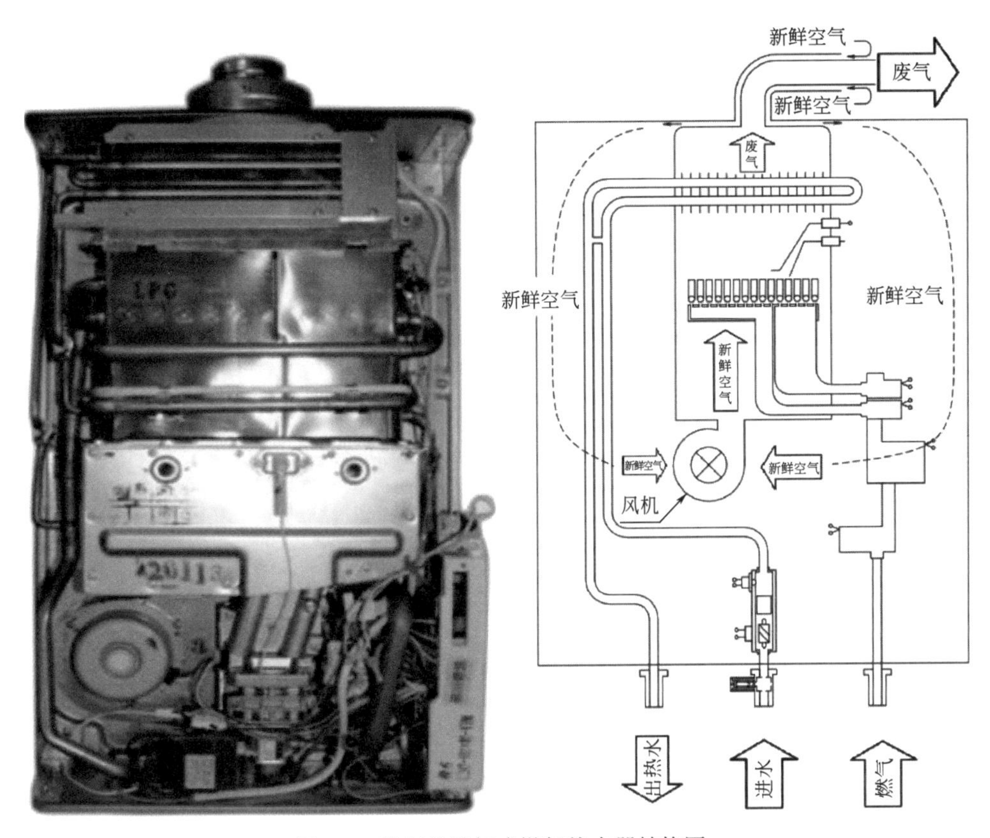

图 3-6　强制给排气式燃气热水器结构图

的水蒸气凝结成冷凝水，冷凝水一般为酸性液体具有一定的腐蚀性，因此冷凝式燃气热水器内部结构必须配备冷凝水收集系统，材料选用抗腐蚀材料或经过抗腐蚀处理，对于未配备冷凝水中和系统的冷凝水不应排放至地表，只能排入排污管。冷凝式燃气热水器的优点是热效率高，一般低热值热效率计算值高于 98%，比普通燃气热水器节能 10%以上；其缺点是占据较大空间，水路复杂，需要加装冷凝水排水管引至下水道，对安装条件有一定要求。

冷凝式燃气热水器按冷凝方式可分为二次换热式和全预混燃烧式。二次换热冷凝式燃气热水器有两个热交换器，冷水先与即将排出的低温烟气进行换热，然后再与燃烧产生的高温烟气进行二次换热，如图 3-7 所示。全预混燃烧冷凝式燃气热水器的燃烧器一般位于热水器的上部，热交换器和冷凝水管位于下部，以便于冷凝水收集和排出，如图 3-8 所示。全预混燃烧冷凝式燃气热水器一般采用燃气-空气比例控制器，其燃烧更充分，燃烧温度高、热效率高、低碳低氮排放，更加符合环保的要求。

7. 容积式燃气热水器

容积式燃气热水器又称贮水式燃气热水器，能储存较多的热水，间歇性地把水加热到所需的温度，一次能供应大量的热水。家用容积式燃气热水器配有一个容积为 60～120L 的储水筒，商用容积式燃气热水器的容积可达 500L，筒内垂直装有烟管，燃气燃烧所产生的高温烟气经管壁加热筒内的冷水，如图 3-9 所示。容积式燃气热水器根据储水筒的结

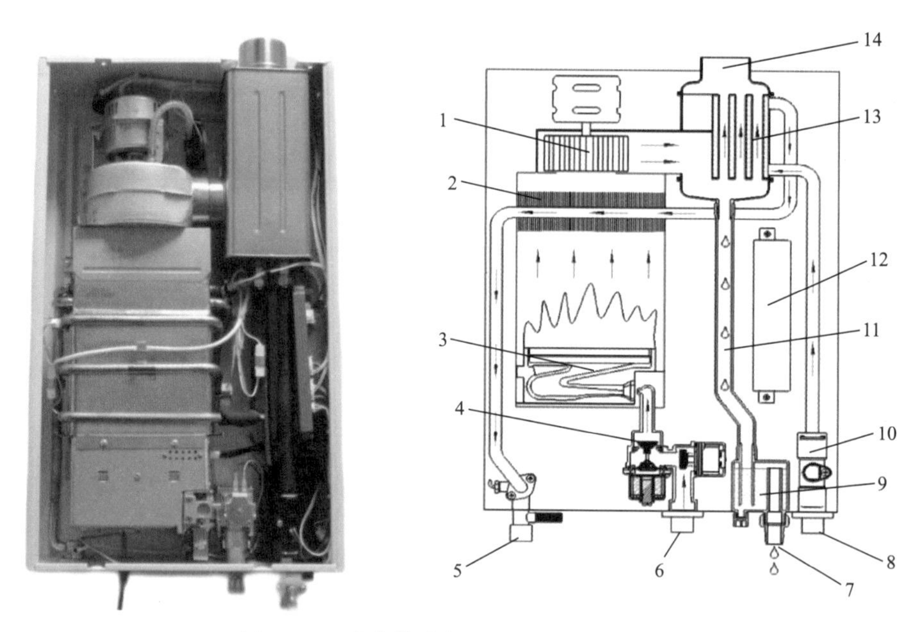

图 3-7　二次换热冷凝式燃气热水器结构图

1—风机；2—热交换器；3—燃烧器；4—燃气阀；5—热水出口；6—燃气进口；7—冷凝水排水口；8—冷水进口；9—冷凝液封盒；10—水流传感器；11—冷凝排水管；12—控制器；13—二次冷凝热交换器；14—排烟口

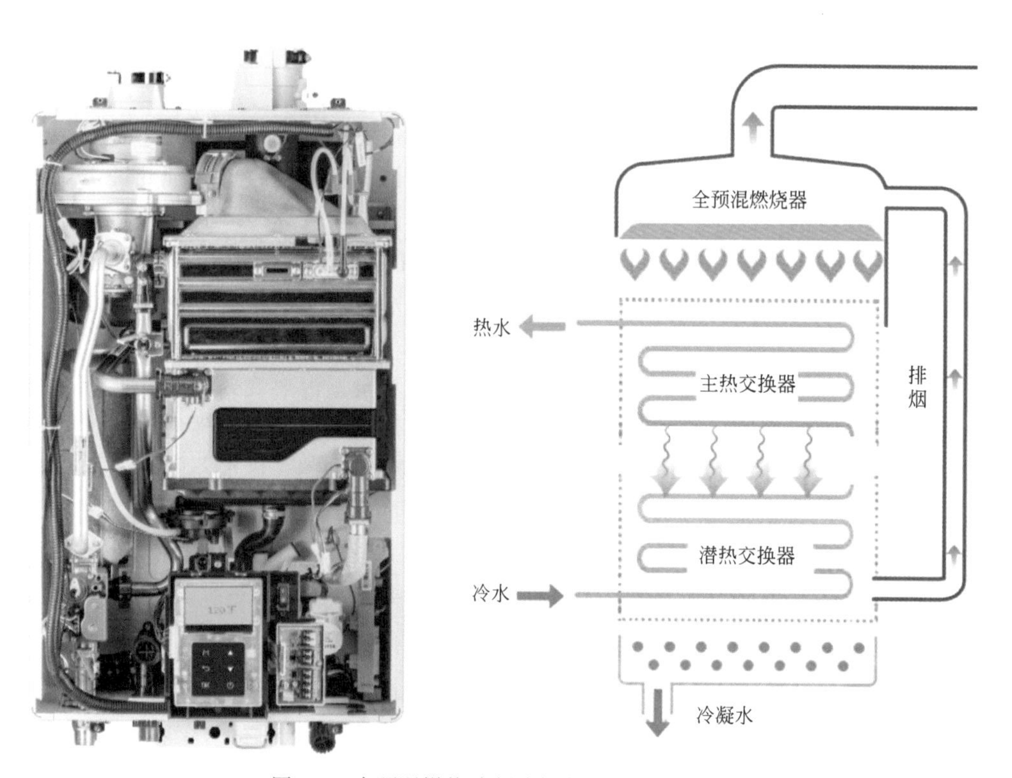

图 3-8　全预混燃烧冷凝式燃气热水器结构图

构分为开放型和封闭型两种。开放型容积式燃气热水器的筒顶有罩盖，但不紧固连接，筒体一般采用钢板焊制，用翅片管、火管或水管增大热交换面积，在大气压下把水加热，其热效率相对快速式燃气热水器低，但便于清除水垢。封闭型容积式燃气热水器的储水筒顶部密封，筒壁可承受一定的压力，热损失较小，但由于结构密封，清除内壁污垢较困难。

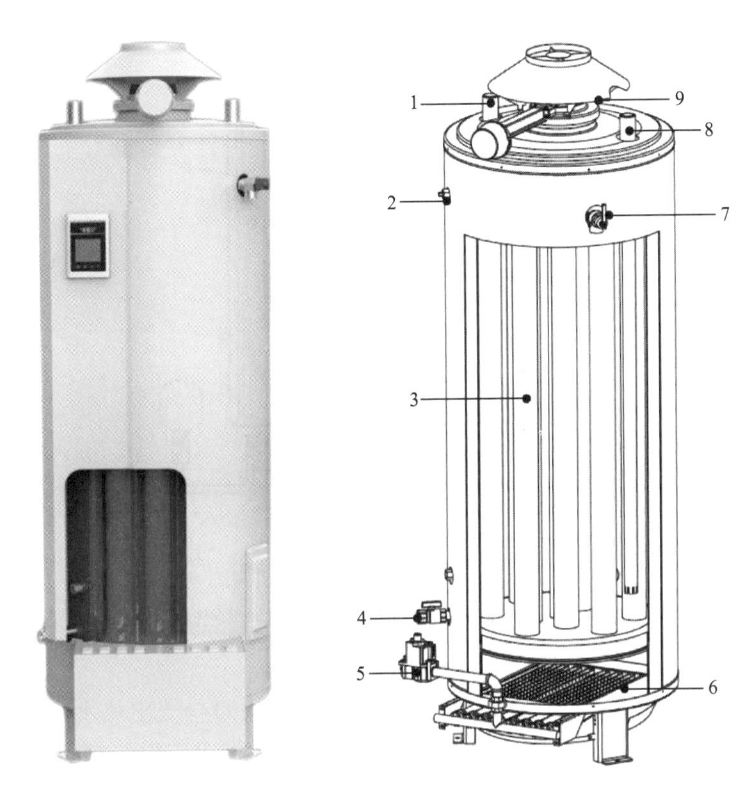

图 3-9　容积式燃气热水器外观结构图

1—热水出口；2—传感器；3—烟管；4—排水阀；5—燃气阀；
6—燃烧器；7—安全阀；8—冷水进口；9—排烟口

8. 恒温型燃气热水器

恒温型燃气热水器一般是指在现有燃气热水器结构基础上设置控制器、燃气比例阀、火力分段阀和水温探头等装置，根据水压、气压、外界温度变化，通过控制程序将出水温度与设定温度的偏差转换成数字信号，控制程序控制燃烧火排数量、调节燃气比例阀的燃气开度，使出水温度恒定在某一设定值，确保使用舒适性，如图 3-10 所示。恒温型燃气热水器通过设置燃气比例阀和水量伺服器可实现水气双调节，进一步拓宽水温调节范围，加快恒温速度。

9. 零冷水型燃气热水器

零冷水型燃气热水器是指在燃气热水器内设置一个循环泵，运转驱动机外热水管、回水管内的存水循环流动并预热保温。零冷水型燃气热水器根据零冷水水路设置方式可分为两管式零冷水水路系统和三管式零冷水水路系统。两管式零冷水水路系统使用冷水管作为回水管，在冷、热水管末端设置单向阀，如图 3-11 所示；其优点是热水即开即用，无需

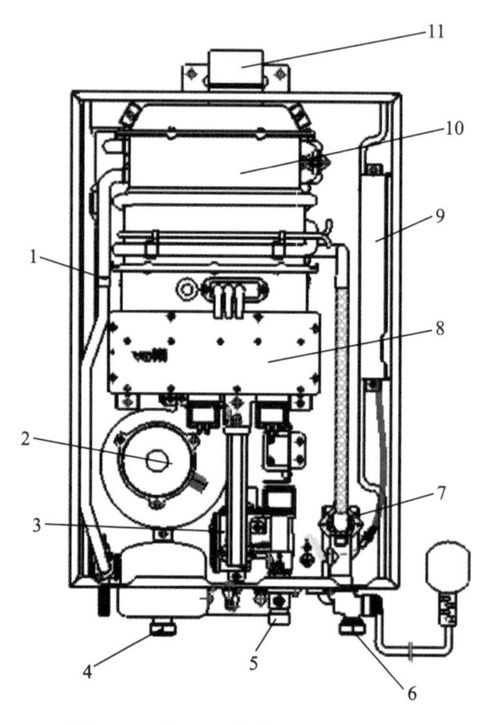

图 3-10　恒温型燃气热水器结构图

1—温度传感器；2—风机；3—燃气阀；4—热水出口；5—燃气进口；6—冷水进口；
7—水流伺服器；8—分段燃烧器；9—控制器；10—热交换器；11—排烟口

等待；缺点是预热回水管存水量大，增加耗气量，开冷水时会流出热水，甚至会误启动燃气热水器。三管式零冷水水路系统设置一路单独的回水管路，实现独立回水循环，如图 3-12 所示，其优点是水量大、噪声小、寿命长；缺点是需要提前预埋一路回水管，否则安装成本很高。

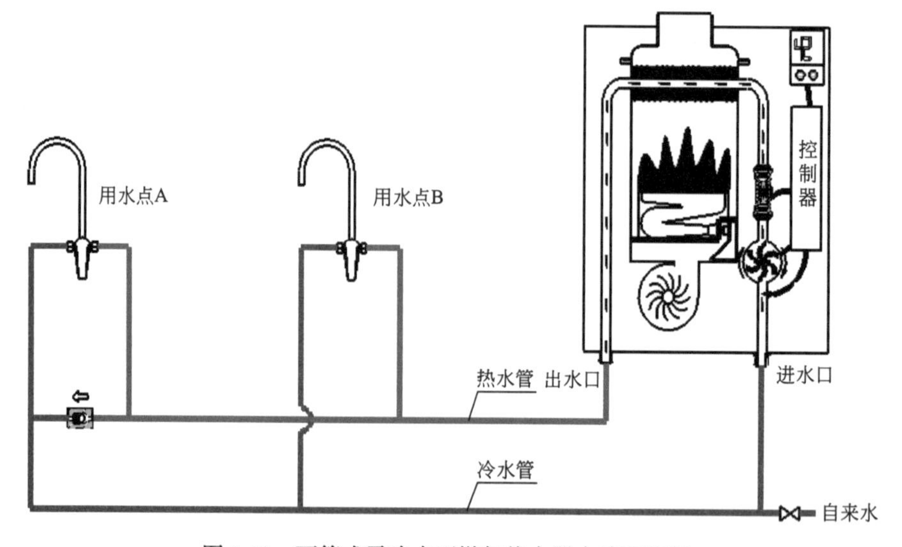

图 3-11　两管式零冷水型燃气热水器水路系统图

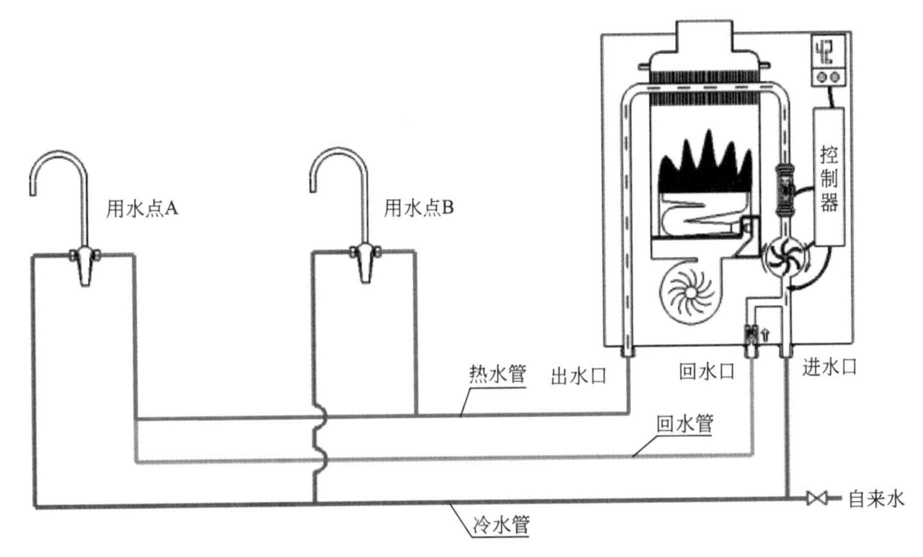

图 3-12　三管式零冷水型燃气热水器水路系统图

3.2.2　家用燃气热水器结构及部件

家用燃气热水器主要由燃烧器、热交换器、风机、控制装置、阀体等组成，其中控制装置包括控制器、操作显示器、燃气比例阀、火力分段阀、水流传感器、温度传感器、点火器等。本节以上抽风式强排燃气热水器（图 3-13）和下鼓风式强排燃气热水器（图 3-14）为例，对各主要燃气热水器原理和结构部件进行说明。

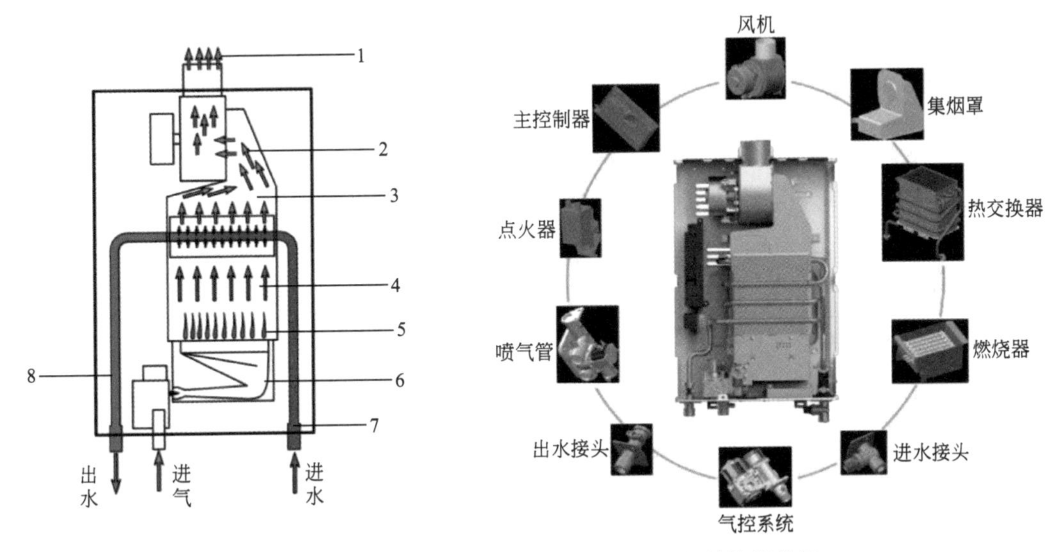

图 3-13　上抽风式强排燃气热水器原理图和结构部件图

1、2、4—烟气；3—集烟罩；5—火；6—燃烧器；7—冷水；8—热水

1. 燃烧器

家用燃气热水器的燃烧器主要分为部分预混燃烧器（又称大气式燃烧器）和全预混燃

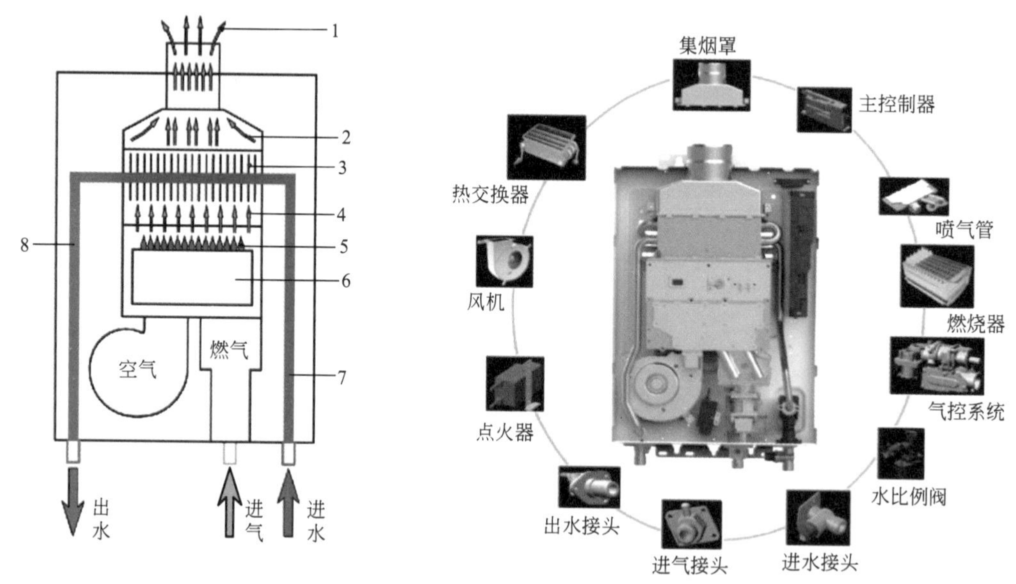

图 3-14　下鼓风式强排燃气热水器原理图和结构部件图

1、2、4—烟气；3—热交换器；5—火；6—燃烧器；7—冷水；8—热水

烧器。部分预混燃烧方式应用占据绝大部分产品，多采用半口琴燃烧器，通过风机辅助进行部分预混燃烧。家用燃气热水器用全预混燃烧器主要包括金属纤维燃烧器、陶瓷燃烧器、不锈钢孔板燃烧器、陶瓷纤维燃烧器等，燃烧效率高，排放低碳、低氮，更节能环保。另外，近些年随着节能减排的要求日益提高，水冷燃烧器、浓淡燃烧器等低氮氧化物排放的燃烧器开始应用在家用燃气热水器中。

家用燃气热水器用部分预混燃烧器按结构方式可分为支架式燃烧器和箱体式燃烧器。支架式燃烧器由燃烧器片和支架安装组成，包括口琴式燃烧器、T 形燃烧器等，如图 3-15 所示，一般应用于自然排气式（烟道式）燃气热水器、上抽风式强排燃气热水器等，火孔热强度小，燃烧室体积大。箱体式燃烧器由燃烧器片与燃烧室箱体组成，又称强化燃烧器，如图 3-16 所示，一般应用于半密闭上抽风式强排燃气热水器和下鼓风式强排燃气热水器，火孔热强度大，燃烧室体积较小。家用燃气热水器用燃烧器火孔部位一般采用耐高温、耐腐蚀、熔点高于 700℃的不锈钢或同等级以上的材料，材料厚度大于等于 0.3mm。

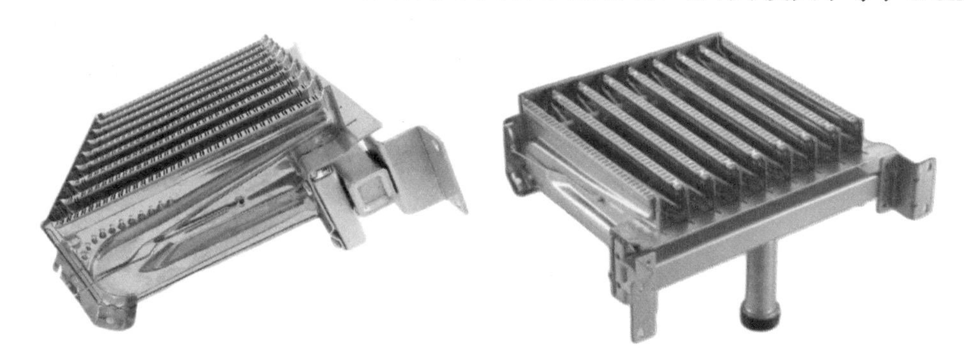

图 3-15　家用燃气热水器用支架式燃烧器结构图

图 3-16　家用燃气热水器用箱体式燃烧器结构图

2. 热交换器

热交换器是利用燃气燃烧所产生的高温烟气加热水的装置。一般热交换器的换热翅片采用各种翻边（包括孔型翻边、直面翻边）和压型结构，增加换热面积，使高温烟气与流经水管的水进行充分的热量交换，提高热效率。

燃气热水器用热交换器最早使用的是铜浸锡铅热交换器，目的是防止燃气中的硫含量过高而腐蚀热交换器表面。随着技术发展和环保要求的提高，燃气气质变化，液化石油气和天然气中硫含量极低，除极少部分生产企业仍使用铜浸锡热交换器外，大部分已使用无氧铜热交换器。

热交换器按材质可分为无氧铜、不锈钢和浸锡紫铜，无氧铜换热材料具有抑菌作用，不锈钢材料耐腐蚀性能更优；按结构方式分为壳体管翅式、管翅模块式、板翅式等，目前以壳体管翅式热交换器为主；按盘管方式分为冷水盘管、热水盘管和无盘管，为了避免盘管壁面凝结冷凝水，优先采用热水盘管结构，无盘管热交换器一般用于鼓风式强排燃气热水器；按换热直管形状分为圆形管、椭圆管和腰形管，多排换热管宜选用圆形管，单排换热管宜选用椭圆管或腰形管，换热直管内设置扰流弹簧、扰流板或其他内插物，换热翅片设置导流片，提高换热效率，减小汽化噪声。在二次换热冷凝式燃气热水器中，除主热交换器外，还设有一个冷凝换热器，一般主换热器采用的是翅片管换热结构，冷凝换热器常使用不锈钢波纹管换热结构，以经受冷凝水的腐蚀，图 3-17 为家用燃气热水器用热交换器类型结构图。

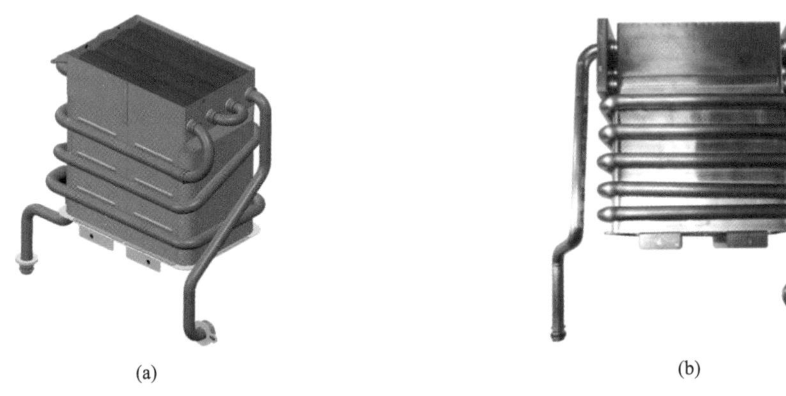

(a)　　(b)

图 3-17　家用燃气热水器用热交换器类型结构图（一）

（a）无氧铜壳体管翅式热水盘管热交换器；（b）不锈钢壳体管翅式热水盘管热交换器

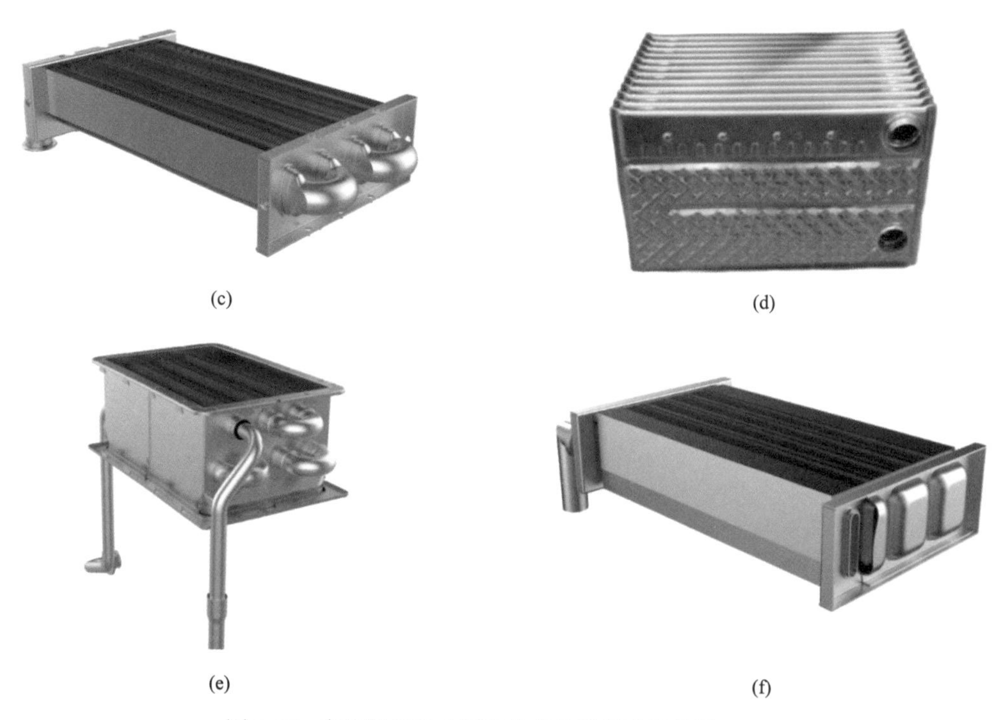
(c) (d) (e) (f)

图 3-17 家用燃气热水器用热交换器类型结构图（二）

（c）无氧铜管翅模块式热交换器；（d）不锈钢板翅式热交换器；

（e）无氧铜壳体管翅式无盘管热交换器；（f）不锈钢腰形管热交换器

3. 风机

风机是用于将燃气燃烧所需空气送入燃烧室并将燃烧产生的烟气强制排出的装置。按安装位置分为抽风式风机和鼓风式风机，抽风式风机一般自带防倒风装置；按供电方式分为交流风机和直流风机，交流风机转速最高 2800 转/min，抗风压低于 140Pa，直流风机转速可达 3600 转/min 以上，抗风压 300Pa 以上；按运行方式分为定速风机、分挡调速风机、变频调速风机，调速风机可根据燃烧所需空气量通过控制模块自动配比转速，合理配置燃烧所需空气，确保高效完全燃烧，有助于提高全火力段燃烧稳定性和热效率，降低工作噪声。直流风机由于其转速高、压力大，抗风能力强，调节线性好，调节范围广等优点，应用范围越来越广，正逐步取代交流风机，图 3-18 为家用燃气热水器用抽风式风机和鼓风式风机实物图。

图 3-18 家用燃气热水器用抽风式风机和鼓风式风机实物图

4. 控制器

控制器是用于监测燃气热水器工作状况，控制燃气热水器运行的关键核心部件。控制器负责整机系统的点火控制、阀体控制和风机控制，实时监控水温和水流量变化，计算所需热负荷大小，从而自动调节燃气流量和风量，实现快速恒温控制以及人机交互等功能，对产品的安全、舒适和智能等指标起到重要作用。

目前，常见的燃气热水器控制器根据风机和水气控制类型可分为驱动交流定速风机的普通型、驱动交流定速风机的水气双调型、驱动直流调速风机的普通型、驱动直流调速风机的水气双调型、驱动交流定速风机和直流水泵（高电压/低电压）的零冷水型、驱动直流调速风机和直流水泵（高电压/低电压）的零冷水型以及浓淡燃烧和全预混燃烧应用型等。随着恒温技术的不断发展，具有自动恒温调节功能的脉冲点火型控制器逐渐成为主流，将电源变换、脉冲点火、自动控制三合一集成化，包括驱动交流风机和燃气比例阀的恒温型控制器，驱动直流风机和燃气比例阀的恒温型控制器，驱动交流风机的水气双调式恒温型控制器，驱动直流风机的水气双调式恒温型控制器，图 3-19 为燃气热水器控制器实物图。

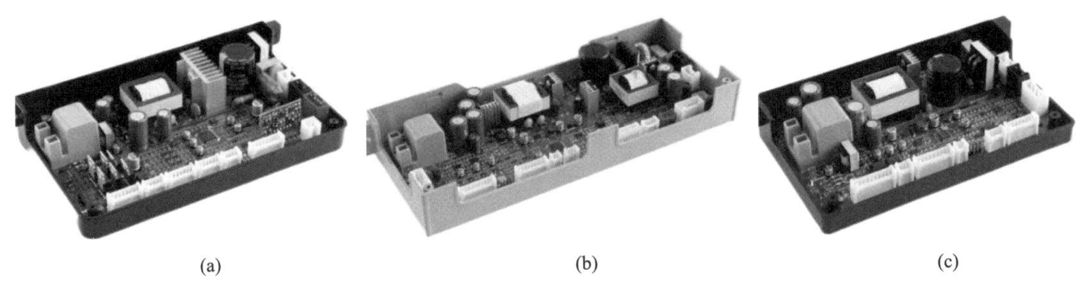

图 3-19 燃气热水器控制器实物图

（a）普通型；（b）零冷水型；（c）水气双调型

根据燃气热水器的功能需求，控制器可以分成多个功能模块，不同机型存在一些差异，主要功能模块包括电源模块电路、点火/检火电路、截止阀、比例阀驱动和阀监控电路、风机驱动电路、水泵驱动电路、过热检测电路、防冻模块电路、温度模块电路、水流量传感器模块电路等，如图 3-20 所示。

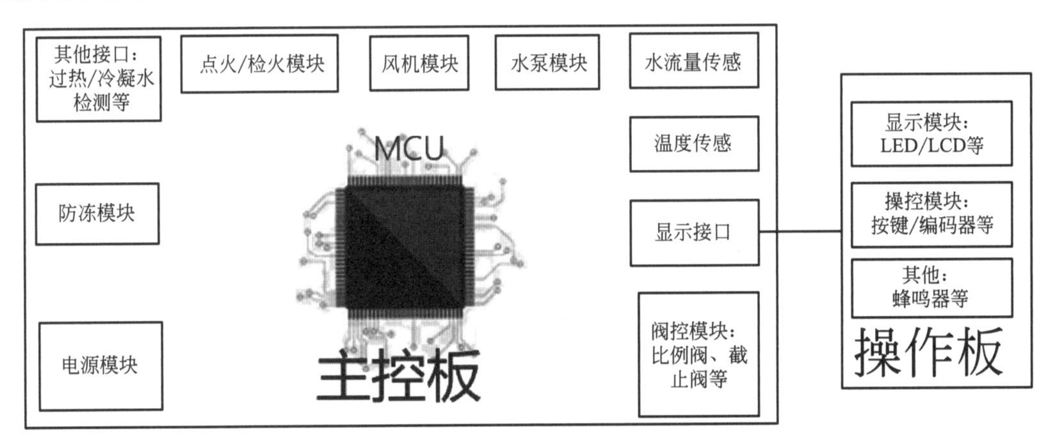

图 3-20 燃气热水器控制器主要模块示意图

燃气热水器控制器的工作流程一般在开机状态下，如果检测到有水流信号，则进入点火流程；点火流程包括前清扫、预拉阀、打开点火器、打开电磁阀、开启燃气比例阀；点火成功后进入到燃烧状态，对水流信号进行持续监测，一旦无水流信号，电磁阀关闭，风机继续保持一定时间的后清扫；燃烧过程中持续对火焰信号、温度熔断器等其他负载进行监测，出现异常信号，立马关闭电磁阀，进入故障状态，风机保持一定时间的后清扫。控制器工作流程示意图，如图 3-21 所示。

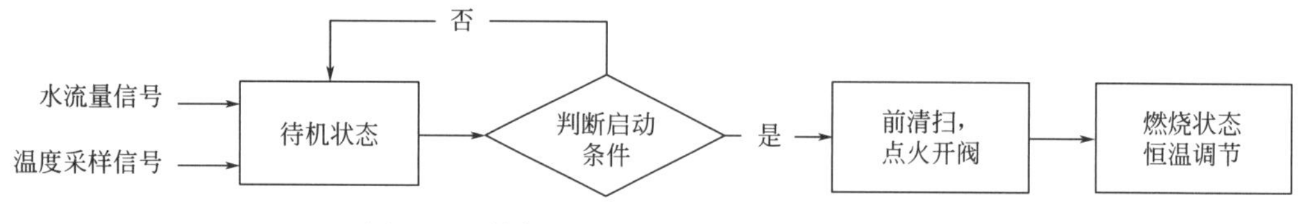

图 3-21 燃气热水器控制器工作流程示意图

5. 燃气热水器传感器

燃气热水器传感器包括火焰传感器、水流传感器、温度传感器、安全传感器、压差传感器等。

火焰传感器主要有热电偶式和离子感应式两类，为了更精准地反馈燃烧状态，远红外火焰传感器和氧传感器在燃气热水器中有一定的应用前景。目前，家用燃气热水器中常用的火焰传感器是离子感应式火焰传感器，如图 3-22 所示。

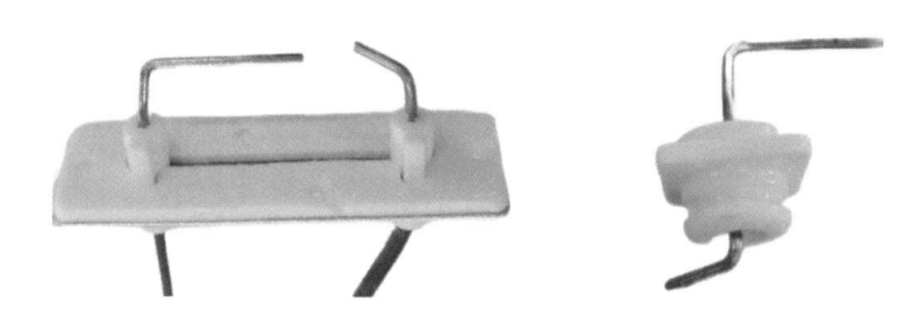

图 3-22 离子感应式火焰传感器

水流传感器分为水流开关和水流量传感器两种（图 3-23）。水流开关采用磁控干簧管式结构，当热水器中有水流动时，水流开关中的磁铁冲往管壁，将干簧管打开或关闭。水流量传感器主要由铸铜（或塑料）阀体、磁性转子组件、稳流组件和霍尔元件组成，安装在热水器的进水端，用于监测进水流量大小，设置磁性叶轮及霍尔电路，水流驱动磁性叶轮转动，通过霍尔电路产生脉冲信号，控制器根据脉冲信号频率，控制燃气热水器开启与关机。

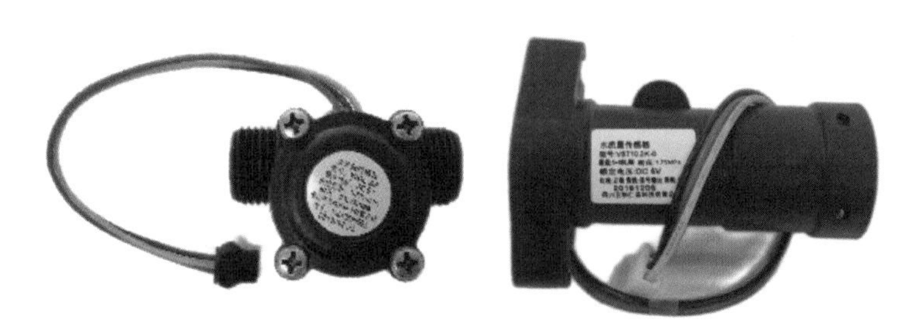

图 3-23 水流开关和水流传感器图

温度传感器包括温控器和温度探头。温控器的主要功能是当温度探头达到一定设置温度时，温控器接通或者断开来保护热水器。温度探头一般是 NTC（Negative Temperature Coefficient，负温度系数）热敏电阻温度传感器（图 3-24），其具有灵敏度高、反应迅速、结构小巧、安装简便、防水性好、使用温区宽、稳定性好、可靠性高、更换性强、精度高的特点。

一氧化碳传感器作为一氧化碳报警器的组件，随报警器安装在燃气热水器上，其作用不是直接监测烟气的一氧化碳浓度，而是对燃气热水器安装所在空间进行一氧化碳浓度检测，预防室内一氧化碳浓度过高，避免造成一氧化碳中毒事故，图 3-25 为一氧化碳报警器。

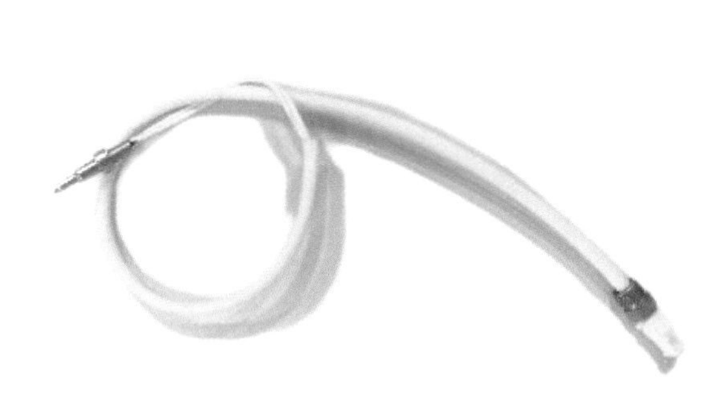

图 3-24　NTC 热敏电阻温度传感器

图 3-25　一氧化碳报警器

压差传感器包括风压开关和风压传感器两种（图 3-26）。风压开关能在排烟系统中排烟不畅的情况下及时关停燃气热水器。风压开关只有一个固定的打开和关闭值，且只能输出开关信号。风压传感器一般设置在进出风口处，对流经燃气热水器风机蜗壳内的气流压力进行动态监测，根据不同的气流压差输出一系列信号，准确感知外界风压变化对燃气热水器运行供给风量的影响，通过控制器配合风机转速来判断燃气热水器的运行状态，并由控制器对风压与燃气比例阀精准控制，保证燃气热水器在高风压下依旧可以正常燃烧，对整个燃烧过程全方位实时监控，具有体积小、质量轻、准确度高、温度特性好等特点。

图 3-26　风压开关和风压传感器

6. 阀体

早期的燃气热水器中广泛使用水气联动阀来保证燃气热水器点燃后热交换系统不会因

干烧而损坏。常用的水气联动阀有压差式和水流开关式两种。压差式水气联动阀是一种机械式结构，通过在供水管中设一节流孔，监测节流孔前后压差变化，通过水侧压差驱动燃气阀的弹簧力开启阀门，燃气进入燃烧器点火燃烧；当水流停止时，节流孔前后压差消失，燃气阀的弹簧力作用关闭阀门，停止燃烧。水流开关式水气联动阀是在水路中设置一个水流传感器，通过水流动作带动传感器中的磁性翻板或磁极转子旋转，霍尔元件产生电信号，并传输至控制燃气开关的电磁阀开启，实现水气联动的目的。

随着技术不断进步和用户需求提高，水气联动阀拆分为水阀和气阀，水阀部分有水流开关、水流量传感器、水比例阀等，气阀部分主要是稳压阀、步进电机调节阀、燃气比例阀、燃气-空气比例阀等。

燃气比例阀是用于调节燃气流量的装置，具有调节功能、截止功能和稳压功能，通过控制器可根据用户所设定的温度精确控制燃气流量。目前，燃气比例阀主要包括动芯式、动永磁式、动圈式（图 3-27～图 3-29），动圈式燃气比例阀调节性能最好，动芯式燃气比例阀调节性能居中，动永磁式燃气比例阀的调节性能最差，主要是回差大、有磁滞现象。动芯式燃气比例阀在大升数燃气热水器（如下鼓风式强排燃气热水器）应用较多，动永磁式燃气比例阀主要在上抽风式强排燃气热水器上应用较多。

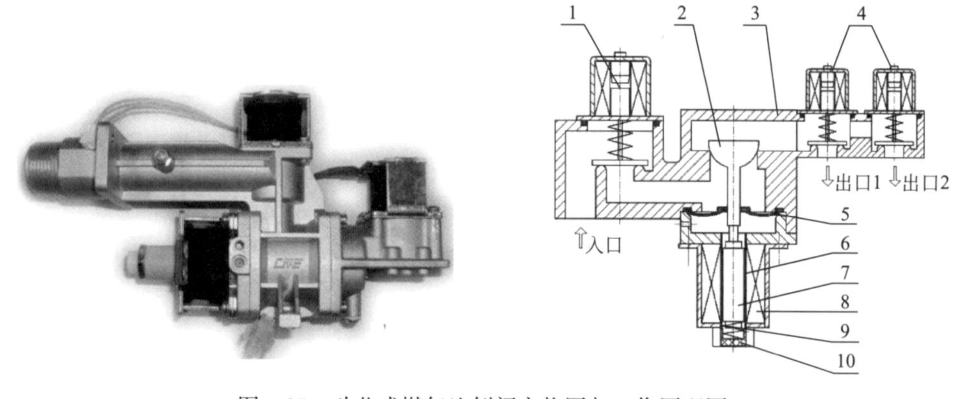

图 3-27 动芯式燃气比例阀实物图与工作原理图

1—电磁开关阀；2—球阀组件；3—铝阀体；4—分段电磁阀；5—膜片；6—导管；7—比例阀磁芯；8—比例阀线圈；9—比例阀弹簧；10—调节螺塞

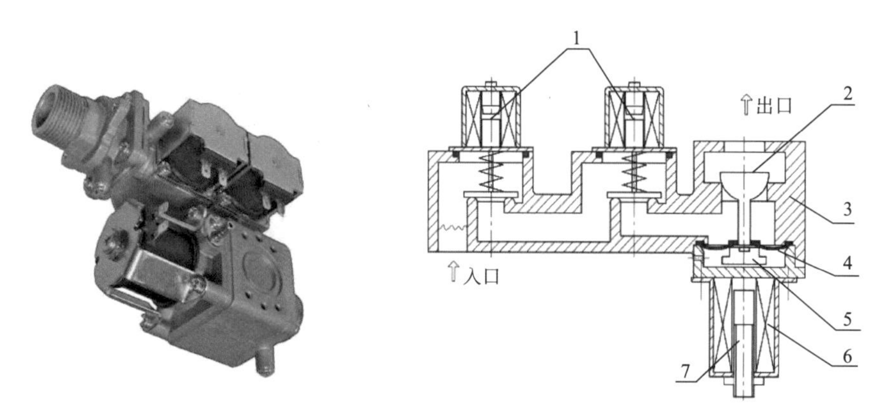

图 3-28 动永磁式燃气比例阀实物图与工作原理图

1—电磁开关阀；2—球阀；3—铝阀体；4—膜片；5—永磁体；6—比例阀线圈；7—比例阀磁芯

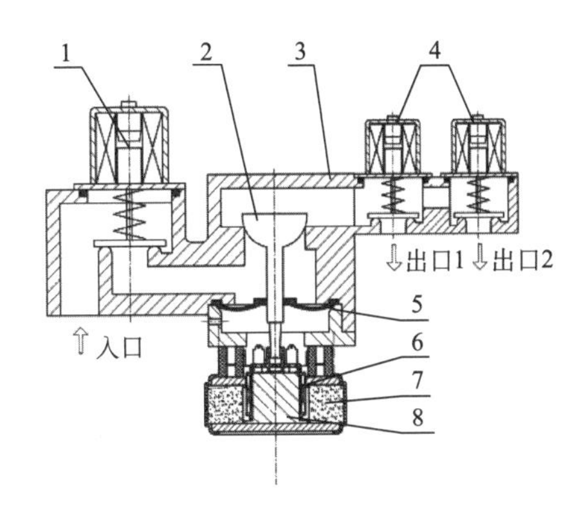

图 3-29　动圈式燃气比例阀实物图与工作原理图

1—电磁开关阀；2—球阀组件；3—铝阀体；4—分段电磁阀；5—膜片；
6—比例阀线圈；7—比例阀永磁；8—比例阀磁芯

火力分段阀是用于改变火排燃烧数目的装置，通过火力分段，可拓宽燃气热水器调温区间，降低最小温升。火力分段阀按结构形式分为管式火力分段阀和板式分段火力分段阀（图 3-30），管式火力分段阀常用铜合金喷嘴，板式分段火力分段阀常用压铸喷嘴。喷嘴等距排列，由电磁阀控制部分喷嘴通断燃气，实现分段燃烧。火力分段方式常用：单阀两分段、两阀三分段、两阀四分段和三阀五分段等。

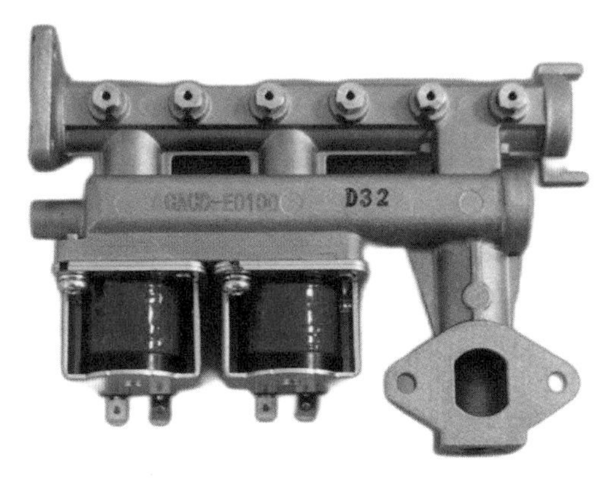

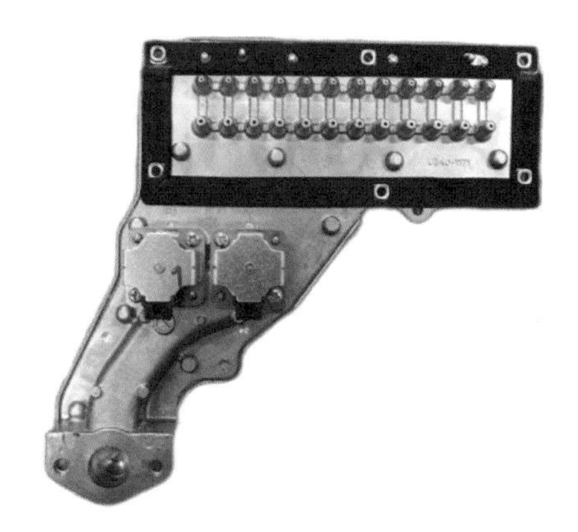

图 3-30　管式火力分段阀和板式分段火力分段阀

如图 3-31 所示，水量伺服器是根据燃气热水器设定的出热水温度，可随着水压、气压及进水温度的变化自动调节进水流量，实现水、气双重调节，达到恒定水温的效果。一般安装于出水口处的热动水量伺服器，可控制整体热水量大小。当出水温度过低时减少水量，当出水温度过高时增大水量，达到有效控温效果。一般安装于旁通水管处的冷感水量伺服器，当出水温度产生微小变化时，可迅速调整直通热水管道的冷水量，与热动水量伺服器协同作用，精微控温。

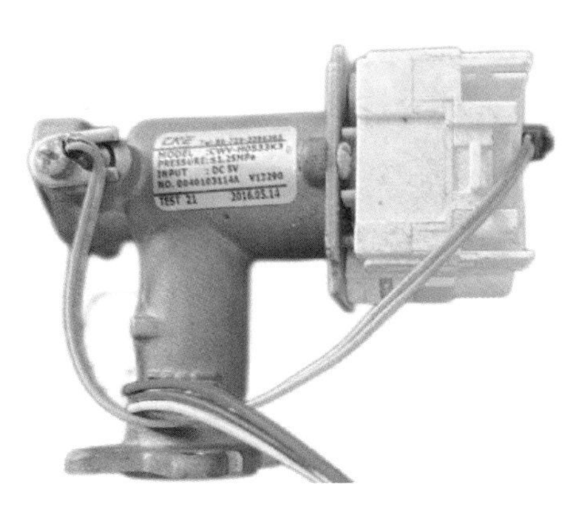

图 3-31　水量伺服器

图 3-32　零冷水燃气热水器用 H 阀实物图

H 阀是零冷水燃气热水器中用于连接冷水管与热水管的装置（图 3-32），是集单向阀、冷热自动分离阀于一体的零冷水系统专用阀门。当零冷水系统循环泵开启后，在热水管路增加的压力打开 H 阀，联通热水和冷水管路，实现预热循环；当循环泵停止工作时，H 阀关闭，由于 H 阀开启需要一定的压力，因此，避免了冷水管中水压波动引起的热水器误启动问题。对于没有回水管的零冷水系统，可通过 H 阀使冷水管与热水管间形成一个闭合的循环回路，在管路中循环加热；对于有回水管的零冷水系统，可通过 H 阀使热水管与回水管间形成一个循环回路，在管路中循环加热。H 阀在实现家用双管和三管的零冷水管路连通的同时，能有效精准地进行冷热水分离（防止冷热水串水），既可以避免冷水管道的水被加热造成能源浪费和使用不便，还可以起到止回阀作用，防止冷水进入热水管道造成的使用不便。

7. 循环泵

循环泵是一种将机械能转化为流体动能及势能的动力装置，一般采用离心式屏蔽泵，电机转子和轴承均泡在介质中，靠介质冷却和润滑，主要由泵体、密封圈、叶轮、转子组件、屏蔽套、定子和接线盒等部件组成，如图 3-33 所示。

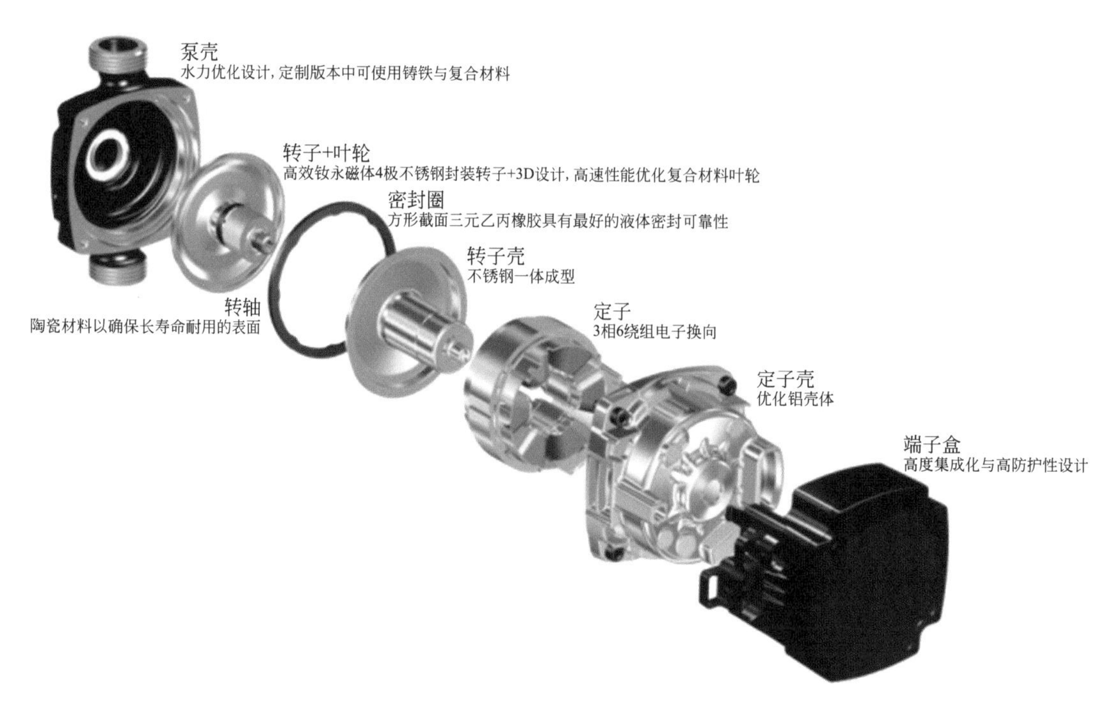

图 3-33　燃气热水器用交流变频循环泵结构图

燃气热水器用循环泵主要应用于零冷水燃气热水器中，安装在燃气热水器内部水路上，主要作用是将热水管中的冷水段进行提前循环预热，达到用户使用热水时即开即热。

按供电方式可分为交流泵和直流泵。交流泵体型大，定速泵最高转速可达 2800 转/min，变频泵最高转速可达 6000 转/min，具有流量大、运行噪声小、生命周期长等优点，主要缺点是体积较大。直流泵体型小，最高转速可达 6000 转/min，优点是转速高、扬程大，缺点是生命周期较短、运行噪声偏大。目前，零冷水燃气热水器用水泵以直流泵为主，常用扬程有 10m 和 12m，也有部分使用 15m 扬程水泵，满足大水量需求。

3.2.3 家用燃气热水器标准发展现状

中国家用燃气热水器现行标准是国家标准《家用燃气快速热水器》GB 6932—2015，于 2015 年 9 月 18 日发布，2017 年 1 月 1 日正式实施。现行国家标准《家用燃气快速热水器》GB 6932—2015 是参照日本《家用燃气热水器》JIS S 2109：2008 和欧盟《安装大气式燃烧器的家用燃气快速热水器》EN26：1998，对国家标准《家用燃气热水器》GB 6932—2001 进行修订。其中，主要修改了自然排气式燃气热水器结构和安装要求，增加了自然排气式燃气热水器防止不完全燃烧安装装置；对涉及燃气热水器结构及使用安全的部分内容进行了完善，增加了燃气-空气比例控制装置的要求；对标准中性能要求、实验方法进行了完善，增加了对冷凝式燃气热水器的特殊要求；完善了使用交流电燃气热水器的电气安全，完善了电磁兼容安全及电子控制系统的控制要求；适用于额定热负荷不大于 70kW 的家用燃气热水器。

除现行国家标准《家用燃气快速热水器》GB 6932—2015 之外，我国还有针对燃气容积式热水器的标准《燃气容积式热水器》GB 18111—2021 和针对冷凝式燃气热水器的标准《冷凝式家用燃气快速热水器》CJ/T 336—2010。另外，针对燃气热水器能效，我国于 2015 年 5 月 15 日发布了国家标准《家用燃气快速热水器和燃气采暖热水炉能效限定值及能效等级》GB 20665—2015，2016 年 6 月 1 日正式实施，替代了国家标准 GB 20665—2006，主要修订了标准适用范围，将“本标准适用于热负荷不大于 70kW 的热水器和采暖炉”更改为“本标准适用于仅以燃气作为能源的热负荷不大于 70kW 的热水器和采暖炉”；引用标准增加了《燃气采暖热水炉》GB 25034—2010、《冷凝式家用燃气热水器》CJ/T 336—2010 和《冷凝式燃气暖浴两用炉》CJ/T 395—2012；对各个能效级别的最低允许能效指标由原来固定的针对额定热负荷和部分热负荷热效率的单一限值变为只限定这两个热效率的较大值下限和较小值下限。

3.2.4 家用燃气热水器性能指标要求

评价家用燃气热水器产品性能的指标可分为安全性能指标、热水性能指标和燃烧性能指标。安全性能指标主要包括燃气系统气密性、烟气中一氧化碳含量、安全装置、电气安全性能、熄火保护装置、烟道堵塞安全装置、风压过大安全装置、防干烧安全装置、过热保护、防雷击保护、断水保护、泄压安全装置、防冻安全装置等；热水性能指标主要包括热效率、产热水能力、热水产率、加热时间、停水温升、热水温度稳定时间和水温超调幅度等；燃烧性能指标主要有火焰稳定性、表面温升、燃气稳压性等。

1. 安全性能指标

（1）气密性

家用燃气热水器无论是在工作或停止运行时都不能出现燃气泄漏，微小燃气泄漏的积聚也会引起火灾等安全事故。现行国家标准《家用燃气快速热水器》GB 6932—2015 明确规定燃气从入口到燃烧器头部的各段通路的泄漏量：第一道阀门应小于 0.07L/h，通过其他阀门的漏气量应小于 0.55L/h，从燃气入口到燃烧器火孔应无漏气现象。气密性要求极大限度地保证了人们在使用燃气热水器的安全性，是最重要的安全性指标之一。气密性不合格的产品将导致中毒、火灾或燃气爆炸等重大伤亡事故。造成气密性不合格的主要原因包括阀门密封垫片或密封脂漏装、导气管铸造沙眼等，生产企业应建立多道气密性检查工序，确保合格产品进入市场。

（2）烟气中一氧化碳含量

燃气燃烧后会产生一氧化碳和二氧化碳等废气，一氧化碳的毒性很强，且中毒不易被察觉，燃气热水器的中毒伤亡事故时有发生。现行国家标准《家用燃气快速热水器》GB 6932—2015 对烟气中一氧化碳含量进行了严格限制要求，规定自然排气式、强制排气式热水器的干烟气中一氧化碳浓度体积百分比不超过 0.06%，自然给排气式、室外式热水器不超过 0.10%。

烟气中一氧化碳含量超标，一方面是企业在做产品设计定型阶段没有严格按照规定进行测试；另一方面是部分企业选用质量低劣的配件材料，加工水平低，产品结构不稳定，在运输或使用过程中易变形或损坏，从而导致燃烧不稳定，烟气中污染物排放不符合标准规定要求。

（3）安全装置

家用燃气热水器对安全要求很高，现行国家标准《家用燃气快速热水器》GB 6932—2015 规定加设不同功能的安全保护装置，以保证热水器使用安全，包括熄火保护装置、再点火安全装置、烟道堵塞安全装置、风压过大安全装置、防干烧安全装置、防止不完全燃烧安全装置、泄压安全装置和自动防冻安全装置等。

烟道堵塞安全装置、风压过大安全装置是强制排气式燃气热水器必须具备的安全保护措施，在燃气热水器出现排烟不畅的情况下有效关闭机器，提醒用户进行检查和注意安全使用。现行国家标准《家用燃气快速热水器》GB 6932—2015 规定，排烟管堵塞应在 1min 以内关闭通往燃烧器的燃气通路，且不能自动再开启；在关闭之前应无熄火、回火、影响使用的火焰溢出现象；同时还规定，风压在小于 80 Pa 前安全装置不能启动。风压加大，在产生熄火、回火，影响使用的火焰溢出现象之前，关闭通往燃烧器的燃气通路。出现不合格是由于企业技术人员在产品设计定型阶段缺乏对标准的准确理解和掌握，而且没有严格按照国家标准规定对产品进行质量检测。

（4）电气安全性能

家用燃气热水器大多使用交流电，且其使用环境往往潮湿、高温，因此对电气安全的要求比一般家电产品更严格。现行国家标准《家用燃气快速热水器》GB 6932—2015 要求燃气热水器产品有防触电措施，较大的绝缘电阻，较小的接地电阻（其值不大于 0.1Ω），较小的泄漏电流（其值不大 0.75mA，特低电压的不大于 0.5mA），以及足够的电气强度，即经过 1500V、1min 的耐电压试验不出现闪络和击穿。在防水等级方面，家用燃气热水器应符合如下要求：室内型热水器的外壳防护等级应不低于 IPX2，可以安装在浴室内的热水器外壳防护等级应不低于 IPX4，室外型热水器应不低于 IPX5。

2. 热水性能指标

（1）热效率

热效率是燃气热水器热利用的高低指标，是涉及节能方面的重要指标。《家用燃气快速热水器和燃气采暖热水炉能效限定值及能效等级》GB 20665—2015 对家用燃气热水器产品热效率进行严格规定，规定家用燃气热水器的热效率最低达到 3 级能效限定值（≥86%），鼓励产品实现节能评价值（2 级能效限定值为≥89%，1 级能效限定值为≥98%）。热效率低的主要原因是高温烟气的热量不能被充分吸收，排烟热损失较高，多数是产品热交换器的结构和材料存在问题。

热交换器翅片数量的多少决定换热面积的大小，直接影响燃气热水器的热效率高低。从节省材料和获得最佳换热效果出发，翅片厚度保持 0.3mm 为最佳，太薄的翅片耐高温烟气腐蚀的能力较差，影响热水器的使用寿命。另外，缩小翅片间距有利于减小热阻，但不应小于热边界层厚度的两倍。

（2）产热水能力

产热水能力俗称为燃气热水器的升数，表示燃气热水器每分钟可以加热温升 25℃的水量，是燃气热水器热工性能的最重要指标之一，反映燃气热水器的实际产热水能力是否与产品标称值相符合，是产品规格划分的重要指标，每台产品的标识中都会明确标出，是消费者选购产品的重要参考依据。现行国家标准《家用燃气快速热水器》GB 6932—2015 规定，在标准供气压力和气质下，燃气热水器保持最大热负荷状态，供水压力为 0.1MPa，温升折算到 25K 时，每分钟流出的热水量，热水产率不小于额定产热水能力的 90%。

产热水能力作为用户选购的直观参照指标，用户可根据家庭使用需求，选择合适升数的产品进行购买。家用燃气热水器的“热水产率”不合格，实际就是产热水能力标称值与实测值不匹配，“以小充大”现象。

（3）热水性能指标

评价燃气热水器热水性能的重要一方面是热水温度能否达到要求，包括加热时间、停水温升、稳定时间、超调幅度等。

加热时间是评判燃气热水器出热水快慢的一个指标。现行国家标准《家用燃气快速热水器》GB 6932—2015 对燃气热水器的加热时间进行规定，在标准供气压力和气质下，供水压力为 0.1MPa，进水温度 20℃±2℃时，从开机到热水温度达到比进水温度高 40K 时所需的时间不大于 35s。

停水温升是评判燃气热水器水温舒适性的一个指标。当关闭出水后，燃气热水器停止工作，但是热交换器中的余热还在加热管路内的水，在间隔时间较短的情况下再次开水，瞬间的出水温度可能比设定温度高。现行国家标准《家用燃气快速热水器》GB 6932—2015 对燃气热水器的停水温升进行规定，在标准供气压力和气质下，供水压力为 0.1MPa，最大热负荷状态运行后停水 1min 重启，停水温升值不大于 18K。

热水温度稳定时间和水温超调幅度均是评判热水器恒温性能的重要指标。现行国家标准《家用燃气快速热水器》GB 6932—2015 规定，热水温度稳定时间不大于 60s，水温超调幅度±5℃。

3. 燃烧性能指标

与用户直接相关的燃烧性能指标是表面温升。现行国家标准《家用燃气快速热水器》

GB 6932—2015 对燃气热水器必须触碰的位置作了较高的要求限制，表面温升低于 35K，有效降低了因触碰到热水器而发生的烫伤事故。

除此之外，现行国家标准《家用燃气快速热水器》GB 6932—2015 中对各关键件的使用寿命作出了详尽要求，如熄火保护装置的有效工作次数不能低于 1000 次，燃气阀门的开关使用寿命不能低于 50000 次，风机启停的使用寿命不能低于 20000 次等，有效保证了用户日常使用的需求得到满足。

3.2.5 家用燃气热水器技术发展现状

家用燃气热水器的技术演变经历了从自然排气式到强制排气式，从水压差启动到水流量启动，从大气式燃烧、全封闭式强化燃烧到全预混燃烧，从手动调温到自动恒温，从远程等待出热水过程到即开即出零冷水过程。近些年，随着国家倡导科技创新，燃气热水器不断向智能化、舒适化、健康化方向发展。在智能化方面，整体家居、家电物联网等智能技术广泛应用于燃气热水器，提高燃气热水器智能控制和人机交互水平。在舒适性方面，循环预热技术广泛应用于燃气热水行业，大大缩短了出热水时间，提高用户的卫浴舒适性，同时静音技术近年来有所突破，提升了使用环境舒适性。在健康方面，各大生产企业将杀菌、除余氯、软水等技术应用于燃气热水器中，提升卫浴用水品质。在安全方面，一氧化碳安全防控技术、高抗风压技术等不断研发改进，进一步提高燃气热水器在日常使用中的安全性能。

1. 智能恒温技术

随着消费者对热水使用舒适性的要求越来越高，智能恒温技术成为提高燃气热水器舒适性的重要技术之一，目前已广泛应用于燃气热水器产品。燃气热水器智能恒温技术主要是通过控制器、温度传感器、水量控制系统、燃气比例阀等关键部件，精确监控进出水温度和水流量，根据使用时进出水温度和水流量大小的变化自动调节燃气量改变热输出负荷大小，使实际出水温度与用户所设定温度快速保持一致，精准满足用户热水使用需求。其中，水量控制系统是集监测水量、感应水量、稳定水流、调节水量四位一体的水路控制模块，通过特有的形状记忆合金系统，及时将进水温度、水流量数据转换成电流信号传递给控制器，确保水量和气量得到完美协调；同时，恒温型燃气热水器通过具有较好稳流特性的稳流组件，保证进水压力（0.1～0.5MPa）变化时，保持水流量在一定范围内，从而达到恒温效果。

2. 冷凝技术

冷凝技术是指燃气热水器将燃烧产生的高温烟气通过足够的热交换过程，利用烟气显热并使烟气中水蒸气凝结，同时吸收烟气显热和潜热，最大限度地吸收烟气余热，降低排放烟气温度。相比传统燃气热水器，冷凝式燃气热水器具有节能环保的优点，热效率普遍达到 98%以上，是目前达到一级能效的唯一产品类型，是燃气热水器高效节能技术发展方向。目前，燃气热水器中广泛应用的冷凝技术有二次冷凝换热技术和全预混燃烧技术，常用的冷凝换热器结构有肋片管换热器、不锈钢波纹管换热器、扁形不锈钢管换热器与铝合金管换热器等。冷凝式燃气热水器受制于冷凝水排放和处理问题，国内市场占有率不高，未来随着节能环保理念不断深入人心，国家“碳达峰、碳中和”相关政策的实施，以及冷凝水排放的标准化，冷凝式燃气热水器具有良好的发展潜力。

3. 一氧化碳安全防控技术

一氧化碳安全防控技术可以避免因安装或不当使用造成的燃气热水器使用安全问题，同时能防范用户使用环境其他燃气产品使用时造成的一氧化碳过量风险。一氧化碳安全防控技术分为直接检测防护和间接检测防护。

直接检测防护是指采用分体设置的燃气热水器主体与气体探测单元，气体探测单元与燃气热水器主体内的处理控制单元通信连接，处理控制单元与报警单元连接；气体探测单元具有可燃气体传感器（电化学传感器、催化燃烧传感器、半导体传感器等），用于检测使用环境中一氧化碳含量，当检测一氧化碳含量超过一定限值后，气体探测单元将采集到的气体浓度信号转化为电信号，通过通信传送到燃气热水器主体的处理控制单元；处理控制单元将传送信号与设定阈值进行比较，当超过阈值时，发出报警指令；报警单元接受报警指令后发出报警信号，燃气热水器主控制器强制关闭热水器，并报故障提示，同时燃气热水器启动风机进行排风，将室内的燃气、一氧化碳等有害气体排出至室外，保证使用安全。

间接检测防护是指直流风机燃气热水器依靠风机转动时反馈的电流值变化判断风道阻力，交流风机燃气热水器依靠风压传感器检测风道阻力，确保风道阻力在安全范围内来进行充分燃烧，最终控制燃烧时产生的一氧化碳值在标准范围内。当检测到风道阻力超过设定值时，燃气热水器主控制器会强制关闭，并报故障提示，保证使用安全。直流风机的间接检测防护具有主动识别判断风道阻力的特点，通过调节燃烧工况来保证一氧化碳排放值在标准范围内，交流风机的间接检测防护目前只有保护，没有主动改善的能力。

4. 高抗风压上抽风系统技术

高层楼宇用户、海边用户以及冬季大风天气下北方用户在日常使用燃气热水器时存在外部风压大、室内外压差大、排烟阻力增大等问题，导致气流通过烟道强行倒灌至燃烧腔体，容易发生熄火、火焰外溢或燃烧不充分、燃烧废气无法正常排到室外的情况，对用户及产品的使用安全构成威胁。采用平衡式结构设计是最科学合理的解决办法，但因成本偏高及安装难度较大，普及率不高；专业的防风烟罩可以解决风大问题，但不能解决室内外温差导致压差大的问题；高灵敏度抗风压系统技术应运而生，提高了燃气热水器高风压、大阻力的适应能力。

高抗风压上抽风系统技术是指通过直接或间接检测烟道气压变化，将风压信号反馈到控制器对风机进行增压补偿，通过风机转速和燃气比例阀电流进行精准匹配调整，保证燃气热水器稳定燃烧，有效解决室外风压过大、排烟阻力过大等问题，提升燃气热水器对环境的适应性及安全性。高抗风压上抽风系统技术常用的技术方案有采用压力传感器的反馈控制和直流风机系统的恒风量控制。

采用压力传感器的反馈控制是指用一种微压传感器监测燃气热水器排烟压力，监测压力范围在 1kPa 以下，可以检测出燃气热水器与外界压差值，将压力数据转换成电信号输出至控制器。当外界风压增大，造成排烟阻力增大，控制系统可以对压力传感器的数据进行对比运算，自动调整风机转速来维持风量，保证燃烧系统的稳定。

直流风机系统的恒风量控制是指燃气热水器控制器实时监测风机转速反馈信号与母线

电流，依据电流与转速关系判断烟道堵塞情况，并通过直流变频风机与风压传感器实时联动，自动调节风机转速，从而实现稳定燃烧，防止一氧化碳等有害物质的过度产生。当燃气热水器烟道遇到堵塞情况或者烟管处于比较大的倒灌风压时，控制器能及时作出响应进入保护状态，风机快速自动提速增风，以保证燃气热水器燃烧正常。

5. 静音技术

强制排气式燃气热水器因运行时需点火启动、加热燃烧、风机运转及前后清扫等一系列过程，均会产生噪声；零冷水型燃气热水器市场占比越来越高，内置循环泵运行时也会产生噪声，影响了消费者的使用体验，对日常生活也会造成一定的负面影响，噪声已成为燃气热水器行业一大用户痛点。随着人们生活水平提高，对燃气热水器静音需求也越来越高，燃气热水器静音技术成为近年来行业亟须克服的技术难题，也是燃气热水器品质提升的一大卖点。

燃气热水器噪声源主要为燃烧噪声、气流噪声、水流噪声、汽化噪声、风机噪声、机械噪声等。对于不同的噪声来源，使用的降噪方法有所不同，目前一些厂家及研究机构进行了大量的研究，也在进行燃气热水器系统噪声的机理分析，然后通过噪声源的源头定位进行降噪，同时考虑噪声传播路径的壳体减振降噪的手段。目前，燃气热水器的静音技术主要有主动降噪和被动降噪两方案。

主动降噪是从噪声源头降噪，通过燃烧系统优化升级，优化风道系统设计，增大进风和排烟孔径，使烟气流动更顺畅，在满足燃烧需求前提下降低风机转速，减少风机运行噪声；优化风机电机控制方案，采用正弦波控制代替原方波控制，无换相过程电流突变，降低电机运行噪声；优化燃气喷嘴、火排火孔结构等，降低燃烧噪声；优化循环水泵结构，采用正弦波控制，降低水泵运行噪声。

被动降噪是从传播过程降噪，通过研发独立进风消声器，采用独立进风迷宫式、多孔迂回消声通道，减少进风及内部噪声外扩；整机采用密封及消声设计，从隔声、吸声和消声的角度来降低壳体内部噪声从内传播到壳体外部，实现整机噪声隔离及消声降噪；循环水路阻尼减振方案设计，实现水路减振降噪，改善循环过程噪声产生。研究开发更高效的吸声材料，建立燃气热水器相关的音品质控制平台，提升用户对音品质的体验。

6. 零冷水技术

在我国，家用燃气热水器一般安装在厨房或阳台，距离浴室较远，有一段较长的管路，洗浴时需等待前段冷水排出后热水才能到来，造成用户等待热水时间长以及水资源浪费。因此出热水时间长、浪费水资源是燃气热水器行业急需解决的一个痛点，零冷水技术应运而生，经过近些年的研究与推广，零冷水技术取得了较大的发展与进步。零冷水技术是通过循环预热技术，预热循环管路中的水，利用 H 阀搭建循环管路，通过燃气热水器自带或外置水泵工作，将热水输送到各热水用水点，在用户用水时达到即开即热的效果。

零冷水系统根据安装方式分为两管循环和三管循环两种系统。两管循环是通过借用现有的冷水管作为循环管路，在用水远端安装 H 阀，实现预热水循环，如图 3-11 所示。在用户没有预埋回水管时，一般采用两管循环的零冷水系统，缺点是使用零冷水预热后冷水管内可能有残留热水。三管循环是通过铺设额外的回水管路，实现预热水循环，如图 3-12 所示；优点是在使用零冷水功能后冷水点不会有热水出现，用户体验感好，缺点是必须预埋好回水管，后期改造成本大。

为了使燃气热水器内部水路与零冷水系统构成闭合的循环水路，燃气热水器的水路结构依据水泵的安装位置不同通常分为水泵直接安装在进水管上、水泵安装在回水连接管上以及水泵并联安装在进水管上，如图 3-34 所示。

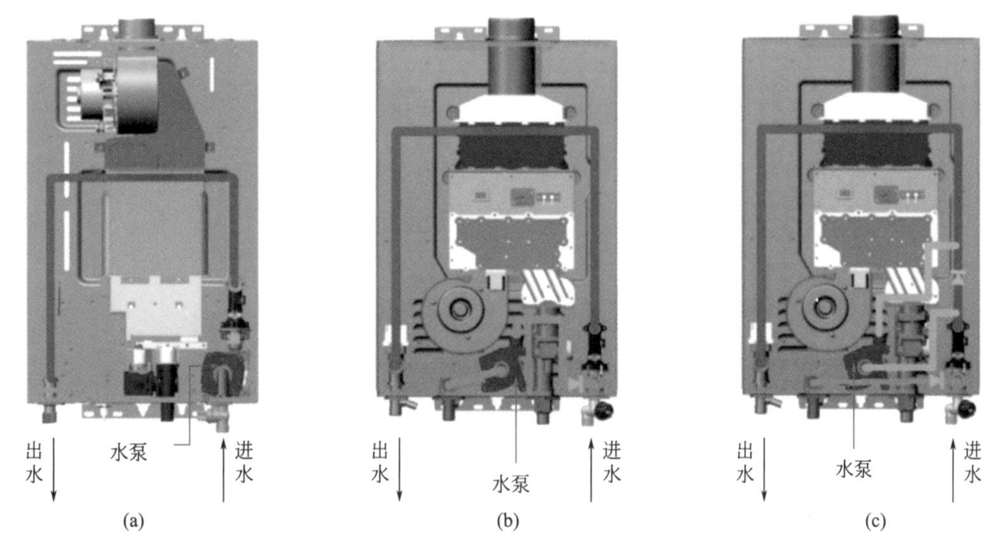

图 3-34 零冷水型燃气热水器内部水路结构图

(a) 水泵安装于进水管；(b) 水泵安装于回水连接管；(c) 水泵并联安装于进水管

水泵安装于进水管的零冷水型燃气热水器的优点是整机内部水路结构简单，缺点是水泵易堵塞、整机可靠性低、管阻大影响洗浴舒适性、回水管水路系统安装较复杂。水泵安装于回水连接管的零冷水型燃气热水器的优点是整机内部水路结构比较简单，缺点是无回水管，用户安装复杂，不便于售后安装。水泵并联安装于进水管的零冷水型燃气热水器的优点是水泵不易堵塞、整机可靠性高、管阻小、水流量大、洗浴舒适，缺点是整机内部管路复杂。

当零冷水型燃气热水器系统安装时，燃气热水器的进水口与外部水路系统的进水管连接，出水口与外部水路系统的热水管连接，回水口与外部水路系统的回水管连接，使水路系统构成一个闭合循环水路，其中，对于水泵安装于进水管的燃气热水器，在与回水管水路连通时，需要在回水管与进水管处安装三通单向阀。对于水泵安装于回水连接管的燃气热水器，在与无回水管水路连接时，外部自来水管需要同时连接进水嘴与回水嘴，不便于售后安装。

零冷水型燃气热水器根据不同零冷水模式，其控制原理存在差异。一般零冷水型燃气热水器通过温度传感器全天 24h 不间断检测进出水温度，当达到启动温度时启动预热功能，温度传感器达到停止条件时终止预热，通过控制方法优化缩短预热时间，节约燃气。零冷水型燃气热水器可通过预约模式进行预热，在预约时间段外不进行预热，也可通过开关用水点，使热水器产生水流信号，有效控制零冷水功能的启停。

目前，零冷水燃气热水器虽然在一定程度上有效解决了用户洗浴时等待出热水的时间长与浪费自来水等痛点，但在使用过程中也存在一些不足与缺陷，如水温忽冷忽热、冷水管被预热、水泵噪声等问题，因此燃气热水器零冷水技术还需要不断创新升级与完善。

3.3 家用燃气热水器市场现状

3.3.1 家用燃气热水器生产企业分析

与家用燃气灶产品一样，2019 年之前，家用燃气热水器生产企业按“工业产品生产许可证制度”进行管理。截至 2019 年 8 月，家用燃气热水器生产企业获得“生产许可证”的企业数量共有 422 家，2013—2019 年整体保持增长趋势，如图 3-35 所示。

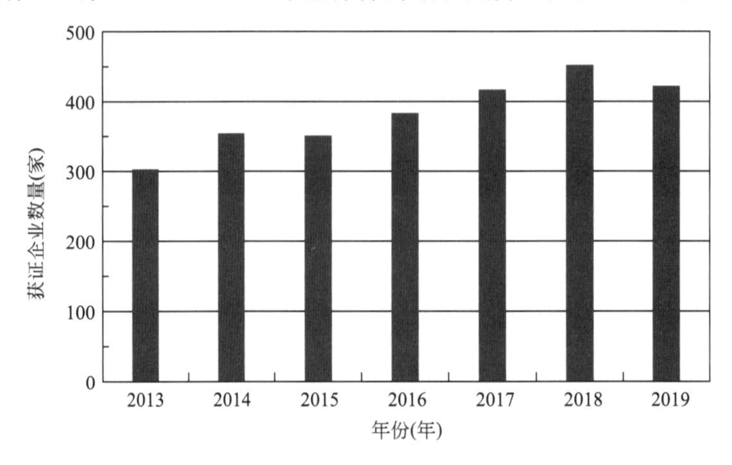

图 3-35 家用燃气热水器获证企业数量情况（2013—2019 年）

从 2020 年开始，家用燃气热水器生产企业转为 CCC 认证管理。截至 2022 年年底，中国内地（不含港澳台）获得家用燃气灶 CCC 认证的企业 224 家，共获得 CCC 认证证书 4778 张；境外地区获得家用燃气灶 CCC 认证的企业 9 家，共获得 CCC 认证证书 89 张。根据获得 CCC 认证企业的分布情况，中国内地的家用燃气灶生产企业主要分布在广东省，企业数量占比高达 84.8%、获证数量占比 84.3%；此外，浙江省、江苏省、山东省等华东地区也有一定数量的家用燃气热水器生产企业。中国家用燃气热水器产能达到 3000 万台/年以上。

3.3.2 家用燃气热水器市场规模分析

根据相关国家统计部门数据显示，2015—2021 年全国家用燃气热水器产量保持平稳增长，年均增长率为 10.9%。2015 年在房地产“去库存”政策的推动下影响，刺激工程市场家用燃气热水器需求增加，2016 年和 2017 年家用燃气热水器年产量同比增长 19.5% 和 9.1%，年产量一度接近 2000 万台；2018 年后随着房地产市场趋于稳定，家用燃气热水器产量增速逐渐放缓，到 2019 年增长率由正转负，相比 2018 年出现断崖式下降，降幅达到了 14.4%，年产量仅为 1669 万台。2020 年和 2021 年虽然受疫情影响，家用燃气热水器行业面临严峻挑战，但得益于燃气热水器出口量大幅提升，年产量均突破 2000 万台（图 3-36）。

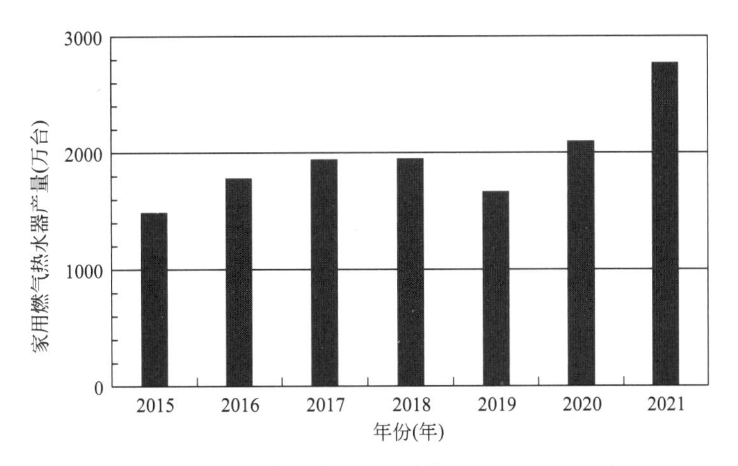

图 3-36　家用燃气热水器产量数据（2015—2021 年）

根据奥维云网（AVC）监测数据，2015—2021 年，我国内地家用燃气热水器销售市场基本维持在 1300 万～1500 万台的年销量，市场销售规模一度超过 300 亿元。自 2020 年新冠肺炎疫情以来，家用燃气热水器市场销量和销售额均呈现下降的趋势，2020 年家用燃气热水器全年销售 1320 万台、销售额 263 亿元，同比分别下降了 10.4%和 15.6%；截至 2022 年年底，家用燃气灶全年销售 1160 万台、销售额 247 亿元，同比分别下降了 11.0%和 10.5%（图 3-37、图 3-38）。

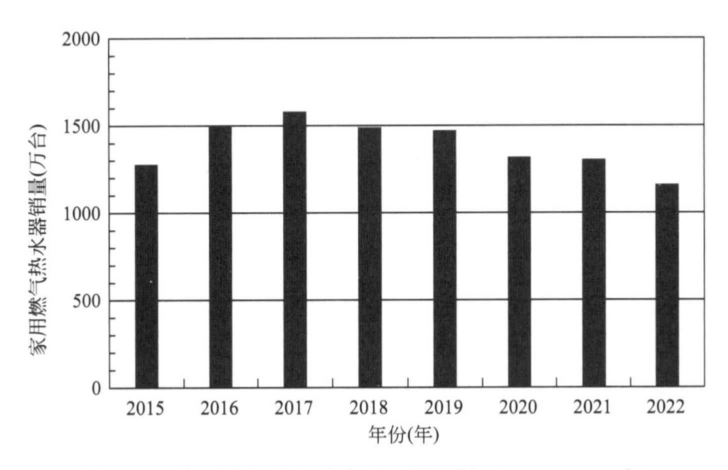

图 3-37　家用燃气热水器市场销量数据（2015—2022 年）

根据奥维云网（AVC）监测数据，家用燃气热水器市场上主流容量是 16L 产品，市场占有率高达 57.9%，且占比呈现明显的增长趋势；但超过 16L 的燃气热水器产品市场占有率却很低，仅占比 3.7%；除此之外，13L 及以下的燃气热水器也是市场上较受欢迎的产品类别，约占比 36.4%。另外，随着消费者对舒适性需求的提升，零冷水燃气热水器产品的市场占比持续攀升，2020 年，线上零冷水占比 27.2%，同比增长 14.2%，线下占比 32.3%，同比增长 11.8%（图 3-39）。

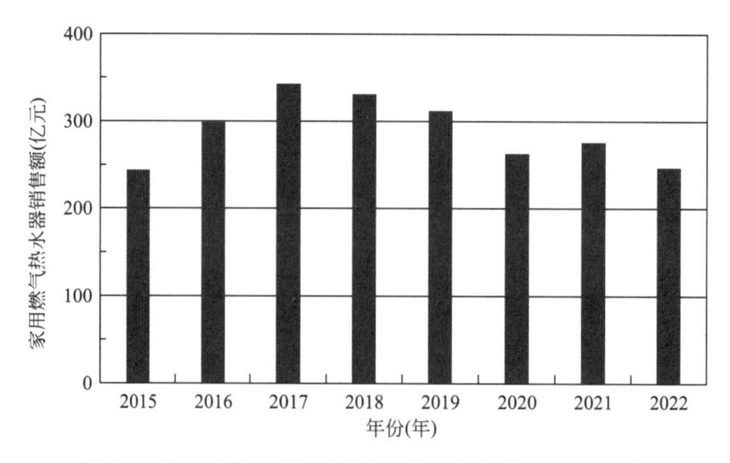

图 3-38 家用燃气热水器市场销售额数据（2015—2022 年）

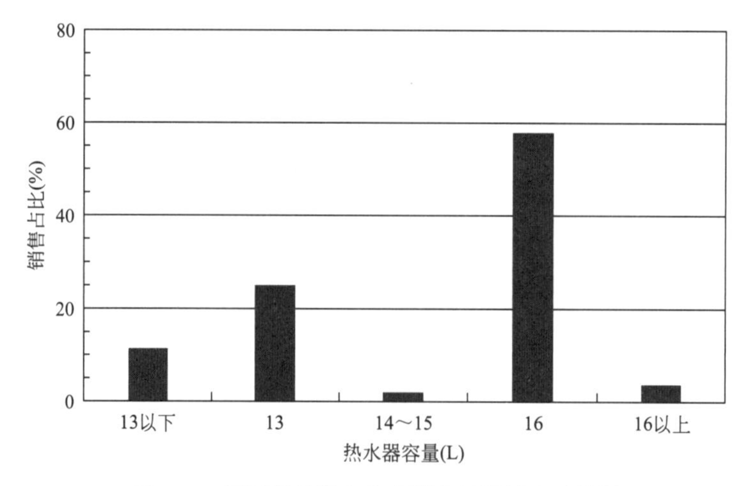

图 3-39 不同容量燃气热水器市场销量占比数据

3.3.3 家用燃气热水器销售渠道结构分析

家用燃气热水器作为热水器品类的一种，目前主要在一些具备燃气供应条件的城镇地区销售使用。由于燃气热水器在购买后需要安装水路和气路，且标准对其在居住环境中的安装位置有严格要求，一般需要专业人员进行安装操作，因此在市场销售渠道方面主要以线下销售的方式为主。根据奥维云网（AVC）监测数据，以 2016—2019 年的线上线下销量数据为例，线下销售是燃气热水器最主要的销售渠道，2016 年线下渠道销量占全年总销量的 82.0%，到 2019 年线下销售占比依旧达到了 66.1%。

2020 年后，随着直播、短视频平台购物的兴起，同时新冠肺炎疫情居家期间培养了线上购物的消费习惯，外加线上购物线下包安装服务的快速发展，燃气热水器线上销售渠道逐步成熟，线上销量开始快速增长。2020 年家用燃气热水器线上销量增长了 21.0%，占全年总销量的 45.8%，到 2022 年家用燃气热水器线上销量已超越线下渠道，占全年总销量的 53.1%（图 3-40）。

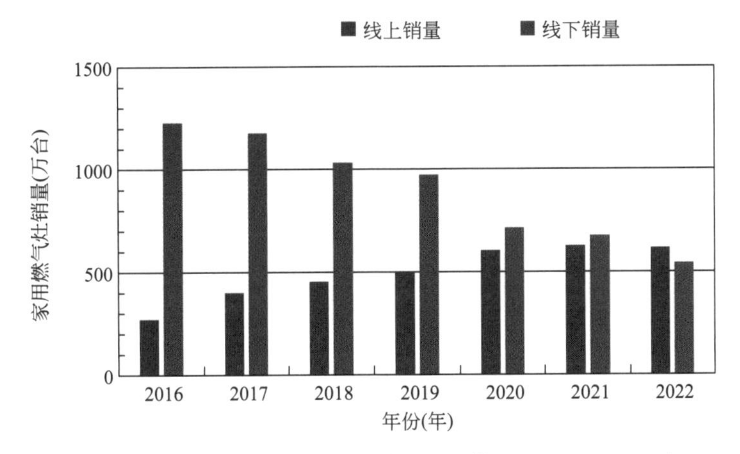

图 3-40　家用燃气热水器线上和线下销量情况（2016—2022 年）

3.3.4　家用燃气热水器产品价格结构分析

家用燃气热水器市场的价格竞争非常激烈，各价格段的产品都具有一定的市场竞争力，从价格走势来看，以性价比为主，价格在 3500 元以下的家用燃气热水器产品占有相当高的市场份额，同时中高端产品的占比也在逐步增长。

根据奥维云网（AVC）监测数据显示，在消费者选择购买 1500 元以下的家用燃气热水器产品时，更多地选择在线上购买；而在选择购买 6000 元以上的家用燃气热水器产品时，消费者全部选择在线下购买。说明线上和线下的家用燃气热水器产品价格呈现明显的分化趋势，线上市场价格趋向于低价，线下市场在保持各价格段的均衡外，同时具有较高的中高端价格产品的市场占有率，比如在 3500～4499 元和 4500～5999 元两个价格段，线下家用燃气热水器的市场销量占比分别为 14.4％和 14.7％，线上家用燃气热水器的市场销量占比分别为 4.9％和 2.6％（图 3-41）。

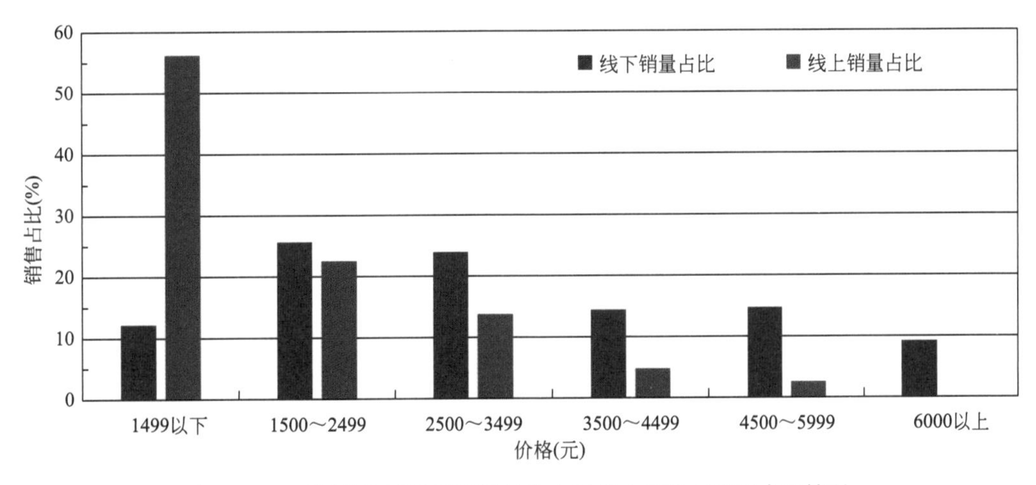

图 3-41　不同价格区间家用燃气热水器线上和线下销量占比情况

3.3.5 家用燃气热水器品牌市场结构分析

家用燃气热水器具有一定的技术门槛，无论是线上还是线下，均为专业品牌和综合性品牌占据市场主导地位。

根据奥维云网（AVC）监测数据，从线下销量分布情况来看，TOP3 品牌销量占比 39.0%，TOP5 品牌销量占比 57.6%，TOP10 品牌销量占比 83.2%。家用燃气热水器线下市场从份额占比来看，内资品牌凭借本土化优势，市场表现十分亮眼。

相比于线下销量情况，家用燃气热水器线上品牌集中度更显著。TOP3 品牌销量占比 56.5%，TOP5 品牌销量占比 75.2%，TOP10 品牌销量占比 89.1%。从线上渠道的品牌竞争格局来看，线上品牌之间维持暂时性的势均力敌。

3.3.6 家用燃气热水器各地区市场占有率分析

根据奥维云网（AVC）监测数据，家用燃气热水器的市场销量占有率最高的是华东地区（38.5%），其次是中南地区（包括华中和华南地区）（28.9%），西南地区家用燃气热水器市场销量占比超过 15.7%，以西北地区、华北地区、东北地区为代表的传统北方地区，家用燃气热水器市场销量占比普遍较低（图 3-42）。

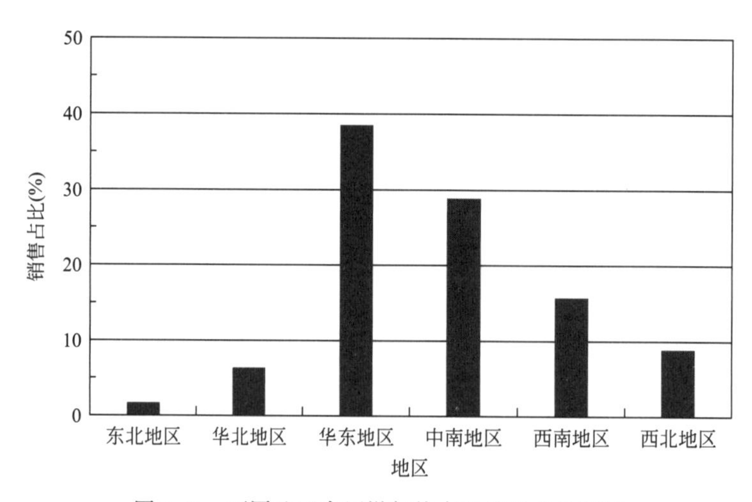

图 3-42　不同地区家用燃气热水器销量占比情况

第 4 章　燃气采暖热水炉发展历程和现状

燃气采暖热水炉是一种利用燃气燃烧产生的热量，直接加热热交换器内的水介质形成高温热水，并利用高温热水向室内供暖或提供生活热水的燃气用具。本章节将对燃气采暖热水炉的发展历史进行回顾，从产品类型、结构及部件、标准、性能指标、技术和市场等方面对燃气采暖热水炉产品的发展现状进行总结。

4.1　燃气采暖热水炉发展历程

4.1.1　初始阶段

1980—1990 年期间，中国燃气采暖热水炉行业处于起步初期，此时的产品结构简单，以燃煤炉的土暖气为基础，用简易的容积式燃气热水器为热源，利用冷热水的温差自循环进行燃气采暖。此阶段，燃气采暖热水炉基于燃气热水器外加一个循环水泵和一个手动三通阀，用于供暖。

4.1.2　起步阶段

1990—2000 年期间，此阶段为燃气采暖热水炉的起步阶段。20 世纪 90 年代初期，韩国产品被引进到中国，欧洲产品也逐渐进入中国市场，开启了中国燃气采暖的新纪元，燃气采暖热水炉开始逐渐进入大众视野。与此同时，1998 年，建设部开始计划制定燃气采暖热水炉行业标准，参照欧洲标准，选择了最安全的机型作为标准的适用对象。此阶段，燃气采暖热水炉在技术发展过程中主要以欧洲进口产品为主，行业整体逐渐开始向零部件进口组装和模仿制造发展，市场上产品以进口和仿造为主。随着技术的不断进步，国内生产企业也逐渐开始向自主研发制造生产转变。

4.1.3　成长阶段

2000—2010 年期间，此阶段为燃气采暖热水炉的成长时期。经历了上一阶段的探索发展，中国燃气采暖热水炉逐渐形成了成熟产品，市场上不规范的产品逐步减少。燃气采暖热水炉生产企业针对中国的使用环境条件，在引进吸收国外产品和技术的基础之上，燃气采暖热水炉产品在结构和性能方面做了一些适度的改造，在材料的改进、零部件的国产化、控制器的可靠性和稳定性等方面开展研究。燃气采暖热水炉生产企业数量开始增加，部分燃气热水器生产企业拓展生产燃气采暖热水炉产品。燃气采暖热水炉用户量也开始上升，但增速缓慢，主要原因是各地对燃气采暖的不支持甚至限制。

2000 年时，恰逢修订燃气热水器国家标准《家用燃气快速热水器》GB 6932—2001，将燃气采暖热水炉定义为两用型燃气快速热水器。在 2000—2010 年期间，燃气采暖热水炉产品标准不断完善，分别发布实施了《燃气采暖热水炉》CJ/T 228—2006、《燃气采暖热水炉应用技术规程》T/CECS 215—2017、《燃气采暖热水炉》GB 25034—2010。随着国家标准《燃气采暖热水炉》GB 25034—2010 正式发布，中国燃气采暖热水炉进入了全新的自主研发和独立发展阶段。

此阶段发展期间，2008 年成立了中国土木工程学会燃气供热专业委员会，为燃气采暖热水炉未来的发展起到了重要的保驾护航和方向引领的作用，使燃气采暖热水炉得以按正规的发展轨道前进。

4.1.4 快速发展阶段

2010 年至今，此阶段为燃气采暖热水炉的快速发展期。在《燃气采暖热水炉》GB 25034—2010 标准实施后，燃气采暖热水炉产品基本按照标准要求生产，并随着市场需求的提升，产品功率逐步增大，从 16kW 一直到 70kW，甚至到 100kW。冷凝式燃气采暖热水炉在北方部分地区得到推广使用，在全国各地区市场也开始逐步占有一席之地。2017 年随着北方“煤改气”工程的持续推进，燃气采暖热水炉产品得以大范围进入北方农村地区，市场销量呈爆发式增长，且随着“煤改气”政策的持续实施，燃气采暖热水炉产品市场销量维持着增长趋势。与此同时，随着消费者对居住环境舒适度要求的提高，燃气采暖热水炉产品的消费者认知度逐步提高，在南方冬季湿冷地区，燃气采暖热水炉市场开始较快速发展。

此阶段，根据国家政策的要求以及市场的需求，冷凝技术取得了较大的发展，低氮排放技术也成为研发重点，控制技术水平有较大的提高，物联网技术在燃气采暖热水炉上初步得到了应用。同时，对《燃气采暖热水炉》GB 25034—2010 版标准进行了修订，于 2020 年 10 月 11 日发布了《燃气采暖热水炉》GB 25034—2020 标准。

4.2 燃气采暖热水炉应用现状

4.2.1 燃气采暖热水炉产品类型

燃气采暖热水炉可按照用途、热水换热方式、换热效率、给排气方式、供暖系统形式、安装位置等进行分类。

1. 按用途分类

燃气采暖热水炉按用途分为单采暖型和两用型。仅具有供暖功能的燃气采暖热水炉为单采暖型，结构简单，功能单一。具有采暖和热水两种功能的燃气采暖热水炉为两用型，结构相对复杂。图 4-1 为单采暖型燃气采暖热水炉，图 4-2 和图 4-3 均为常见的两用型燃气采暖热水炉。

2. 按热水换热方式分类

燃气采暖热水炉按生活热水换热方式分快速换热式和储水换热式。

（1）快速换热式

快速换热式燃气采暖热水炉的主要特点是生活热水为非存储，加热时间快。根据生活

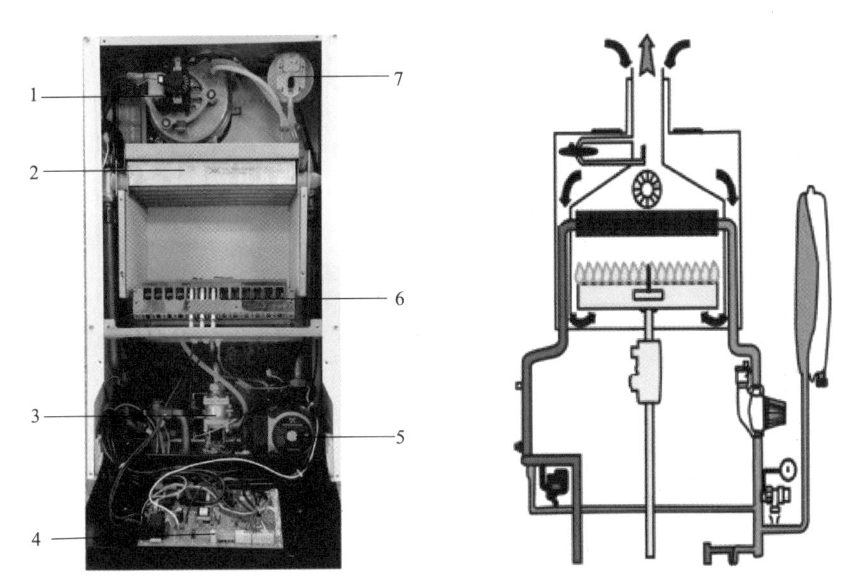

图 4-1　单采暖型燃气采暖热水炉

1—风机；2—热交换器；3—燃气阀；4—控制器；5—水泵；6—燃烧器；7—风压开关

热水的换热方式不同，可分为板换式换热和套管式换热。

板换式燃气采暖热水炉的主热交换器内只有供暖循环水，生活热水通过板式换热器与供暖循环水进行水水换热，如图 4-2 所示。该类产品的优点是停水温度低、主热交换器不易堵塞；缺点是在供暖模式或热水模式下水泵一直运转，耗电量高。

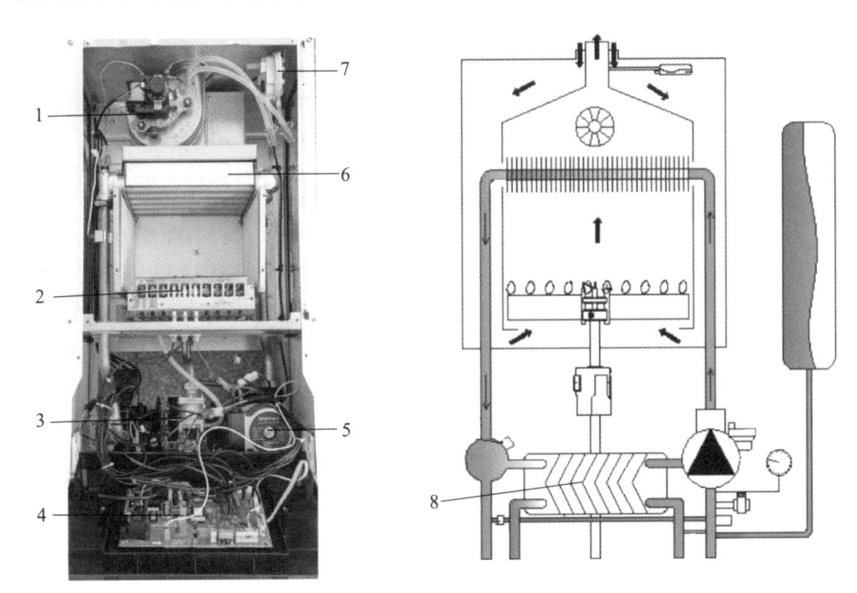

图 4-2　板换式燃气采暖热水炉

1—风机；2—燃烧器；3—燃气阀；4—控制器；5—水泵；6—热交换器；7—风压开关；8—板式换热器

套管式燃气采暖热水炉的主热交换器由几根并排的同轴水管组成，同轴水管的内管为生活热水管，外管为供暖循环水管，热水模式下，主热交换器的外管供暖循环水吸收燃气燃烧释放的热量，与内管的生活热水换热，如图 4-3 所示。与板换式燃气采暖热水炉相比，该类产品采暖管内包含了生活热水管，采暖水管有效通径小。其优点是热水模式下水泵不工作，耗电量少；缺点是停水温升高、主热交换器易堵塞。

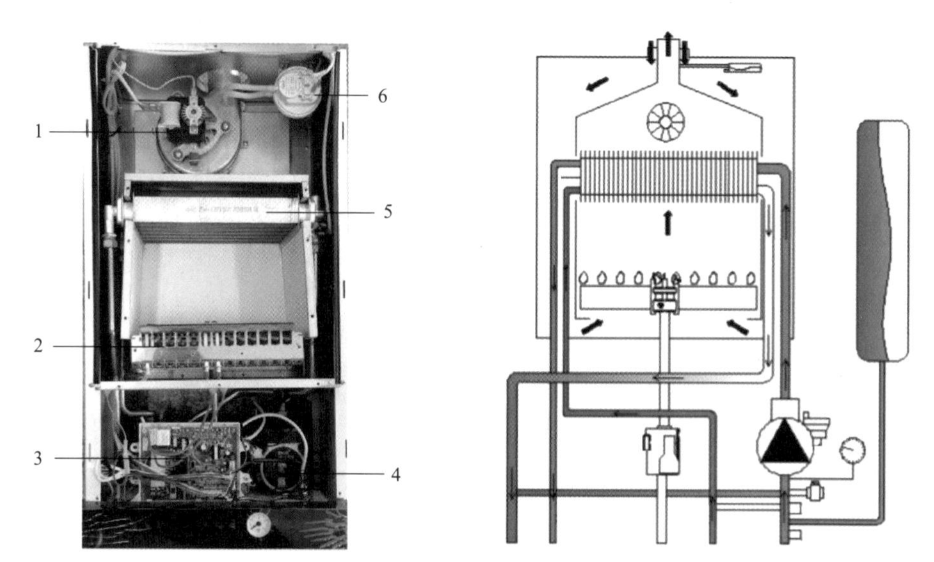

图 4-3　套管式燃气采暖热水炉

1—风机；2—燃烧器；3—控制器；4—水泵；5—热交换器；6—风压开关

（2）储水换热式

储水换热式燃气采暖热水炉的特点是装有一个定容量的储水罐，储水罐内介质为生活热水，采暖水盘管浸在生活热水内，与生活热水进行换热，如图 4-4 所示。根据储水罐的安装位置，可以分为内置式和外置式，其中根据燃气采暖热水炉和储水罐的分布位置，内置式又可以分为横排式分布和竖立式分布，横排式分布燃气采暖热水炉的储水罐容积一般在 30～60L，竖立式分布燃气采暖热水炉的储水罐容积一般在 100～150L，外置式储水罐的容积一般在 100～200L。

储水换热式燃气采暖热水炉的储热水功能，使其能够提供大量出水温度稳定的高温热水，避免在自来水管网供水压力不稳定时，生活热水流量不稳定导致热水出水温度出现波动，影响用户的舒适性体验。该产品的体积相对较大占地面积较大，充满热水时自重大，安装条件要求严格，加热温度高时容易结垢，长时间不用的情况下重新加热生活热水时间长。

3. 按烟气中水蒸气利用分类

根据燃烧烟气中的水蒸气是否能够被冷凝，或者冷凝过程中释放的潜热能否被有效利用，燃气采暖热水炉可以分为非冷凝炉和冷凝炉。一般将烟气中的水蒸气冷凝过程中释放的潜热有效利用的燃气采暖热水炉称为冷凝炉，反之为非冷凝炉。冷凝炉又分为全预混燃烧冷凝炉和烟气回收式冷凝炉。

（1）全预混燃烧冷凝炉

全预混燃烧冷凝炉是指燃烧前燃气和空气按照一定比例进行混合，燃烧过程中无二次空气参与，过剩空气系数低，烟气露点温度低，使得烟气中的水蒸气更易凝结放出热量，通过热交换器充分换热回收烟气余热，提高热效率。

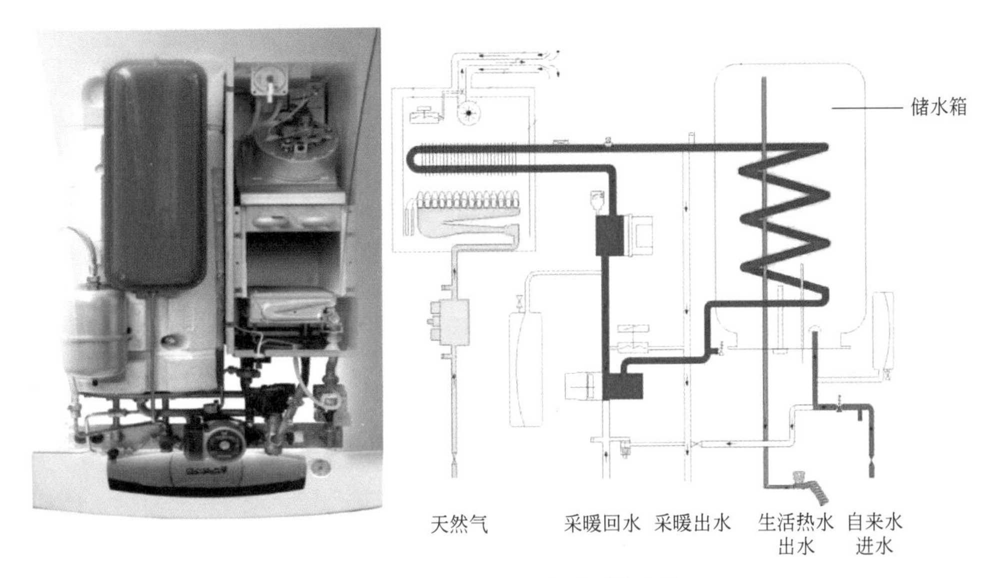

图 4-4　储水换热式燃气采暖热水炉

根据燃烧器结构形式不同，全预混燃烧冷凝炉包含两种形式，圆柱形燃烧器全预混燃烧冷凝炉和板式燃烧器全预混燃烧冷凝炉。

圆柱形燃烧器全预混燃烧冷凝炉的主热交换器材料一般为不锈钢或铝管拉伸，也有部分压铸铝形式，其优点是抗冷凝水腐蚀性能力强，加热时间快，瞬时热效率高；缺点是加工难度大，采暖管使用阻氧管。图 4-5 为装有圆柱形燃烧器全预混燃烧冷凝炉原理图。

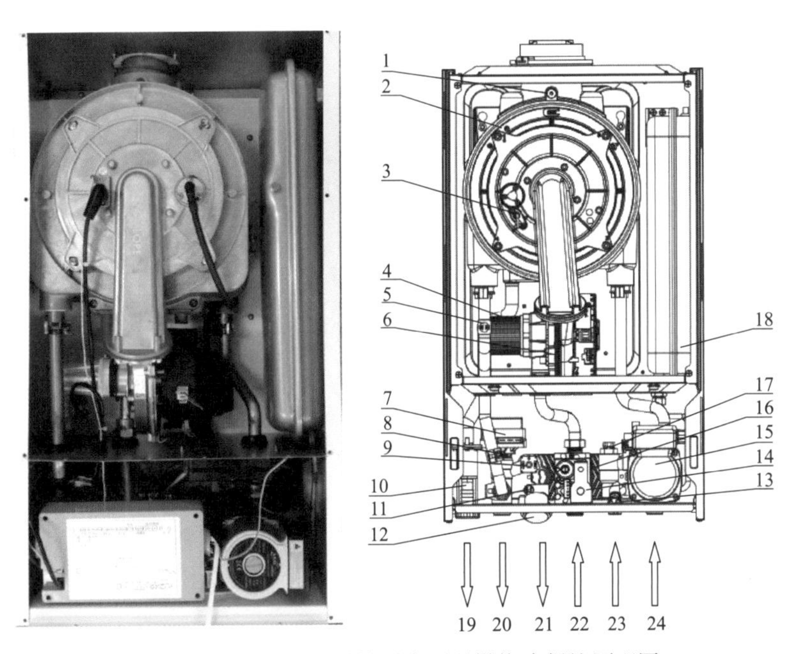

图 4-5　装有圆柱形燃烧器全预混燃烧冷凝炉原理图

1—烟气温度探头；2—主换热器；3—点火电极；4—过滤器组件；5—极限温度开关；6—全预混风机；7—三通阀电机；8—采暖 NTC；9—水压开关；10—冷凝水收集器；11—卫浴内置 NTC；12—水压表；13—补水阀；14—全预混燃气阀；15—水泵；16—板式换热器；17—水流量传感器；18—膨胀水箱；19—冷凝水出口；20—采暖出水；21—卫浴出水；22—燃气进口；23—卫浴进水；24—采暖回水

板式燃烧器全预混燃烧冷凝炉，燃烧器在上，主换热器在下，火焰向下燃烧，主换热器材料为铸铝。该类产品的优点是体积小，易加工，价格便宜；缺点是自重大、瞬时热效率低，虽然有较好的导热性但为了保证坚固性厚度必须加大，加热时间长，燃烧产物易附着在主换热器表面，需要及时清洁。

（2）烟气回收式冷凝炉

烟气回收式冷凝炉是在烟气主热交换器后加装一个烟气余热回收换热器，高温烟气经过烟气回收换热器，与热交换器的低温采暖回水进行二次换热，烟气中的水蒸气产生凝结并释放热量，采暖回水吸收该部分热量，降低排烟温度，提高热效率。图 4-6 为烟气回收式冷凝炉。

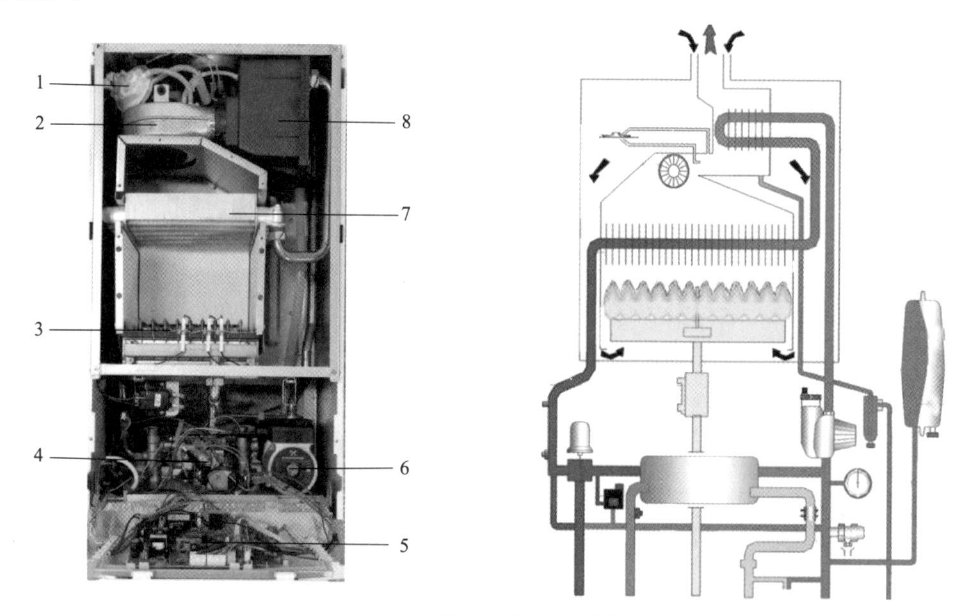

图 4-6　烟气回收式冷凝炉

1—风压开关；2—风机；3—燃烧器；4—燃气阀；5—控制器；6—水泵；7—主热交换器；8—冷凝热交换器

4. 按给排气方式分类

燃气采暖热水炉按给排气方式分为强制排气式（1P）和强制给气式（1G）。图 4-7 为常见的强制排气式和强制给气式燃气采暖热水炉。

强制排气式燃气采暖热水炉的燃烧室尺寸略大，其内部压力为负压，结构密封性要求一般。强制给气式燃气采暖热水炉的燃烧室尺寸略小，其内部压力为正压，结构密封要求较为严格。两类炉型在风机选型上也略有差异，强制排气式燃气采暖热水炉一般选用罩极式交流风机，此类风机结构简单；强制给气式燃气采暖热水炉一般选用直流无刷变频风机，一方面能提高部分热负荷下的热效率，另一方面还可以避免高温烟气对风机寿命的影响。

5. 按采暖系统结构形式分类

燃气采暖热水炉按采暖系统结构形式分为封闭式和敞开式。

（1）封闭式

封闭式燃气采暖热水炉的采暖系统未设置永久性通往大气的孔，目前常见的燃气采暖

图 4-7 强制排气式和强制给气式燃气采暖热水炉

热水炉绝大部分为封闭式。

封闭式燃气采暖热水炉的采暖系统为承压结构，其结构一般采用金属配件，对强度和密封性都有一定的要求。封闭式燃气采暖热水炉凭借承压特性，其安装位置不受影响，即便安装在底层也能够实现对高层供暖。封闭式燃气采暖热水炉产品本身配备有压力表（或者压力传感器）和泄压阀，压力表用来指示系统压力，泄压阀用于防止系统压力过高造成损坏。封闭式燃气采暖热水炉在采暖系统缺水时，需要用户为采暖系统进行补水，始终维持一定的压力。

（2）敞开式

敞开式燃气采暖热水炉的采暖系统设置有永久性通往大气的孔。图 4-8 为常见的敞开式燃气采暖热水炉。

敞开式燃气采暖热水炉的采暖系统与大气相通，不需要承受压力，其结构配件没有特殊要求。敞开式燃气采暖热水炉的膨胀水箱内部有水位感知器，在采暖系统水量不足时，通过自动补水阀进行自动补水。敞开式燃气采暖热水炉缺点是膨胀水箱安装位置需要在系统最高点，否则会造成循环水溢水。

6. 按氮氧化物排放分类

根据使用的燃烧器类型，可以分为非低氮燃气采暖热水炉和低氮燃气采暖热水炉。低氮燃气采暖热水炉根据燃烧器的不同可分为水冷低氮燃气采暖热水炉、浓淡燃烧燃气采暖热水炉和全预混燃烧冷凝炉。

（1）非低氮燃气采暖热水炉

常规非低氮燃气采暖热水炉使用的燃烧器为常规大气式燃烧器，该类燃气采暖热水炉在额定热负荷下，干烟气中氮氧化物体积分数一般为 60×10^{-6}～90×10^{-6}，根据《燃气采

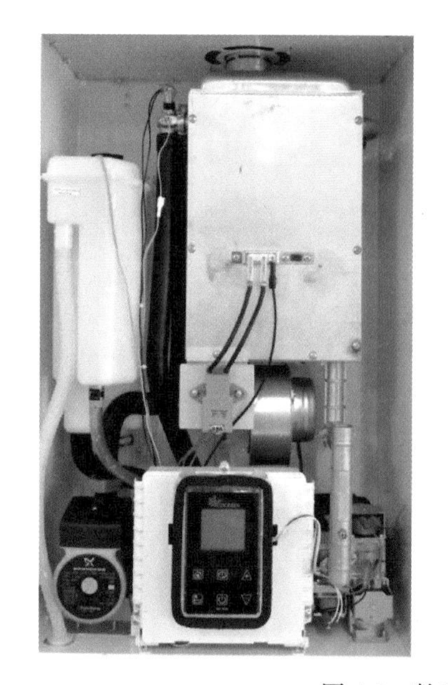

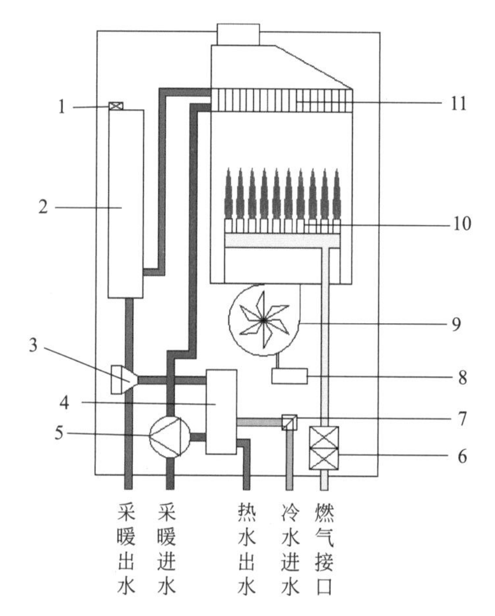

图 4-8　敞开式燃气采暖热水炉

1—水位感知棒；2—膨胀水箱；3—三向阀；4—板式换热器；5—循环水泵；6—燃气阀；7—自动补水阀；8—风压传感器；9—风机；10—燃烧器；11—主热交换器

暖热水炉》GB 25034—2020 测试的氮氧化物折算值一般为 100～150mg/(kW·h)，对应的氮氧化物等级为三级。

（2）水冷低氮燃气采暖热水炉

水冷低氮燃气采暖热水炉使用的燃烧器为水冷低氮燃烧器，该类燃气采暖热水炉在额定热负荷下，干烟气中氮氧化物体积分数一般低于 30×10^{-6}，根据《燃气采暖热水炉》GB 25034—2020 测试的氮氧化物折算值一般为 62mg/(kW·h) 以下，对应的氮氧化物等级为 5 级。图 4-9 为常见的水冷低氮燃气采暖热水炉。

（3）浓淡燃烧燃气采暖热水炉

浓淡燃烧燃气采暖热水炉使用的燃烧器为浓淡燃烧器，测试结果显示，额定热负荷下的氮氧化物体积分数能够达到 20×10^{-6}，远低于同类型常规大气式燃气采暖热水炉的氮氧化物排放，根据《燃气采暖热水炉》GB 25034—2020 氮氧化物排放等级试验，测试的氮氧化物折算值能达到 40mg/(kW·h) 以下，对应的氮氧化物等级为 5 级。

（4）全预混燃烧冷凝炉

全预混燃烧采暖炉使用全预混燃烧器，该类燃气采暖热水炉在额定热负荷下，干烟气中氮氧化物体积分数一般为 10×10^{-6}～20×10^{-6}，根据《燃气采暖热水炉》GB 25034—2020 测试的氮氧化物折算值一般为 30～40mg/(kW·h) 以下，对应的氮氧化物等级为 5 级。

7. 按安装位置分类

燃气采暖热水炉按安装位置分为室内型燃气采暖热水炉和室外型燃气采暖热水炉。室内型燃气采暖热水炉即安装在室内的燃气采暖热水炉，室外型燃气采暖热水炉即安装在室外的燃气采暖热水炉。室内型和室外型的区别在于给排气管道不同。目前市场上室外型燃气采暖热水炉相对较少，常见的燃气采暖热水炉基本均为室内型。

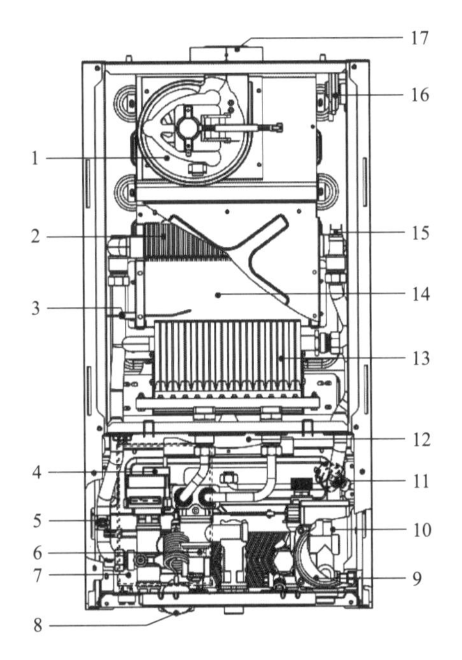

图 4-9　水冷低氮燃气采暖热水炉

1—风机；2—热交换器；3—火焰感应针；4—脉冲点火器；5—采暖温度传感器；6—比例阀；7—控制阀；8—水压表；9—水泵；10—安全阀；11—水压开关；12—膨胀水箱；13—低氮燃烧器；14—燃烧室；15—温控器；16—风压开关；17—排烟口

8. 按预热功能分类

燃气采暖热水炉按生活热水系统预热功能分为带预热功能和不带预热功能的燃气采暖热水炉。常见的燃气采暖热水炉绝大部分为不带预热功能。带预热功能的燃气采暖热水炉又称为零冷水燃气采暖热水炉。

零冷水燃气采暖热水炉主要是热水管路有循环预热功能，对预热的最小热负荷需求较为严格，采用分段燃烧技术实现，增加了热水循环水泵，流量和运行噪声是关键设计指标。该类产品的优点是热水舒适、即开即热，节约用水，避免冷水浪费。图 4-10 为零冷水燃气采暖热水炉原理图。

4.2.2　燃气采暖热水炉结构及部件

燃气采暖热水炉零部件包括燃烧器、热交换器、水路系统、燃气比例阀、风机、气流监控装置、排烟管和控制系统。图 4-11 和图 4-12 分别为板换式燃气采暖热水炉和全预混燃烧冷凝炉结构与配件。

1. 燃烧器

燃烧器的作用是保证燃气的正常燃烧。燃气采暖热水炉燃烧器主要有大气式燃烧器和全预混燃烧器两大类，其中大气式燃烧器又分为普通燃烧器、水冷低氮燃烧器和浓淡燃烧器等。

（1）大气式燃烧器

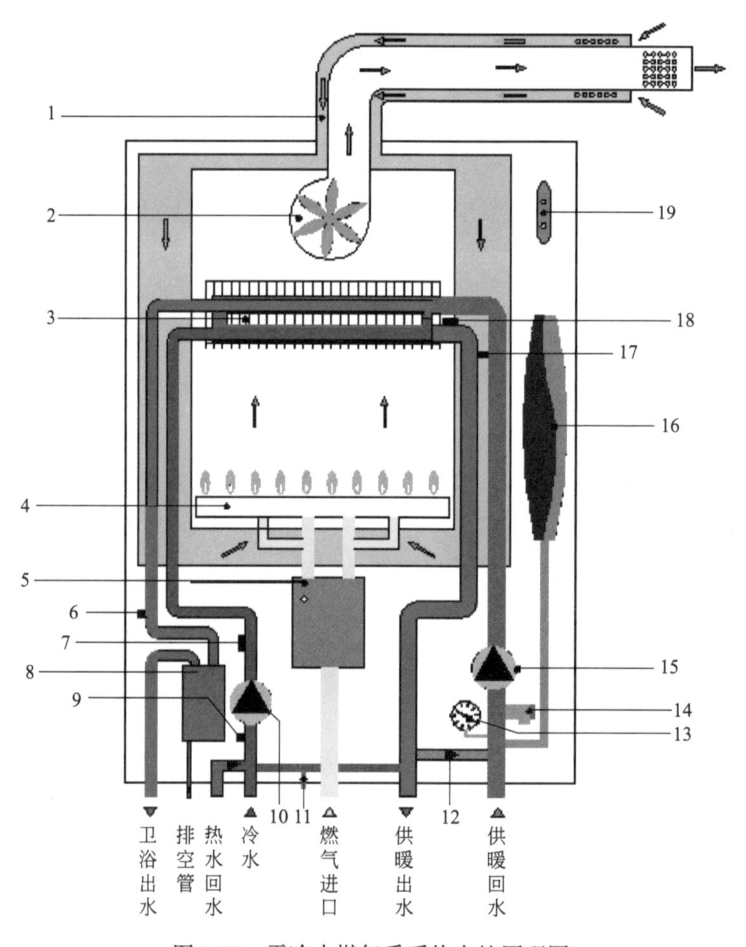

图 4-10　零冷水燃气采暖热水炉原理图

1—同轴排烟管；2—变频风机；3—热交换器；4—燃烧器；5—比例阀；6—洗浴出水探头；7—水流量传感器；8—储水罐；9—洗浴进水探头；10—生活水循环水泵；11—补水阀；12—旁通阀；13—压力表；14—安全阀；15—采暖水循环水泵；16—膨胀水箱；17—供暖温度探头；18—温控器；19—风压开关

大气式燃烧器由燃烧火排、分气管和喷嘴组成，搭配点火针和火焰监测针使用，燃烧火排材质为不锈钢，如图 4-13 所示。

燃气采暖热水炉工作时，燃气由进气管进入燃气比例阀中，经过燃气比例阀调节后进入分气管，分气管结构使燃气从喷嘴均匀喷出，喷嘴喷出一定压力的燃气进入引射管，同时通过引射管吸入部分一次空气，燃气与一次空气在引射器中充分混合后，从燃烧器火排的火孔中喷出，被点燃燃烧，燃烧过程中不断卷吸火孔周围二次空气，使燃气充分燃烧。

大气式燃烧器的特点为在结构设计时空燃比已经确定，燃烧较充分，火焰温度较高；采用引射的原理设计，一次空气的供给无需动力，燃烧器结构简单；燃烧器是由多个单片燃烧器组合而成。

水冷燃烧器（低氮燃烧器）是一种演化的大气式燃烧器，采用直立式结构，喷嘴方向向上，一次空气被吸入并与燃气混合后从下部向上流动，直至火孔出口被点燃。水冷燃烧器的单片燃烧器与供暖回水管路穿插组合成水冷燃烧器，单片燃烧器之间几乎无间隙，如

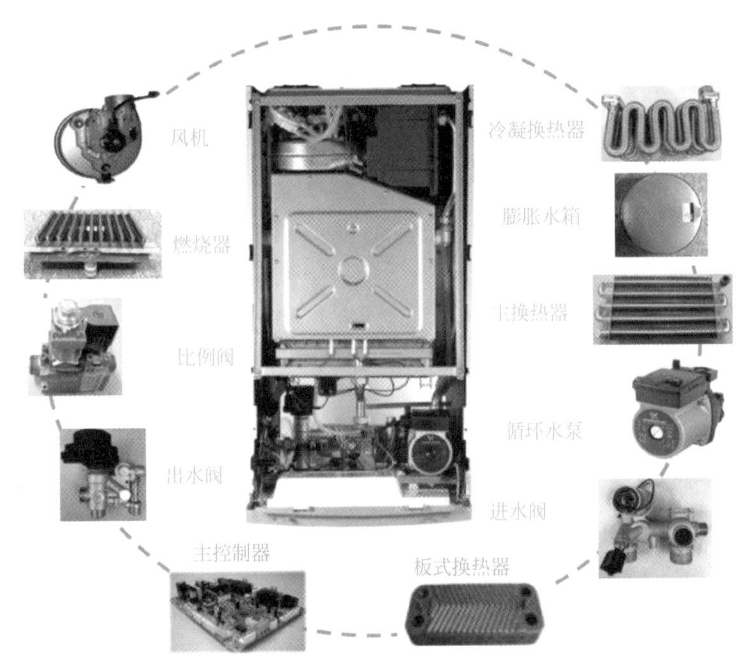

图 4-11　板换式燃气采暖热水炉结构与配件

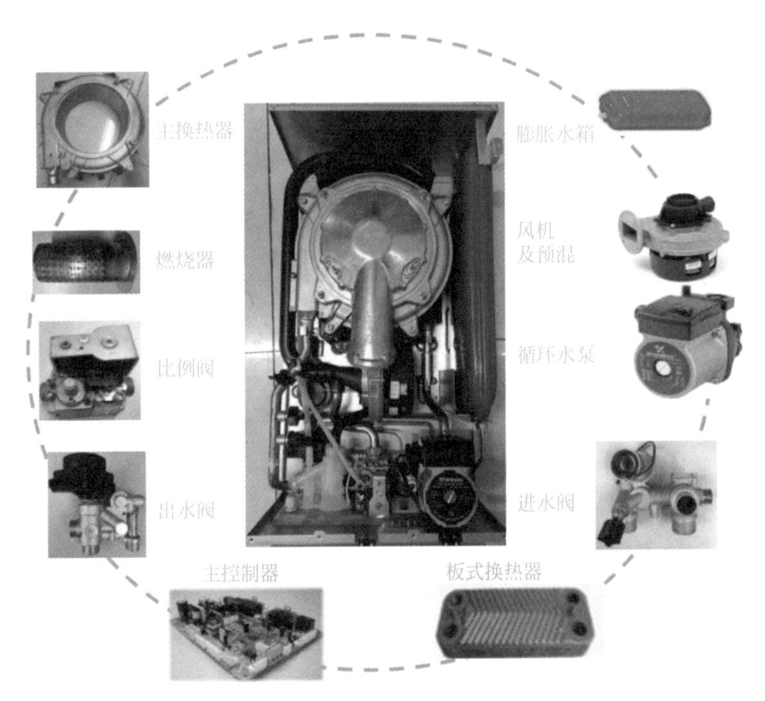

图 4-12　全预混燃烧冷凝炉结构与配件

图 4-14 所示。

水冷燃烧器头部为平板形式，火孔总面积大，单片燃烧器之间几乎没有空隙，二次空气量较少，烟气在高温区的停留时间相对缩短，供暖回水管路能够使得燃烧器表面对燃气

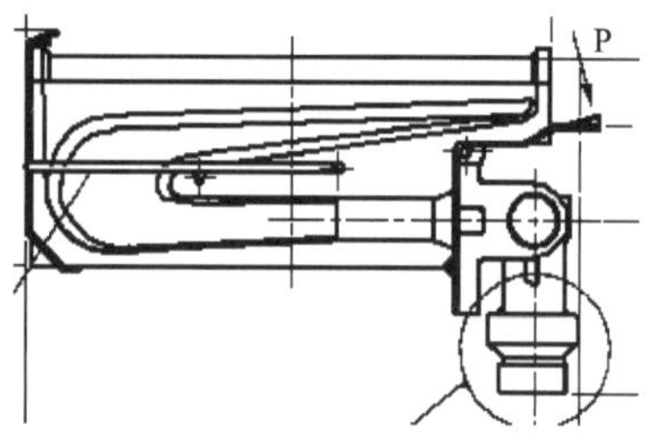

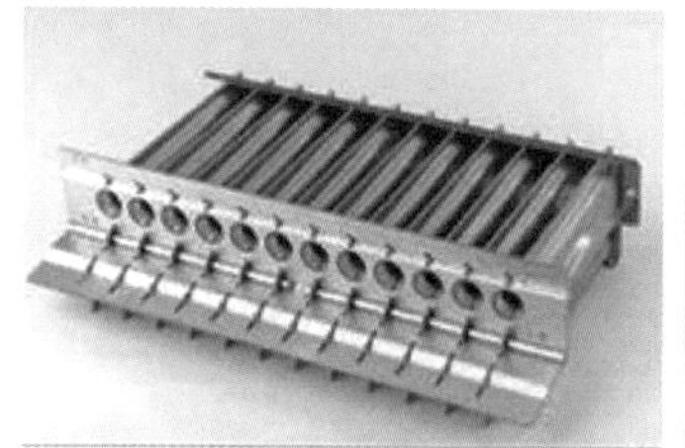

图 4-13　大气式燃烧器

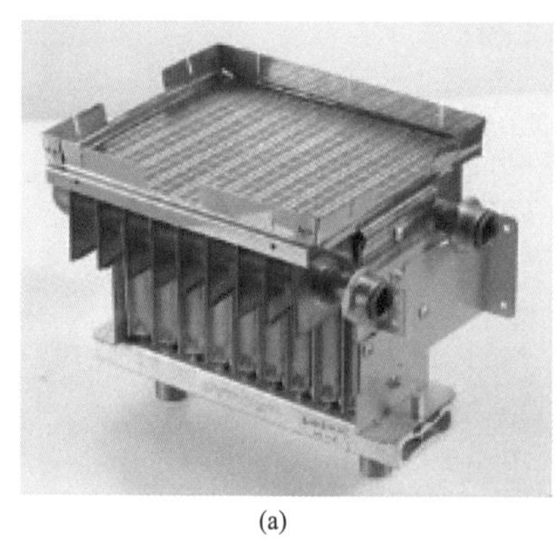
(a)

(b)

图 4-14　水冷低氮燃烧器

(a) 导热片为铜；(b) 导热片为铝

空气混合腔内混合气的预热作用大大减弱，有效降低燃烧器火焰根部的温度，抑制氮氧化物的生成。

浓淡燃烧器是在常规大气式燃烧器基础上进行结构改造得到的低氮燃烧器，浓淡燃烧器的单片燃烧器通常包含了火孔面积较大的“浓燃烧器”和火孔面积相对较小的“淡燃烧器”，燃气分别从大火孔和小火孔喷射燃烧，形成浓淡火焰（图 4-15）。淡火焰区由于一次空气系数较大，火焰较短；浓火焰由于一次空气系数较小，火焰被拉长，二次空气由淡火焰燃烧生成的烟气供给，两种火焰呈交替分布。浓火焰由于二次空气不足，会抑制氮氧化物的生成，而淡火焰则由于空气过剩，降低了燃烧火焰的温度，也能够抑制氮氧化物的

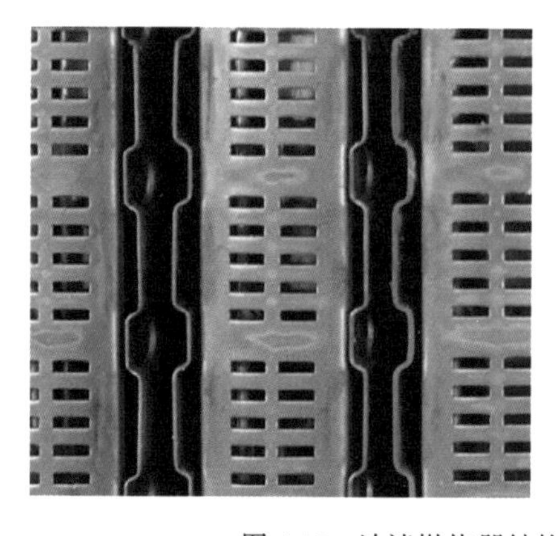
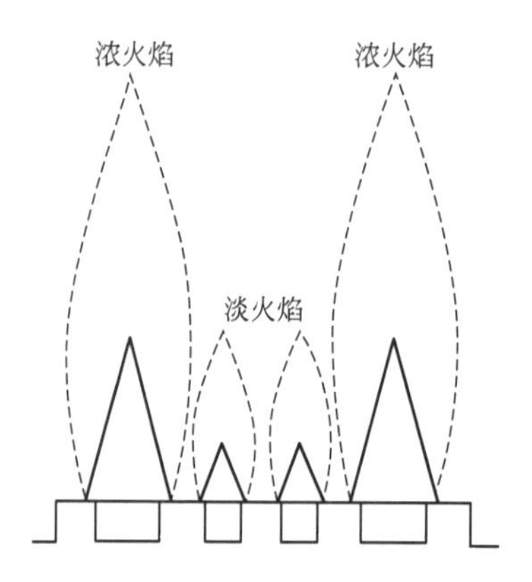

图 4-15　浓淡燃烧器结构和燃烧火焰示意图

生成。

(2) 全预混燃烧器

全预混燃烧器是指燃烧前燃气和空气按照一定比例进行混合，燃烧过程中无二次空气参与的一种燃气燃烧装置。全预混燃烧器通过燃气与空气比例控制系统调节空燃比达到最佳的燃烧状态，过剩空气系数低，火焰温度均匀，火焰稳定，燃烧效率高，燃烧更充分，污染物排放低，安全性好，热强度高，热负荷调节范围大。

全预混燃烧器按结构形式及材料分不锈钢平板或圆柱、金属纤维平板或圆柱、石墨纤维平板、陶瓷板等，如图 4-16 所示。

不锈钢圆柱形燃烧器为圆柱形，耐高温不锈钢材质；混合气体通过燃烧器内部的漏斗形分配管将混合气体均匀分配到燃烧器的每一个燃烧孔中，这样可以有效保证燃烧的均匀性；燃烧器表面 360°圆周范围内分布有狭槽形燃烧孔；燃烧室密封垫后有点火电极和火焰监测电极。

图 4-16 不锈钢圆柱形燃烧器和金属纤维圆柱形燃烧器

2. 热交换器

热交换器是燃烧产生的高温烟气与供暖循环水进行热交换的部件，将高温烟气的热量传递给采暖水和生活热水，一般由翅片和盘管制成，不同回程及管内紊流设计可有效提高热交换器的换热效率。按热交换器结构形式的不同，一般可分为单管热交换器、套管式热交换器、烟气回收冷凝热交换器和一体冷凝热交换器。

(1) 单管热交换器

单管热交换器一般用于非冷凝板换式燃气采暖热水炉，单管热交换器搭配板式换热器用于生活热水换热。

单管热交换器一般为 5 管或 6 管结构，其水路接口结构一般也有卡接和螺纹两种结构，采暖水端为 G3/4 螺纹，如图 4-17 所示。单管热交换器内只有采暖水，采暖水管有效通径大，不容易造成堵塞。

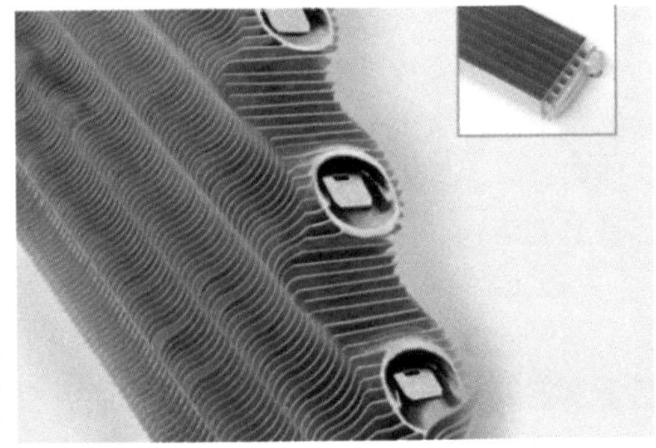

图 4-17 单管式热交换器

生活热水通过板式热交换器与采暖水进行水水换热。板式热交换器是由一系列具有一定人字波纹形状的金属片叠装而成的一种高效换热器，各板片之间形成薄矩形通道，通过板片进行热量交换，如图 4-18 所示，具有换热效率高、热损失小、结构紧凑轻巧、占用面积小、使用寿命长等特点。

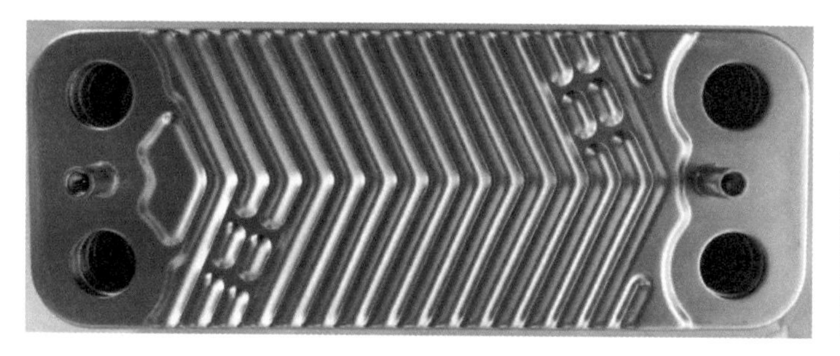

图 4-18　板式热交换器

（2）套管式热交换器

套管式热交换器一般是管中管结构，外管为采暖水、内管为生活热水，采暖水吸收燃气燃烧释放的热量，通过内管壁传导给生活热水。其水路接口结构一般有卡接和螺纹两种结构，采暖水端为 G3/4 螺纹，生活水端为 G1/2 螺纹，如图 4-19 所示。

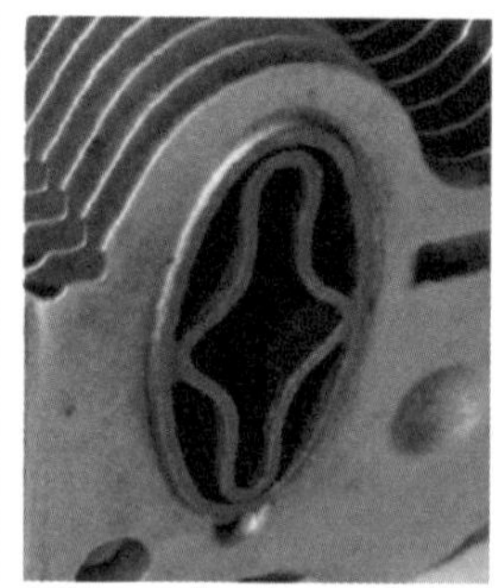

图 4-19　套管式热交换器

燃气燃烧产生的高温烟气通过热交换器将热量传递给供暖循环水，使水温升高，采暖模式下再通过管路循环散热，以达到不断吸热散热的采暖循环过程，热水模式下采暖水与内管的生活热水进行换热，产生高温热水供用户使用。

与单管热交换器相同，套管式热交换器的材料为无氧纯铜，其高温耐氧化腐蚀性好，导热效率高。大部分热交换器还进行了表面防腐处理，避免冷凝水等对其产生腐蚀，以延长使用寿命。套管式热交换器由于采暖管内包含生活热水管，所以采暖水管有效通径小，容易造成堵塞。

（3）烟气回收冷凝热交换器

烟气回收冷凝热交换器基本采用不锈钢材料，部分采用压铸铝材料，其结构形式包括不锈钢翅片式、不锈钢波纹盘管或并联式、不锈钢光管并联式和压铸铝式。图 4-20 为不锈钢波纹盘管和翅片式烟气回收冷凝换热器，图 4-21 为压铸铝式烟气回收冷凝热交换器。

图 4-20 不锈钢波纹盘管和翅片式烟气回收冷凝换热器

图 4-21 压铸铝式烟气回收冷凝热交换器

（4）一体式冷凝热交换器

一体式冷凝热交换器多用于全预混燃烧冷凝炉产品中，按结构形式和材质不同分为不锈钢多盘管或单盘管式、不锈钢翅片式、压铸铝式。一体式冷凝热交换器具有结构紧凑、换热效率高、抗腐蚀能力强、低噪声运行、氮氧化物排量低等优点。图 4-22 为常见的一体式冷凝热交换器。

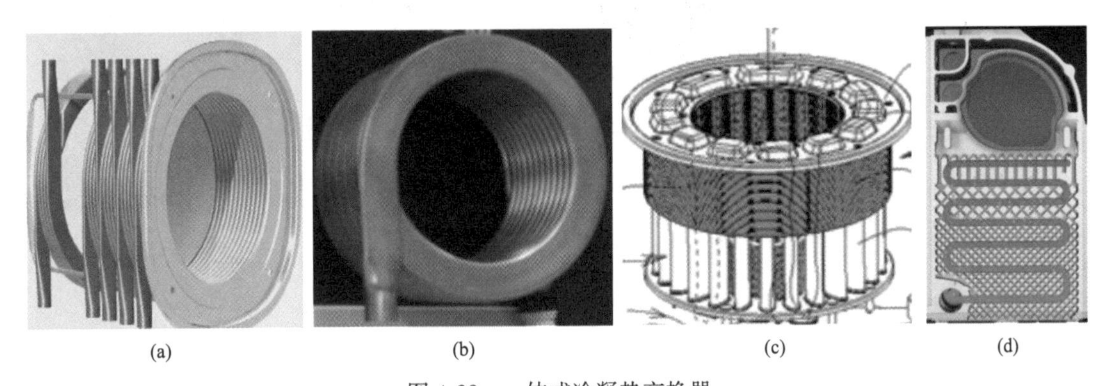

(a) (b) (c) (d)

图 4-22 一体式冷凝热交换器

（a）不锈钢多管盘式；（b）不锈钢单盘管式；（c）不锈钢管翅式；（d）压铸铝一体式

全预混燃烧冷凝炉一般采用不锈钢单盘管式冷凝热交换器，将不锈钢圆管盘成直径适当的螺旋形，然后通过挤压，使每一圈螺旋管压成扁圆的截面，在螺旋管间形成狭长的缝隙，燃气燃烧生成的高温烟气通过狭长的缝隙时，可形成薄片状的紊流，水流方向与烟气方向形成对向流动，达到充分换热的效果，大大提高了与不锈钢管间的传热系数，提高了热交换器的换热效率。烟气在通过热交换器管间缝隙的同时，烟气温度也从数百摄氏度下降到水蒸气露点温度以下，形成换热区与冷凝区，实现烟气中的水蒸气潜热回收。图 4-23 为全预混盘管冷凝热交换器。

冷凝热交换器多采用不锈钢材质，不锈钢材质有较好的抗化学腐蚀，能更好地抵抗冷凝水带来的化学腐蚀。与不锈钢材质相比，压铸铝热交换器形式多种多样，热交换器及炉体一次铸造成型，可以同时在本体上浇铸连接附件，无任何焊接，导热系数是不锈钢的 8 倍；表面涂层的钝化处理，大大提高了铝材质的抗腐蚀能力；采用铸造的方式使得换热器的结构设计更容易符合流体力学和传热学的需求，免维护或少维护以及维护简单；但在体积和重量上不占优势。图 4-24 为压铸铝热交换器。

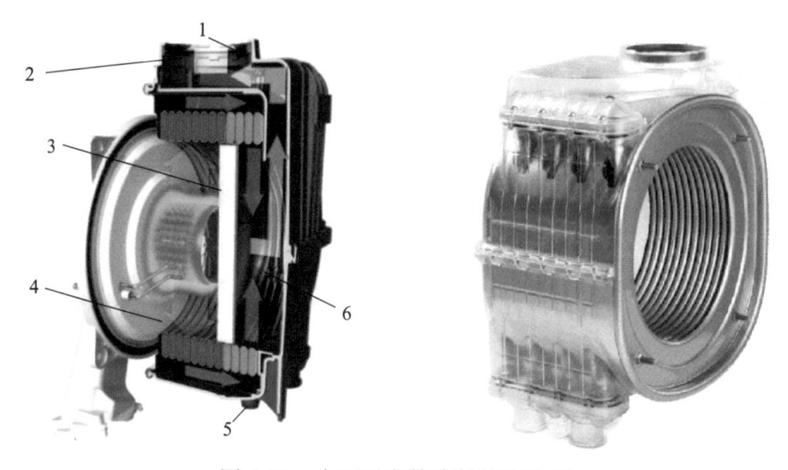

图 4-23　全预混盘管冷凝热交换器

1—气流原理；2—冷却烟气出口；3—隔热挡板；4—燃烧室；5—冷凝水排放口；6—冷凝室

图 4-24　压铸铝热交换器

3. 水路系统

水路系统主要提供燃气采暖热水炉系统循环水动力和流向控制，一般集成了采暖和卫浴水通道，包含水路模块、水泵、膨胀水箱等。水路模块集成了生活热水和采暖功能转换、旁通、补水、安全泄压、流量传感等功能，以及与热交换器连接的入水口、采暖出回水口、生活热水进出水口、生活热水温度控制器、水压监测连口等接口。图 4-25 为常见的水路模块。

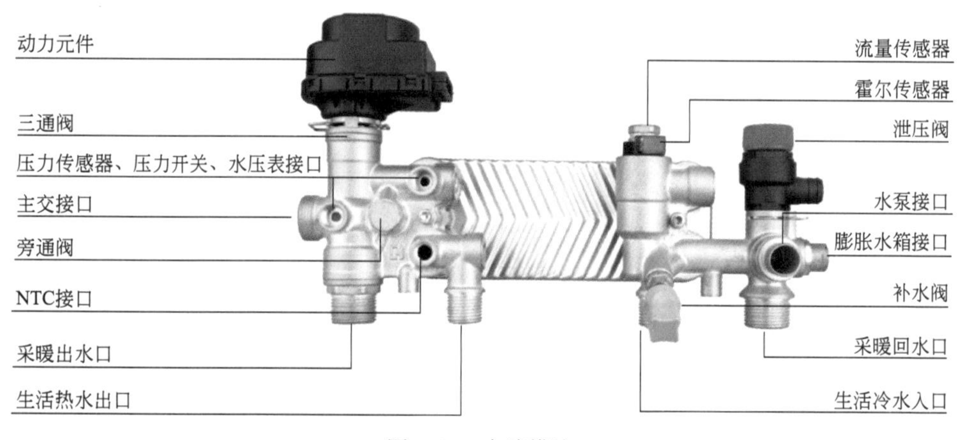

图 4-25　水路模块

（1）水路模块

1）三通阀

通过动力元件驱动三通阀换向，控制从热交换器流出的供暖出水流向，达到采暖和生活热水功能的切换。三通阀自带导向，密封性能好，采用防结垢材质，使用寿命长。目前也有一体式、低流阻的三通阀，方便安装和维护。

2）流量传感器

流量传感器由铜阀体、水流转子组件、稳流组件和霍尔元件组成，工作原理为水流过转子组件时，磁性转子转动，并且转速随着流量呈线性变化，霍尔元件输出相应的脉冲信号反馈给控制器，驱动动力元件切换三通阀至热水模式。通过控制板可精确读取用户的使用流量，以满足不同用户的需求，提高卫浴舒适度。

3）旁通阀

旁通阀是自动调节采暖回路供回水压差的单向阀。在采暖模式下，采暖外部管路有堵塞时，采暖水无法顺利返回采暖回水口，供回水压差增大，旁通阀自动打开，形成供回水间一个直通的小回路，使热交换器内的水能够继续循环，避免水滞留在热交换器内持续受热引起过热等危险。

4）补水阀

补水阀是向采暖系统初次注水和补水的装置。补水阀旋钮在燃气采暖热水炉底部斜向伸出，或垂直伸出，通过手动操作补水。当系统缺水或压力不足（一般低于 0.05MPa）时，需打开补水阀从生活热水冷水进口向采暖系统补水。

5）泄压阀

当燃气采暖热水炉供暖系统循环水压力超过泄压阀设定压力时，泄压阀自动打开排水泄压，以保护燃气采暖热水炉的正常安全运行。一般采暖系统泄压阀开启压力为 0.3MPa。

6）水压开关

水压开关的作用为监测供暖循环系统的水压，其工作原理是基于水的压力变化来实现。当水的压力达到一定程度时，水压开关会自动开启电路，从而控制水泵或其他设备的运行。当水的压力下降到一定程度时，水压开关会自动关闭电路，从而停止水泵或其他设备的运行。

7）压力表

压力表用于显示采暖系统水压力，并提示正常工作压力范围。一般采暖系统水压在 0～50kPa 区间认定为系统水压过低，水压在 50～160kPa 区间认定为系统正常运行压力，水压在 160～400kPa 区间认定为系统水压过高。系统水压过低会导致燃气采暖热水炉不启动，只有当水压大于 30kPa 时燃气采暖热水炉才能启动；当水压大于 300kPa 时，安全阀自动排水泄压，以保护管路系统。

（2）循环水泵

循环水泵是燃气采暖热水炉用来保证供暖循环水正常循环的动力装置，作用是提供水循环的动力和克服系统的阻力，确保循环水流量满足各种换热器的热交换流量需求。燃气采暖热水炉一般采用离心式屏蔽泵，主要由泵体（集成排气阀等）、密封圈、叶轮、转子组件、屏蔽套、定子和接线盒等部件组成。目前国内市场上主要使用异步鼠笼式电机的定频水泵和采用永磁同步电机的变频水泵两大类。图 4-26 为常见的循环水泵实物图。

图 4-26　循环水泵实物图

循环水泵上带有自动排气阀，主要用于自动排出系统内的气体，使循环管路内始终充满水，以防止出现气塞或在管路最高处积存气体从而导致系统出现供热不良或出现过热危险。

（3）膨胀水箱

膨胀水箱用于容纳采暖系统循环水受热膨胀后多出来的水体积，中和缓冲管道中的水压变化，维持系统循环水压稳定。膨胀水箱里面的橡胶皮囊内充满 100kPa 的氮气。当温度升高系统循环水体积膨胀时，挤压空气进入水箱；温度降低系统循环水体积收缩时，空气的压力则将水压回采暖系统。图 4-27 为常见的方形膨胀水箱和圆形膨胀水箱。

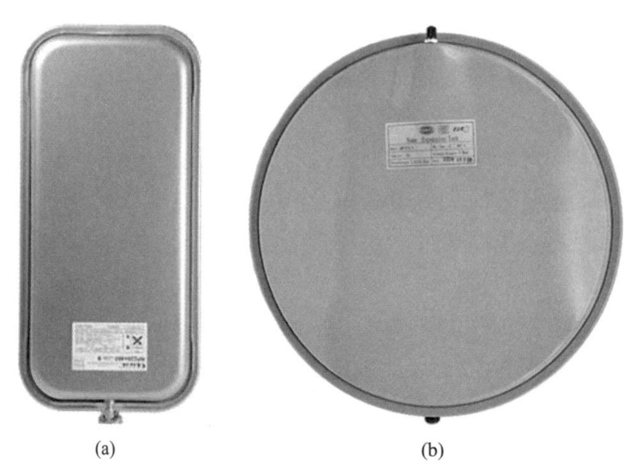

(a)　　(b)

图 4-27　方形膨胀水箱和圆形膨胀水箱

（a）方形膨胀水箱；（b）圆形膨胀水箱

4. 燃气比例阀

燃气比例阀是集气路截止、稳定压力、调节压力三大功能于一体的阀体，主要由两道自动截止阀、伺服型稳压器和电子比例调节器组成。燃气比例阀接收到主控板输出的电信号并转化为机械动作，通过调节燃气阀出口的燃气压力来调节燃气流量，从而控制燃烧热负荷大小，达到调节水温的目的。

当进气压力在一定范围内波动时，或者燃气流量变化时，燃气比例阀可自动调整阀口开度以保持气阀出口压力相对稳定，使燃烧工况始终处于稳定状态。燃气比例阀有缓点火功能，可根据燃气采暖热水炉的热负荷大小设定不同的点火电流，有效防止点火爆燃现象的发生。

燃气采暖热水炉中常见的燃气比例阀包括动永磁式比例阀、动芯式比例阀、动圈式比例阀、气动式燃气空气比例阀和电动式燃气空气比例阀等。

(1) 动永磁式比例阀

动永磁式比例阀通过永磁体和电磁体的两个磁极，利用同性相斥的原理进行精密的调节，当电磁体失电时永磁体便可利用自身磁性吸力对比例阀口产生密封吸力，如图 4-28 所示。该比例阀系统具有良好的调节性能、密封性能，整体结构小巧，性能可靠。

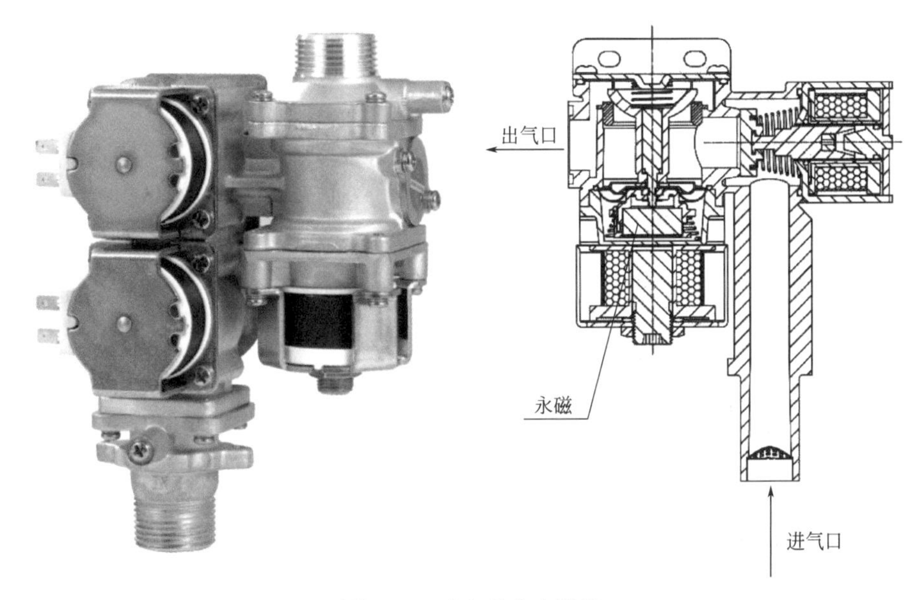

图 4-28 动永磁式比例阀

(2) 动芯式比例阀

动芯式比例阀利用铁芯在通电线圈中的位移推动阀口的调节，来控制燃气量的大小，如图 4-29 所示。该阀通径大，阻力小，适用与大功率的燃气热水器及燃气采暖热水炉。动芯式比例阀大多配置了双通道输出，冬季采用双通道出气，夏季采用单通道出气，解决了冬季水温调不高，夏季水温调不低的现象，更便于水温的调节控制，出水温度控制效果更好，有较好的节能效果。

(3) 动圈式比例阀

动圈式比例阀是一种动圈式电磁比例系统，其线圈可根据施加电流的大小产生位移，给定阀口的开度，并可根据电流的变化不断地进行微细的无级调节，能够及时调整到所需的燃气输出压力，如图 4-30 所示。

(4) 气动式燃气-空气比例阀

气动式燃气-空气比例阀主要由两道自动截止阀、伺服型稳压器和 1∶1 燃气-空气比例调节器组成。风机或空气的压力信号驱动组件机械动作，控制气阀出口的燃气压力等于空

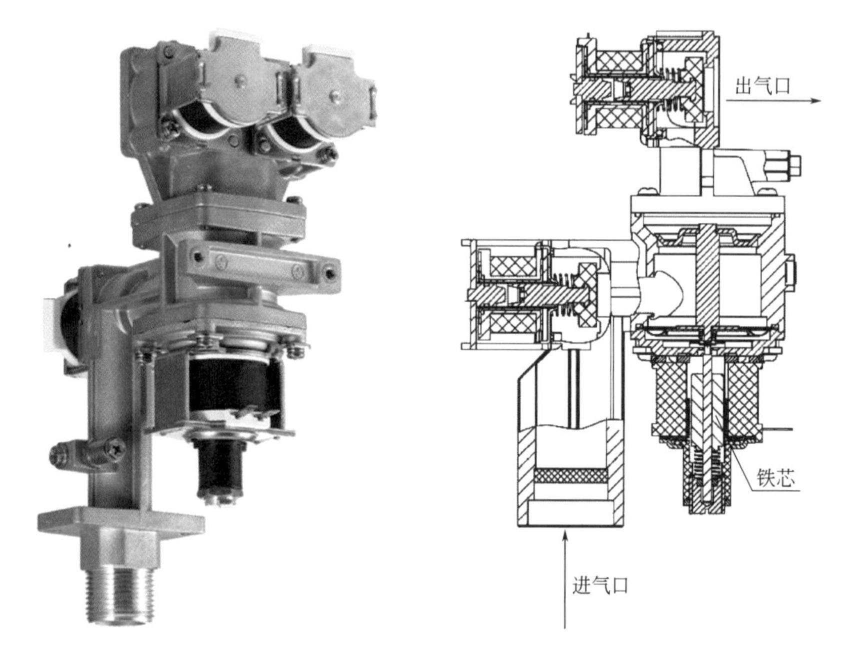

图 4-29　动芯式比例阀

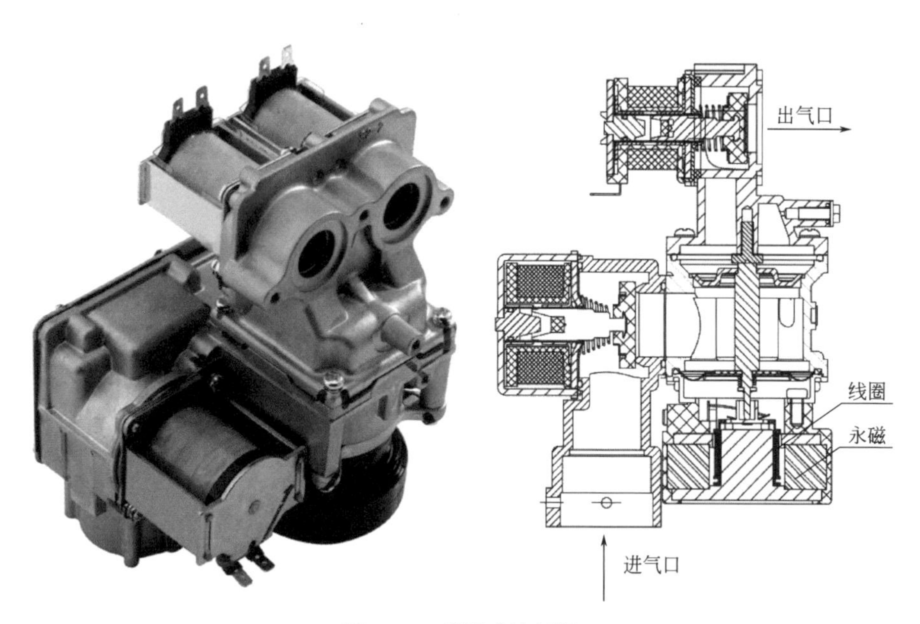

图 4-30　动圈式比例阀

气信号压力，实现 1∶1 空气-燃气压力调节。图 4-31 和图 4-32 分别为风机前预混气动式比例阀和风机后预混气动式比例阀结构图。

气动式燃气-空气比例阀的特点是能够始终维持燃气和空气压力相等，通过精确的燃气-空气比例控制保证在整个燃烧过程中，燃气和空气能够按设计的合理的恒定比例混合，燃烧效果好，减少了燃烧产生的有害气体，提高了燃气采暖热水炉的热效率。该比例阀广泛应用于全预混燃烧冷凝炉中。

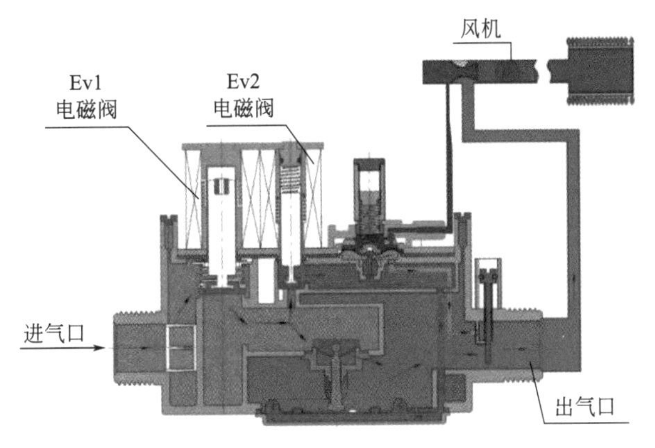

图 4-31　风机前预混气动式比例阀结构图

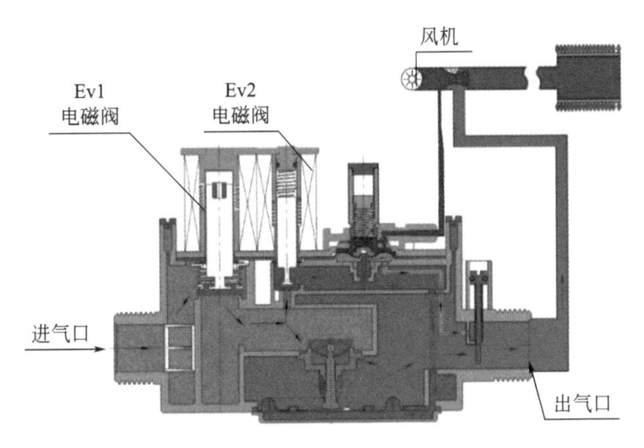

图 4-32　风机后预混气动式比例阀结构图

（5）电动式燃气-空气比例阀

电动式燃气-空气比例阀主要由两道自动截止阀、稳压器和电子比例调节器组成，如图 4-33 所示。主控板通过传感器收集燃烧工况数据，评估燃烧工况，并根据当前的实际燃烧工况，对燃气阀和风机进行调整，从而保证燃烧工况始终保持在最佳状态，维持高效率、低排放。

电动式燃气空气比例阀的优点在于其能够根据燃气成分不同自动适应调节，从而实现在不需要重新设定的情况下，支持多种不同热值的燃气燃烧，最显著的作用是能够较好的适应燃气成分多样性和燃气成分不稳定性。

图 4-33　电动式燃气-空气比例阀

5. 风机

风机是保证燃气采暖热水炉正常排烟和提供足够燃烧空气的动力部件，能够将燃烧需要的空气吸入燃烧室内，并将燃烧后产生的烟气以一定流速排出。风机的性能指标直接影响燃气采暖热水炉的污染物排放和热效率等多项关键性能指标。

风机的作用是使燃烧室与室外之间形成稳定压差，保证适量新鲜空气进入燃烧室与燃气以一定的比例混合，达到最佳过剩空气系数，进行完全燃烧；保持燃气采暖热水炉燃烧室内微负压，保证烟气不会通过壳体间的缝隙散入室内，避免烟气中毒现象的发生。

燃气采暖热水炉常用风机包括罩极式交流风机和直流无刷变频风机。

（1）罩极式交流风机

罩极式交流风机适用于对风量和风速调节要求不高的产品，大气式燃烧器多采用此类风机，此风机具有结构简单、制造成本低、噪声低等优点，能将不完全燃烧产物排出，余热及不完全燃烧造成的酸性物质不会对风机造成损害。但是，交流风机效率低，最多两挡风速调节，一般需配置风压开关的控制方式，安全可靠性差，易堵塞老化，寿命短，不能与比例阀形成一个燃烧工况的有机体。图 4-34 为罩极式交流风机。

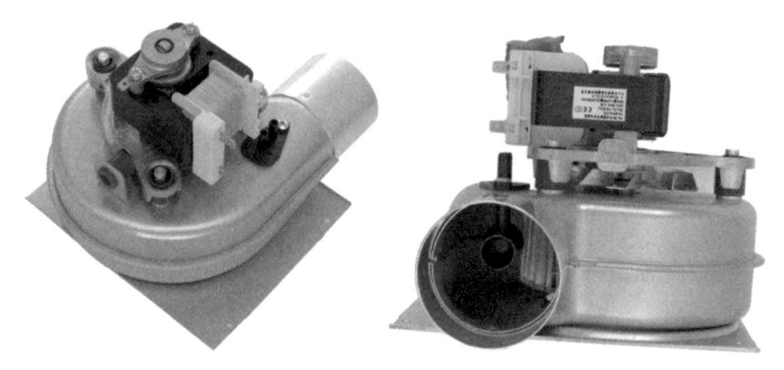

图 4-34　罩极式交流风机

（2）直流无刷变频风机

直流无刷变频风机是由直流无刷电机驱动的风机，风机转速可无级调节，使用寿命长。直流无刷变频风机集成霍尔传感器，可以连续输出风机转速作为反馈信号，通过脉冲宽度调制（PWM）信号对风机进行调速处理，结合反馈信号和 PWM 控制信号可以实现风机转速的闭环控制。变频风机根据热负荷输出需求的变化调整转速来调节烟气排放量，即达到调节燃烧所用空气量目的；同时根据燃气量，同步调节空气量，使得空气量和燃气量始终处于最佳燃烧混合比。图 4-35 为直流无刷变频风机。

图 4-35　直流无刷变频风机

6. 气流监控装置

常见的气流监控装置包括风压开关和风压传感器，用于监测燃气采暖热水炉烟道内的风压差。风压开关是一个通断信号，只显示开和关，风压传感器是一个线性信号。图 4-36 为常见的气流监控装置。

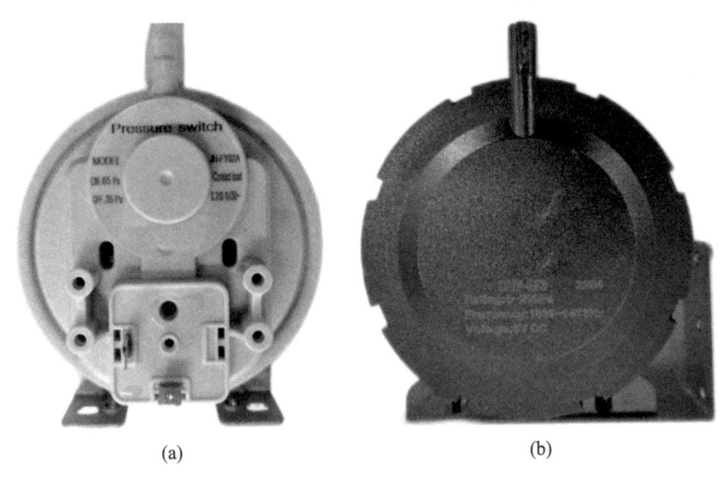

(a)　　(b)

图 4-36　气流监控装置

（a）风压开关；（b）风压传感器

风压开关由两个采压点、皮膜和微动开关构成，包括一根文丘里管和压力直管。直管测量烟气总压，文丘里管测量烟气静压，两者之间的压力差导致皮膜带动微动开关动作，接通信号向电控系统反馈烟道内的烟气流动状况。为了与燃气采暖热水炉匹配，利用流体力学中的理论设计了文丘里管采集负压，而正压的采集点目前有两种情况，一种是与负压在同一条件下采集全压，这种情况下风压的波动相对较小；另外一种是采集空气室内的全压，由于与负压采集点环境条件不同，所以风压的波动相对较大。

风压传感器的压力直接作用在传感器的膜片上，使膜片产生与介质压力成正比的微位移，使传感器的电阻发生变化，并用电子线路来检测这一变化，转换输出一个对应压力的标准信号。

风机没有运行时，烟道内没有空气流动，压力直管和文丘里管的压力相同，风压开关断开。风机运行后，烟道内的空气流动，文丘里管的压力小于压力直管的压力，风压开关闭合。在运行过程中，控制器实时监测风压开关状态。当出现风机转速过低、烟道阻力大、风机停转、进气不畅等状况时，风压开关动作发出信号，燃气采暖热水炉报故障并停止运行。

7. 排烟管

燃气采暖热水炉用排烟管一般为同轴平衡式烟管，内管是烟气排放通道，外管是空气引入通道。同轴平衡烟管从室外吸入新鲜空气，并将燃烧后的废气排出室外。所谓“平衡”是指在燃气采暖热水炉在排烟过程中，炉体为一个独立封闭系统，燃烧器燃烧所需要的空气全部从室外吸入，燃烧产物全部排放到室外大气中，排烟量与吸入空气量基本相等。当烟道末端压力发生变化时（如倒风），由于压力平衡的关系，不会影响燃气的燃烧工况及排烟。图 4-37 为铸铝平衡式给排气烟管和不锈钢平衡式给排气烟管。

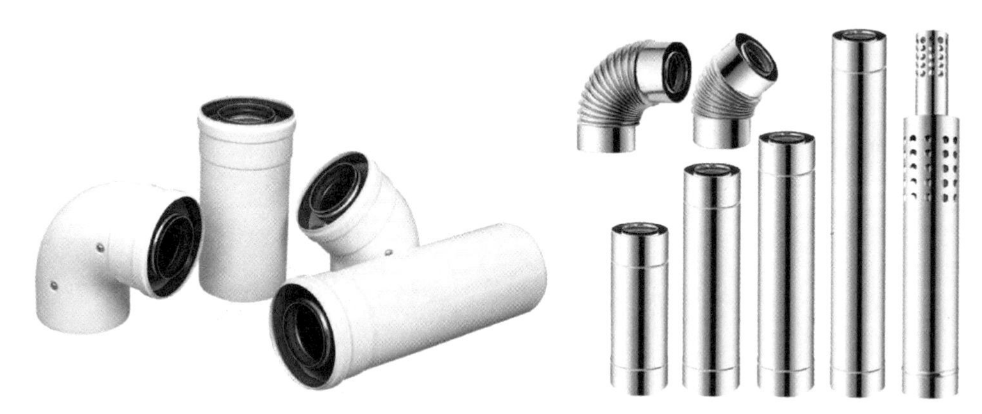

图 4-37　铸铝平衡式给排气烟管和不锈钢平衡式给排气烟管

8. 控制系统

燃气采暖热水炉控制系统分为内部控制系统和外部控制系统。内部控制系统是指燃气采暖热水炉整机里面的控制系统；外部控制系统是指燃气采暖热水炉整机安装的户内供暖系统的控制系统，如室内、室外温控，集分水器控制，APP 远程控制等。

（1）内部控制系统

燃气采暖热水炉内部控制系统主要包括主控板和操作板。其中主控板是实现燃气采暖热水炉各部件的管理协调以及安全监控功能，操作板是提供人机交互接口。图 4-38 为燃气采暖热水炉控制器。

图 4-38　燃气采暖热水炉控制器

根据控制系统的功能模块，燃气采暖热水炉整机内部控制系统可以分成多个功能模块，不同机型在模块种类和数量也不尽相同，例如套管机没有三通阀。图 4-39 为燃气采暖热水炉常见的内部控制系统模块图。

操作板是人机交互的窗口，也叫 HMI，可进行人机信息交流，可显示燃气采暖热水炉的基本工作状态如采暖和卫浴水温、燃烧状态、冬夏状态等，也可接收用户对燃气采暖热水炉的工作指令，设置燃气采暖热水炉的工作参数和内部运行参数等。当前显示的应用主要以 LED 显示作为主流，其他显示方式还有 LCD、TFT 等。按键方式以触摸按键操作

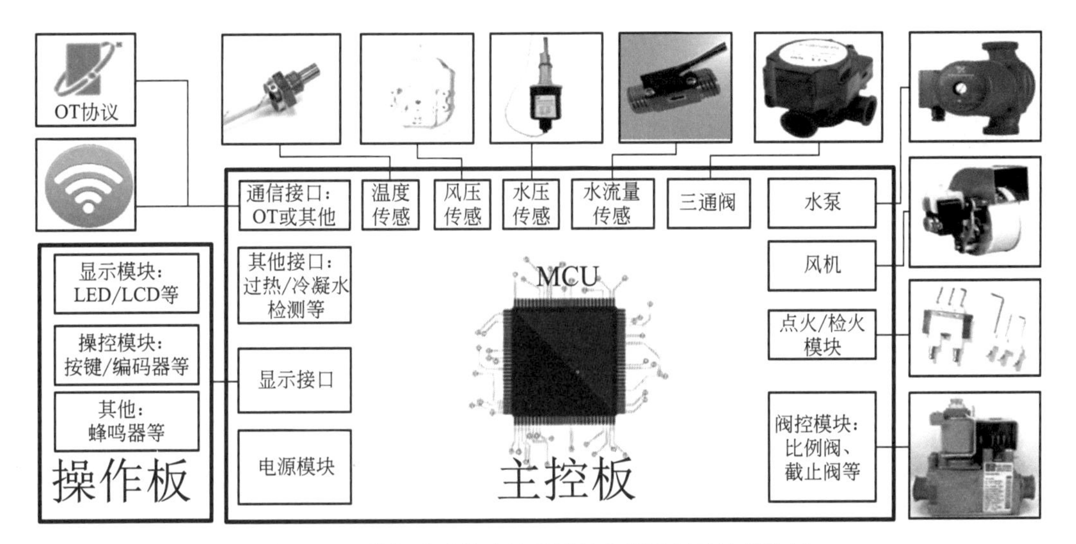

图 4-39 燃气采暖热水炉常见的内部控制系统模块图

为主，也有轻触开关、编码器和手机 APP 控制等方式。通信方式包含有线、无线（RF、蓝牙、Wi-Fi 等）。通过操作板的多样化，可以使得整机产品外观更加丰富。

主控板主要包括电源模块、输入单元（如温度、水压、风压、过热等）、输出转换模块、输出单元（如风机、水泵、燃气阀等）、通信接口（OT、485 或者其他无线通信等）。

电源模块主要是将市电转换为其他各模块以及燃气采暖热水炉各部件所需的电源，如数据处理单元、人机交互接口及多数输入和部分输出部件所需的低压直流电源等，并提供必要的 EMC/EMI 防护功能。

输入单元主要是将各输入部件的电信号进行变换，获得数据处理单元能够识别的信号。基本输入包括采暖水温、卫浴水温、卫浴水流信号、过热信号、风压信号、水压信号、火焰信号、房间温控信号等，可归类为模拟信号、开关信号和脉冲信号三类信号。

输出单元主要是将输出控制信号转换为各输出部件可执行的电信号。基本输出包括比例阀输出、气阀输出、点火输出、风机输出、水泵输出和三通阀输出等。其中微控制器（MCU）是整个系统的控制中心和核心，负责总体所有功能模块的协调和控制。使用特定的算法对各输入信号进行逻辑判断和运算，获得输出信号，管理和协调燃气采暖热水炉各输出部件的运行，通过 MCU 的协调控制，可以实现燃气采暖热水炉的多达几十种安全防护及更多智能的功能。

（2）外部控制系统

燃气采暖热水炉具有家庭中央供暖功能，能满足多居室的采暖需求，可以对家庭居室进行统一控制供暖，也可以通过铺设分支管路和专用控制设备对各个居室进行独立控制供暖。

外部控制系统由燃气采暖热水炉、燃气管路、进水管路、采暖水出水和回水管路、分集水器、地暖管路或散热器、生活水管路等组成，既可满足基本的供暖与生活热水需求。

智能供暖控制系统则通过为每个居室铺设分支管路、增加分集水器控制器、房间温控器和/或散热器温控阀等控制设备，进行智能化分居室独立控制供暖，有些房间温控器还可实现 APP 远程控制功能，实现对家庭供暖的实时掌控。图 4-40 为燃气采暖热水炉供暖控制系统示意图。

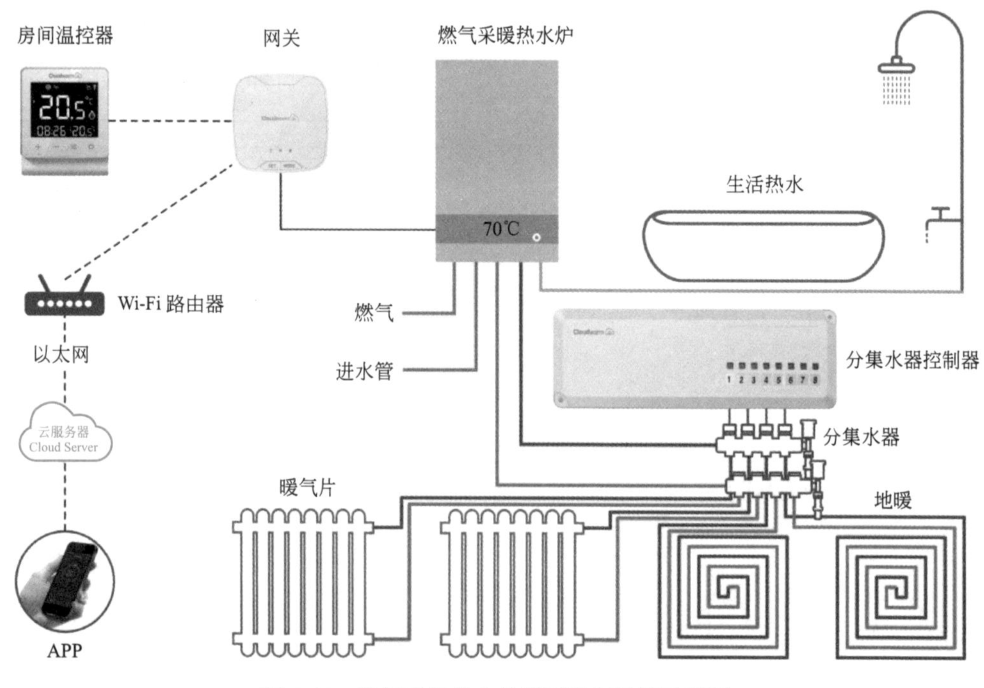

图 4-40　燃气采暖热水炉供暖控制系统示意图

4.2.3　燃气采暖热水炉标准发展现状

燃气采暖热水炉引进到中国后，中国市场没有对应的产品标准和市场准入机制，主要以家用燃气热水器标准《家用燃气快速热水器》GB 6932—2001 执行。中国的第一部燃气采暖热水炉标准《燃气采暖热水炉》CJ/T 228—2006 在 2006 年 3 月发布，结束了该产品没有标准的阶段，燃气采暖热水炉正式进入标准规范阶段。

2008 年 11 月 5 日，国家标准《燃气采暖热水炉》编制组正式成立，该标准参照《燃气中央采暖炉额定热输入小于等于 70kW 的 C 型炉》EN 483：1999 和《燃气中央采暖炉额定热输入小于等于 70kW 两用炉的生活热水技术要求》EN 625：1996 两部欧洲标准，于 2010 年 9 月 2 日发布了《燃气采暖热水炉》GB 25034—2010。将《燃气采暖热水炉》上升为国家标准后，为行业的发展带来了巨大的动力。国家标准相对于行业标准要求更加严谨，并提高了生活热水的性能要求。

2011 年 3 月 28 日至 30 日，由住房和城乡建设部城镇燃气标准技术归口单位组织，在天津市召开《冷凝式燃气暖浴两用炉》第一次标准研讨会，该标准采用《燃气集中供热锅炉——额定热输入不超过 70kW 冷凝式锅炉的特殊要求》EN 677：1998。2011 年 11 月 24 日，在天津召开《冷凝式燃气暖浴两用炉》送审稿审查会，并于 2012 年发布实施行业标准《冷凝式燃气暖浴两用炉》CJ/T 395—2012。《冷凝式燃气暖浴两用炉》CJ/T 395—2012 是对《燃气采暖热水炉》GB 25034—2010 的一个补充，是针对市场中出现的新产品而设置的标准。

2019 年 4 月，由住房和城乡建设部城镇燃气标准技术归口单位组织对《燃气采暖热水炉》GB 25034—2010 标准开始修订。2020 年 10 月 11 日，《燃气采暖热水炉》GB 25034—

2020 正式发布，并于 2021 年 11 月 1 日起实施。新旧标准差异主要包括：适应范围从小于 70kW 扩大到小于 100kW；对燃气采暖热水炉的安全性、燃烧排放等指标提出了更高的要求；从实际用户使用角度出发，增加了热水性能多项指标；增加冷凝式燃气采暖热水炉的相关要求。

燃气采暖热水炉的相关配套标准有《家用燃气用具电子式燃气与空气比例调节装置》CJ/T 398—2012、《燃气燃烧器具气动式燃气与空气比例调节装置》CJ/T 450—2014、现行国家标准《燃气燃烧器和燃烧器具用安全和控制装置通用要求》GB/T 30597—2014、《燃气采暖热水炉应用技术规程》T/CECS 215—2017、《家用燃气快速热水器和燃气采暖热水炉能效限定值及能效等级》GB 20665—2015、《燃气燃烧器具质量检验与等级评定》GB/T 36503—2018、《燃气具用给排气管》CJ/T 199—2018、《燃气采暖热水炉及热水器用燃烧器》T/CECS 10007—2018、《燃气燃烧器和燃烧器具用安全和控制装置特殊要求电子控制器》GB/T 38603—2020 等零部件标准和燃气采暖热水炉的运用和系统评价标准。现有的标准从产品端已经比较完善，能够覆盖主要的零部件，形成了一个体系的标准，对于产品的制造与检测起到了良好的指导与规范作用，但对于目前市场上出现的新产品或特殊功能的产品还存在部分标准空白。

4.2.4 燃气采暖热水炉性能指标要求

评价燃气采暖热水炉产品性能的指标可以分为使用性能指标和安全性能指标。使用性能指标主要包括热效率、采暖额定热负荷、热水额定热负荷、产热水能力等。安全性能指标主要包括气密性、烟气中一氧化碳含量等。

1. 热效率

热效率是涉及节能方面的指标，《家用燃气快速热水器和燃气采暖热水炉能效限定值及能效等级》GB 20665—2015 标准对燃气采暖热水炉产品热效率进行了严格规定，具体要求列于表 4-1。标准规定燃气采暖热水炉产品热水和采暖的热效率最低达到 3 级能效限定值（≥82%）。

GB 20665—2015 规定的燃气采暖热水炉能效等级　　表 4-1

类型			热效率值 η(%)		
			能效等级		
			1 级	2 级	3 级
燃气采暖热水炉	热水	η_1	96	89	86
		η_2	92	85	82
	采暖	η_1	99	89	86
		η_2	95	85	82

根据《燃气采暖热水炉》GB 25034—2020 标准规定，对于不带额定热负荷调节装置的燃气采暖热水炉，额定热负荷状态下，非冷凝炉的采暖和热水热效率均不应小于 89%，冷凝炉的采暖热效率（80℃/60℃）不应小于 92%，冷凝炉的采暖热效率（50℃/30℃）不应小于 99%，冷凝炉的热水热效率不应小于 96%。部分热负荷状态下，非冷凝炉对应于

30%额定热负荷时的热效率不应小于85%，冷凝炉对应于30%额定热负荷时的热效率不应小于95%。

对于带额定热负荷调节装置的燃气采暖热水炉，最大热负荷状态的热效率和最大额定热负荷和最小额定热负荷的算术平均值状态的热效率应满足上述要求。

2. 热负荷和热输出

采暖额定热负荷和热水额定热负荷是涉及性能方面的指标，也是用户选型的参考参数之一。

对于采暖额定热负荷和生活热水额定热负荷，规定实测折算热负荷与制造商声称值的偏差绝对值百分比不应大于10%，当10%所对应数值小于500W时，偏差允许值为500W。对于采暖热负荷的调节准确度，规定实测折算热负荷与制造商声称值的偏差绝对值百分比不应大于5%。当5%所对应数值小于500W时，偏差允许值为500W。点火热负荷不应大于制造商声称值。燃气采暖热水炉的实测热输出和实测冷凝热输出不应小于制造商声称值。0.1MPa进水压力下的生活热水热负荷不应小于试验的实测折算热负荷的85%。

3. 产热水率

产热水率是涉及性能方面的指标，也是用户选型的参考参数之一。《燃气采暖热水炉》GB 25034—2020标准中规定了燃气采暖热水炉的产热水率不应小于制造商声称值的95%。

4. 稳压性能

在规定燃气压力波动范围内的热负荷与额定压力下实测折算热负荷的偏差绝对值的百分比不应大于7.5%。

5. 气密性

气密性是涉及安全方面的指标，《燃气采暖热水炉》GB 25034—2020标准对燃气采暖热水炉产品气密性进行了严格规定。

（1）燃气系统密封性

燃气系统的泄漏量不应大于0.14L/h。

（2）同轴或部分同轴式

同轴或部分同轴式燃气采暖热水炉燃烧系统最大允许漏气量应符合表4-2要求。

最大允许漏气量 **表4-2**

给排气管类型	试验样品说明	最大允许漏气量(m^3/h)	
		$\Phi_n \leqslant 40kW$	$\Phi_n > 40kW$
同轴式	采暖炉安装了最长给排气管及所有的连接件	5	$5\Phi_n/40$
	采暖炉只安装了连接给排气管的连接件	3	$3\Phi_n/40$
	连接了全部连接件的最长给排气管	2	$2\Phi_n/40$
部分同轴式	采暖炉安装了最长给排气管及所有的连接件	1	$1\Phi_n/40$
	采暖炉只安装了连接给排气管的连接件	0.6	$0.6\Phi_n/40$
	连接了全部连接件的最长给排气管	0.4	$0.4\Phi_n/40$

(3) 排烟管泄漏量

气流监控为间接监控的燃气采暖热水炉排烟管和分离式排烟管的单位表面积泄漏量不应大于 0.006L/(s·m^2)。

6. 烟气中一氧化碳含量

烟气中一氧化碳含量涉及安全方面的指标，《燃气采暖热水炉》GB 25034—2020 标准对燃气采暖热水炉产品烟气中一氧化碳含量进行了如下严格规定：

(1) 气流监控装置的一氧化碳含量

1) 给排气运行工况监控

对于持续监控型燃气采暖热水炉，烟气中 $CO_{(\alpha=1)}$ 浓度大于 0.2%之前应关闭燃气。

对于启动监控型燃气采暖热水炉，热平衡状态烟气中 $CO_{(\alpha=1)}$ 浓度大于 0.1%时，重启燃气采暖热水炉不应点燃。

2) 燃气与空气比例控制系统

① 对于持续监控型燃气采暖热水炉应符合下列规定：

在制造商规定的热负荷调节范围内，烟气中 $CO_{(\alpha=1)}$ 浓度大于 0.2%之前，应关闭燃气。

在热负荷低于制造商规定调节范围的最小值时，烟气中 $CO_{(\alpha=1)}$ 浓度大于式 (4-1) 计算值之前，应关闭燃气。

$$CO_{(\alpha=1)}=0.2\%\times\frac{\Phi_{min}}{\Phi} \tag{4-1}$$

式中 Φ——瞬时热负荷，kW；

Φ_{min}——最小热负荷，kW；

0.2%——烟气中一氧化碳浓度限值。

② 对于启动监控型燃气采暖热水炉，热平衡状态烟气中 $CO_{(\alpha=1)}$ 浓度大于 0.1%时，重启燃气采暖热水炉不应点燃。

(2) 燃烧状态下的一氧化碳含量

额定热负荷时烟气中 $CO_{(\alpha=1)}$ 浓度不应大于 0.06%，极限热负荷时烟气中 $CO_{(\alpha=1)}$ 浓度不应大于 0.1%，黄焰和不完全燃烧界限气工况下烟气中 $CO_{(\alpha=1)}$ 浓度不应大于 0.2%，电压波动状态下烟气中 $CO_{(\alpha=1)}$ 浓度不应大于 0.2%，脱火界限气工况下烟气中 $CO_{(\alpha=1)}$ 浓度不应大于 0.2%，有风燃烧状态下烟气中 $CO_{(\alpha=1)}$ 度不应大于 0.2%。

当冷凝炉的冷凝水排水口堵塞或冷凝水排水泵关闭而导致冷凝水堵塞时，冷凝水不应溢出和泄漏，且冷凝炉应满足在烟气中 $CO_{(\alpha=1)}$ 浓度大于 0.2%之前应关闭冷凝炉，或热平衡状态烟气中 $CO_{(\alpha=1)}$ 浓度不小于 0.1%时，冷凝炉重启后应不能点燃。

7. 烟气中氮氧化物含量

烟气中氮氧化物排放等级如表 4-3 所示。

氮氧化物排放等级 **表 4-3**

排放等级	浓度上限[mg/(kW·h)]
1	260
2	200

续表

排放等级	浓度上限[mg/(kW·h)]
3	150
4	100
5	62

8. 生活热水性能

对于快速换热式燃气采暖热水炉，生活热水性能要求：生活热水最高热水温度不应高于85℃，快速式燃气采暖热水炉生活热水停水温升的温度不应大于80℃，套管式燃气采暖热水炉生活热水过热时出水温度不应高于95℃，加热时间不应大于90s，水温控制的出水温度应为45～75℃，水温超调幅度应在±5K范围内，热水温度稳定时间不应大于60s。

对于储水换热式燃气采暖热水炉，生活热水性能要求：生活热水最高热水温度不应高于85℃，储水式生活热水温度不应低于60℃。

9. 噪声

运行噪声应符合表4-4的规定。

噪声最大允许值（声功率级） **表4-4**

额定热负荷(kW)	噪声最大允许值(dB(A))		
	室内型	室外型	模块炉
$\Phi_n \leqslant 40$	60	63	66
$40 < \Phi_n \leqslant 70$	63	66	70
$70 < \Phi_n < 100$	65	70	75

10. 控制温控器和水温限制装置/功能

（1）采暖系统控制温控器调节精度

燃气采暖热水炉的控制温控器的出水温度与制造商声称值的偏差范围为±10K，且最高出水温度不应高于95℃。

（2）采暖系统水温限制装置/功能

1）2级耐压水温过热性能应符合下列规定之一：

装有限制温控器/功能和过热保护装置/功能的燃气采暖热水炉，在出水温度高于110℃之前，限制温控器/功能应产生安全关闭；过热保护装置应在损坏燃气采暖热水炉或给用户造成危险之前产生非易失锁定。

装有过热保护装置的燃气采暖热水炉，在出水温度高于110℃之前，过热保护装置应产生非易失锁定。

2）3级耐压水温过热性能应符合下列规定：

如装有限制温控器/功能的燃气采暖热水炉，在出水温度高于110℃之前，限制温控器/功能应产生安全关闭。

在出水温度高于110℃之前，过热保护装置/功能应产生非易失锁定。

(3) 生活热水水温限温装置/功能

套管式燃气采暖热水炉，采暖系统的水温限制装置应符合（2）的规定。

生活热水管路与烟气直接接触的燃气采暖热水炉，生活热水系统的水温限制装置在出水温度高于100℃之前应至少引发安全关闭。

(4) 烟温限制装置

装有烟温限制装置的冷凝炉，排烟温度应小于制造商声称的燃烧产物排放系统材料和烟道材料允许的最高工作温度，且烟温限制装置的动作后冷凝炉应产生非易失锁定。

11. 电气安全

燃气采暖热水炉属于Ⅰ类器具，Ⅰ类器具的泄漏电流不应大于3.5mA。在电气强度试验期间，燃气采暖热水炉绝缘不应出现击穿。接地端子或接地触点与易触及金属部件之间的连接的电阻值不应大于0.1Ω。

4.2.5 燃气采暖热水炉技术发展现状

燃气采暖热水炉已经成为现代家庭供暖和热水的重要设备。为了满足消费者对采暖舒适性和安全性需求不断提高的要求，燃气采暖热水炉已经具备多项安全保护措施，如防冻功能、气流监控功能、意外熄火保护、过热保护和水泵防抱死等。此外，智能化控制技术也越来越多地应用于燃气采暖热水炉中，实现了用户的个性化采暖需求。各大品牌也纷纷推出了零冷水燃气采暖热水炉产品，以满足用户的需求。同时，为响应国家节能减排相关政策号召，低氮燃烧技术和全预混燃烧冷凝技术逐步在燃气采暖热水炉中得到完善和应用。

除此之外，燃气采暖热水炉也涉及多个方面的技术，例如分段燃烧技术、全预混燃烧调节控制技术、风量调速技术、水量调节控制技术、热交换器技术、燃烧自适应控制技术和系统节能技术等。这些技术的应用，不仅为用户带来更加便捷、舒适、安全的采暖体验，同时提高燃气采暖热水炉的效率、减少能源消耗方面发挥了重要作用。

1. 智能化控制技术

燃气采暖热水炉的智能化控制技术在近年来得到了广泛的应用和发展。随着科技的不断进步和人们对节能环保的需求不断提高，燃气采暖热水炉的智能化控制技术也不断完善和创新。

在硬件和软件方面，燃气采暖热水炉的智能化控制技术都得到了进一步优化和升级。软件方面的智能功能包括自动检测温度探头脱落、防止水泵抱死、自动防冻、稳火燃烧和周期燃烧等，以提高燃气采暖热水炉的环境适应性和用户体验。在硬件方面，依靠各种传感器来获取环境信息和设备状态，利用控制器来执行算法并控制设备，同时控制器具备适当的通信接口和协议支持，如Wi-Fi、蓝牙、以太网等，并通过适当的安全机制和加密技术，保护系统免受未经授权的访问和数据外泄的风险。另外智能化控制硬件已具备了良好的扩展性，以便于系统的升级和扩展。除此之外，为防止误操作引起的触电，高压电磁阀的火线和零线分别用一个继电器控制，在燃烧控制和电磁兼容抗扰度方面也有显著提高。

在人工智能方面，燃气采暖热水炉的智能化控制技术与物联网、云计算、大数据等新兴技术相结合，实现了远程控制、智能调度、故障诊断等更加高级的功能，提升了燃气采暖热水炉的性能和使用体验。例如，智能燃气采暖热水炉可以实现通过传感器和控制器的实时反馈，自动调节热水的温度、压力、流量等参数，以达到更高效的能源利用和更加舒适的使用体验；可以通过手机APP实现远程控制和监测，用户可以随时随地掌握燃气采暖热水炉的运行状态和使用情况，进行智能化的管理和调节。

在智能控制方面，可以通过在房间内安装气候补偿器来实现个性化温度调节和节能，随气候智能进行供热调节。用户可根据居住面积大小选择不同功率的燃气采暖热水炉，各个房间根据需求随意设定舒适温度，也可根据需要决定某个房间单独关闭供暖，分时分室控温提高采暖舒适性和操作便利性。

在外部控制方面，通过安装控制板预留外部信号接口，还可实现多种功能的外部控制，如外部采暖循环泵、外部生活用水循环泵、远程设备故障/运行灯光指示、外部燃气阀控制选择、室内环境感知和控制等。

2. 热负荷调节控制技术

（1）分段燃烧技术

随着南方采暖需求的增加，燃气采暖热水炉在南方分户供暖系统中得到广泛应用，然而南方夏季卫浴进水温度较高，要求卫浴出水温度不能过高，传统大气式燃烧方式的燃气采暖热水炉无法实现低出水温度下的小热负荷运行，因此无法满足南方地区的夏季热水特殊需求。为了解决燃气采暖热水炉在低热负荷条件下保持稳定运行的问题，分段燃烧技术开始应用在燃气采暖热水炉中。

分段燃烧技术将燃烧过程分成多个阶段，每个阶段都有相应的燃气供应和燃烧强度控制，通过先进的控制系统和传感器，燃气采暖热水炉能够根据实时的热负荷需求自动调整燃气供应和燃烧强度，在不同的燃烧条件下实现更高效的热能转化，以实现最佳的燃烧效果和能源利用效率，减少污染排放，如图4-41所示。分段燃烧技术的应用使得燃气采暖热水炉能够更加精准地调节燃烧过程，解决夏季卫浴水温过高或波动不稳的问题，并确保水温的精确恒定。

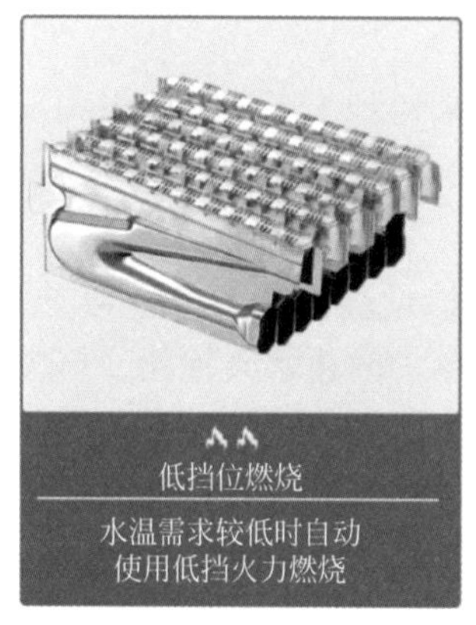

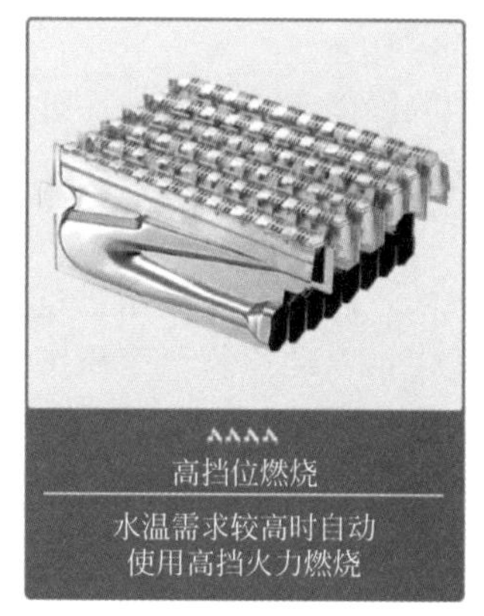

图4-41　分段燃烧技术

目前应用比较广泛的分段燃烧技术包括两段燃烧技术和多级燃烧技术。两段燃烧技术是通过将燃气采暖热水炉的燃烧过程划分为两个阶段来实现，其中包括全火排燃烧和部分火排燃烧。多级燃烧技术将燃气采暖热水炉的燃烧过程分为多个级别，通过逐级增加或减少燃烧火排的数量，以精确控制燃烧过程，提高能源利用效率并减少排放。多级燃烧技术通常配备先进的燃烧控制系统和传感器，以实现精确地控制和监测。

（2）全预混燃烧调节控制技术

全预混燃烧调节控制技术是一种应用于燃气采暖热水炉的先进燃烧控制技术。该技术通过将燃气和空气在燃烧器内充分混合，形成均匀的预混合燃料，以实现更高效的燃烧过程。

全预混燃烧调节控制技术的特点之一是具有高效能源利用的优势，通过燃料和空气的充分混合，提供更均匀和充分的燃烧过程，最大限度地释放燃料的热能，提高能源的利用效率，从而降低能源消耗和运行成本。

全预混燃烧调节控制技术的另一个重要特点是可实现高调节比，能够在较小的热输出功率下仍保持高效稳定的燃烧。通过采用直流变频风机和风压传感器的联动控制，根据实际热负荷需求调整风机的转速，实现对燃烧过程的精确控制。同时，配合双文丘里管和金属纤维燃烧器，可使燃气采暖热水炉在小火热负荷下仍能稳定运行，并达到较小的热输出功率。具备高调节比的全预混燃烧调节控制技术的优势在于，在夏季生活进水温度偏高或进水流量较小，以及冬季小房间的供暖需求不高时，仍能适度加热，避免频繁启停现象，同时避免供水温度时冷时热的波动，提升燃气采暖热水炉的使用舒适性。此外，全预混燃烧高调节比还使得燃气采暖热水炉的应用范围更加广泛，能够满足不同负荷条件下的供热需求。

此外，全预混燃烧调节控制技术能够实现精确的燃烧调节，通过先进的控制系统和传感器，实时监测燃气和空气的供应状况，并根据实际需求进行精确调节。这种精确控制性能使得燃气采暖热水炉能够在不同的负荷要求下提供稳定的供热效果和较低的污染物排放，并确保能源的高效利用。

3. 全预混燃烧冷凝技术

燃气采暖热水炉的全预混燃烧冷凝技术是当前燃气采暖领域的一项重要技术。该技术通过将燃气与空气充分预混合，形成均匀的燃气-空气混合物，实现更完全的燃烧和更高的热效率。全预混燃烧冷凝技术通过冷凝换热器将烟气中的水蒸气凝结，释放出潜热并利用，大幅度提高热能利用效率，而且燃烧产生的废气中的有害物质排放较低，对环境污染较小，最终达到节能减排的目的。

全预混燃烧冷凝技术也存在一些缺点和挑战。预混燃烧对燃气和空气的混合比例要求较高，对燃烧系统的设计和调试要求严格。冷凝热交换器在工作条件下需要适应冷凝水酸性腐蚀，要求冷凝换热器的材料具有较高的耐腐蚀性和耐高温性能。由于烟气中含有大量水蒸气，如果材料选择不当或性能不够优异，可能会导致冷凝换热器受到腐蚀或损坏，影响其长期稳定运行。全预混燃烧冷凝炉的成本相对较高，需要投入更多资源在设计和制造上。

全预混燃烧冷凝技术在中国燃气采暖热水炉市场上逐步得到推广，但是在中国，燃气品质和水质环境复杂多变，同时采暖行业服务团队建设滞后，针对这些问题，一些创新设计方案被提出。其中，针对特殊工况的单管一体式串联设计方案能够更好地适应特殊工况，并通过深入研究材质、壁厚、管型和管径等技术参数来满足中国环境和市场需求的设计。另外，在燃气采暖系统中引入一个用于预热生活热水的热交换器，在预热的同时进一步降低了烟气的温度，从而在生活热水制备阶段实现了冷凝效果。这一过程不仅使用户能够节约能源，同时也提升了用户的舒适体验。

4. 零冷水技术

随着人们对生活品质的不断追求，对热水体验的要求也日益提高。在家庭采暖系统中，燃气采暖热水炉通常安装于厨房或生活阳台，而洗浴用水在浴室，两者之间存在较长的管路，其长度一般在 10～30m 之间。因此，在用户进行洗澡时，需要先排出管路中的冷水才能获得热水，且为了使热水流出，需要排放较大量的冷水。这种长时间的等待不仅给用户带来不便，而且造成了大量的水资源浪费。解决每次使用热水前需要排放冷水的问题，已成为燃气采暖热水炉行业普遍面临的使用难题。在此背景下，零冷水技术应运而生，通过保持热水管道中水温始终达到设定温度，使用户能够第一时间获得所需温度的热水，从而提高了用户的使用体验。

为实现零冷水技术，目前有两种安装方式，第一种是没有回水管的安装，如图 4-42 所示；第二种是有回水管的安装，如图 4-43 所示。

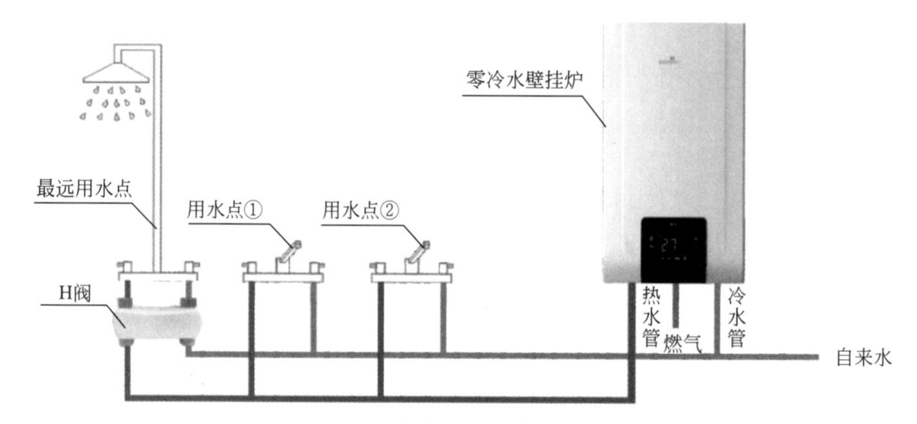

图 4-42　零冷水无回水管安装示意图

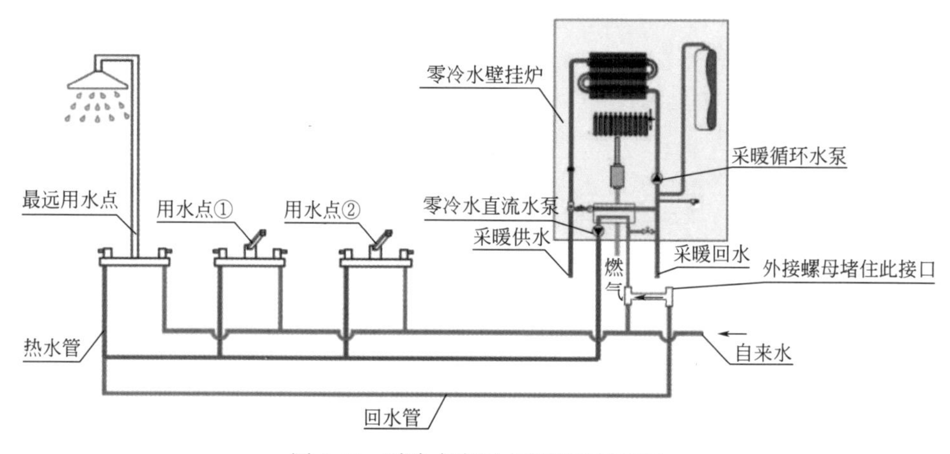

图 4-43　零冷水有回水管安装示意图

在用户没有预埋回水管时，通常采用第一种方式安装，此安装方式可节省一路回水管，在没有预埋回水管时也能使用零冷水功能。由于没有专门的回水管，在使用零冷水功能后，冷水用水点用水初期会有短时间热水。

有回水管的安装需要在安装零冷水燃气采暖热水炉前预埋一路回水管，此种安装方式在使用零冷水功能后不会影响到其他用水点使用冷水，用户体验感好。

零冷水技术的应用现状还面临一些挑战和改进空间。一方面是技术成本和工程量问题。安装零冷水技术需要对热水系统进行改造或增加额外的管路及部件，涉及一定的成本和工程投入。另一方面是回水温度控制问题。当前的零冷水技术在回水温度控制方面还有一定的局限性，存在温度波动的情况。需要进一步研究和开发更智能化的控制算法和传感器技术，以实现精确的回水温度控制，确保热水供应的稳定性和舒适性。

随着零冷水技术和全预混燃烧冷凝技术逐渐成为燃气采暖热水炉行业技术发展的主要方向，它们的整合研究成为行业的新突破点，为用户提供舒适和节能的解决方案。特别是在全预混燃烧冷凝炉中引入零冷水技术，通过充分利用冷凝热交换器的高效换热能力和精密的恒温控制技术，在保持燃烧调节比不变的情况下，成功实现了在低热负荷输出时提供同样稳定恒温的热水体验。

燃气采暖热水炉制造商和研发机构致力于进一步改进和优化零冷水技术，以提升其性能和可靠性。通过采用先进的控制算法和传感器技术，零冷水技术能够更准确地感知和响应用户的热水需求，确保在热负荷较低的情况下仍能提供稳定的热水供应。同时，通过持续改进冷凝换热器设计和优化热水循环系统，可以进一步提高能源利用效率和系统的整体性能。

5. 风量调节技术

风量调节技术是指通过控制风机的转速、风口的开度等方式，调整燃气采暖热水炉中送风或排风的风量。风量调节技术可以实现对燃烧系统中的风量进行精确调节，根据燃气燃烧实际需求和实时监测的数据动态调整对应的风量，以满足不同的热负荷需求和环境条件。一些先进的风量调节技术具有自适应功能，可以根据室内温度、室外气象条件和用户需求等因素智能地调整风量。

燃气采暖热水炉的风量调节技术一般采用变频调速方法，通过控制风机的转速来实现风量调节。在此过程中，风机的转速与燃气比例阀的调节呈线性关系，从而保持合适的空燃比，提高小热负荷状态下的热效率，降低噪声水平。

相比于定速风机，采用风量调节技术的优势在于通过直流变频风机与风压传感器的联动，自动调节风机的转速，有效调整全段火焰状态，保证部分热负荷下燃气燃烧更充分，从而提高部分负荷状态下的热效率，同时具有更好的抗强风能力。例如，通过应用 APS（Air Pressure Senior）风压传感系统，该系统由 APS 风压传感器和无级变频风机组成，能够实时感知风压的变化情况，最高支持在 12 级强风条件下，燃烧器能够稳定燃烧。

6. 水量调节控制技术

水量调节控制技术是指通过控制燃气采暖热水炉中循环水泵的转速或调节阀门的开度等方式，控制循环水的流量，以实现对供暖系统中水量的调节和控制，来满足不同供暖负荷需求。水量调节控制技术的主要目标是确保供暖系统中循环水的流量适应实际的热负荷需求，以实现供暖系统的高效运行和舒适供暖。此外，通过应用变频技术来调节循环水泵的输出功率，根据供暖系统的阻力情况调整水泵的转速，以达到节约电能和减少噪声的效果。

燃气采暖热水炉与水泵之间进行双向对话是一种先进的技术，可以实现信息交流和控制的互动。燃气采暖热水炉通过控制水泵的运行参数，例如恒定转速、恒定压头、恒定流速、恒定温差等，以确保水泵的运行符合系统的需求。同时，水泵可以向燃气采暖热水炉传递运行信息，如流量、扬程、电功率、转速、耗能量、温度、水泵状态、当前操作模式等。这种双向对话的方式为后续的维护、保养和维修工作提供了很大的便利，可以提供详细的故障信息、序列号、生产日期等。

水量调节控制技术中超声波流量传感器是一种常用的水流量传感器，一般安装于主热交换器前部，利用声波来测量水流速度。相比于压差传感器和涡流传感器，超声波流量传感器具有更广泛的测量范围和更高的精确度。超声波流量传感器不会因为截面收缩而引起压力损失，因此可以实现从低流量值（20～30L/h）到高流量值（2000L/h）的精确测量。

7. 热交换器

燃气采暖热水炉的热交换器是实现热能传递的核心组件之一。常见的热交换器材质有铜、不锈钢、铸硅铝。

铜作为传统的热交换器材料，具有良好的导热性能和可塑性，适用于一般工况。然而，铜容易受到冷凝水的腐蚀，影响主热交换器的效率和寿命。

不锈钢具有优异的抗腐蚀性能和较高的强度，适用于多种工况和介质，具备抗冷凝水腐蚀的能力，能够提供长期稳定的换热性能，解决了腐蚀对主热交换器效率的影响。与铜材质相比，不锈钢的热传导性较差，在相同的热交换器尺寸和设计条件下，不锈钢材质热交换器需要更大的表面积来实现相同的换热效果，从而增加了设备的体积和重量。

铸硅铝具有优异的耐腐蚀性和导热性能，适用于苛刻的工况，但是铸硅铝材质热交换器成本较高，制造和加工难度也较大。

换热量是热交换器的关键性能指标，换热量的大小与换热面积、传热系数、温差等因素有关。在换热材质和传热面积确定后，提高烟气侧的传热系数是提高热交换器换热效率的重要因素。通过改变翅片的表面形状，使烟气在流动过程中产生紊流，增加烟气与换热表面的接触，增加传热系数，提高换热性能，使烟气侧的换热效率提高。在换热管内安装扰流子，如金属丝制元件或金属螺旋状扰流子，改变管内流体的流动方式，使管内的流体产生螺旋运动，将层流流动转变为湍流流动，增加了传热表面与流体之间的传热界面，增加传热系数，从而提高传热效率。此外，扰流子的存在还可以起到对管内壁的污垢清除作用，一定程度上抑制了结垢的形成。

8. 燃气自适应控制技术

燃气燃烧自适应控制技术是一种先进的控制技术，能够适应燃气气质、压力和室外环境的变化，通过自动调节燃气比例和风机转速，实现最佳空气和燃气的混合比例，以提高燃烧效率。

在实际使用环境中，燃气的气质、压力和室外环境都会发生变化，影响燃烧状态。为了解决这一问题，燃气燃烧自适应控制技术具有强大的环境适应性，并能根据不同燃气气种、气候和气压的变化，依据控制程序数据模型对空燃配比进行智能调整，来实现燃烧的自适应能力，不需要在安装现场进行人工调整，从而提高了操作的便捷性。同时也可解决用户加长排烟管等管路阻抗变化时排放超标，以及因环境气压差异造成的空燃配比失调等问题。如果配合使用适当的空燃配比结构和燃烧器，燃气自适应技术可进一步提高热负荷调节比，解决采暖热需求较低时频繁启停以及夏季卫浴水温波动等问题。

目前市场上主要采用自适应技术方案有离子电流（或电场）检测法和氧气（或二氧化碳）含量检测法。

离子电流（或电场）检测法基于燃烧过程中火焰离子电流与过剩空气系数之间的固有关系。通过测量火焰离子电流并结合其他燃烧信息进行补偿，可以获得较高精度的过剩空气系数信息，用于自动匹配燃气热值的变化（图 4-44）。该技术的核心是离子电流反馈系统，它通过精准的燃气阀、系统安全模块和高精度传感元器件实现对不同燃气品质或气候变化的智能调整，从而将燃烧效率最大化，提高系统的可靠性。

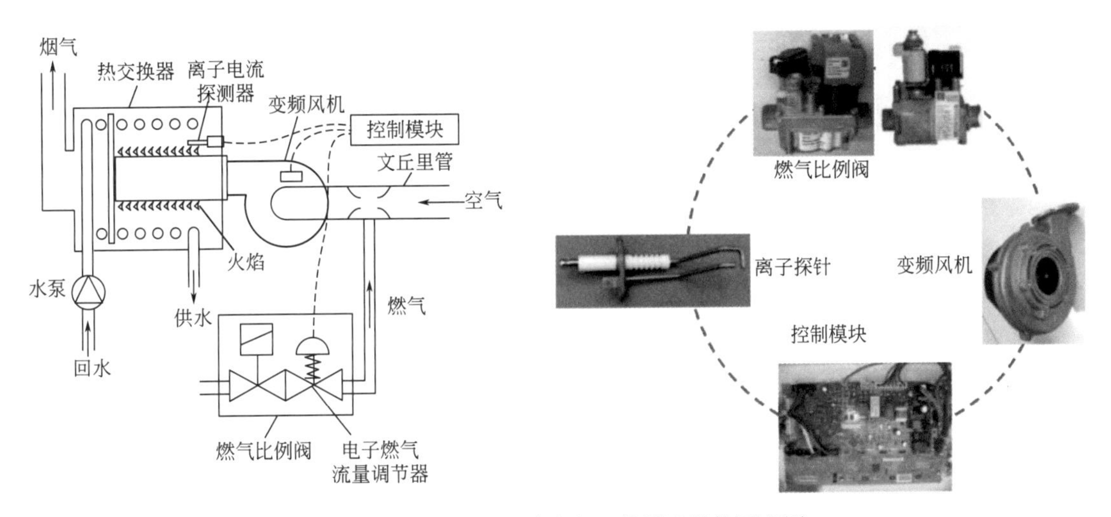

图 4-44　离子电流（或电场）检测法结构原理图

通过使用氧含量探测器（或二氧化碳含量探测器），实时监测烟气中的氧气含量（O_2）或二氧化碳含量（CO_2），来判断当前是否处于最佳空燃比的燃烧状态（图 4-45）。通过探测器检测到的信号被传送至主控制板，主控制板通过调节比例阀的开度来优化空燃比，以确保系统在不同气压和气质条件下均能维持最佳燃烧工况。这种自适应控制技术使系统能够在实际操作中实现燃气自适应，并最大限度地提高燃烧效率与系统的可靠性。

尽管燃气自适应技术在提高燃烧效率和系统可靠性方面具有显著的优势，但也存在一些缺点需要考虑。长期使用后火焰探针的老化问题，可能导致火焰监测失效。为了克服这一问题，燃烧自适应控制技术的关键在于对火焰离子电流进行高精度监测的研究。除此之外，燃气自适应技术成本较高，需要配备精确的传感器、控制器和调节装置，增加了设备的制造成本和维护成本。其次，燃气自适应技术涉及复杂的算法和控制策略，制造商和研发人员需要投入较大的时间和精力来完善数据模型。

目前，多个燃气采暖热水炉品牌已经推出了具备燃气自适应功能的产品，并取得了批量应用的成功。一些领先的整机厂和控制器厂商也在逐渐研发具有自身品牌特色的燃气自适应系统方案，并在小规模市场上进行了应用实践。由于国内燃气供应的复杂性，燃气自

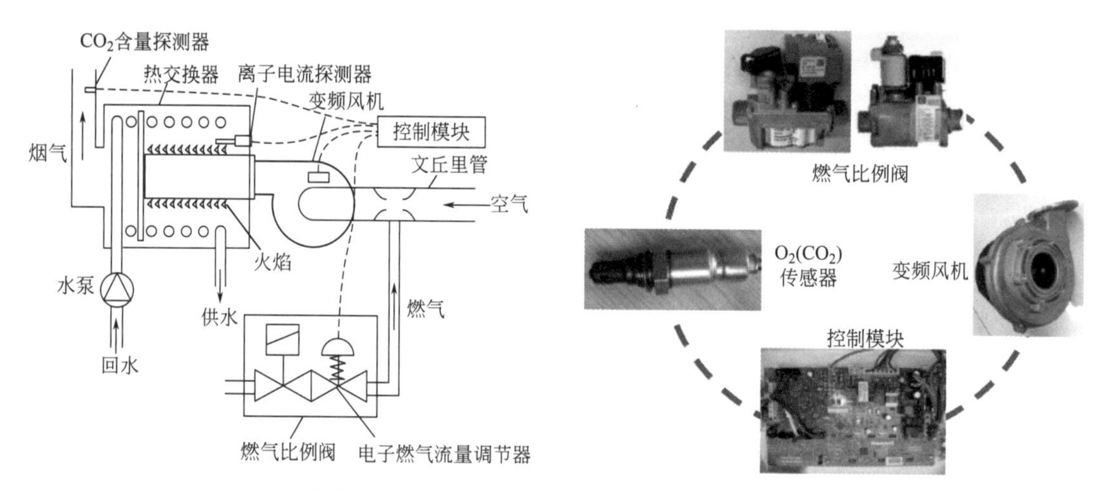

图 4-45 O_2（或 CO_2）含量检测法结构原理图

适应技术在国内市场具备广泛的应用前景。随着时间的推移，预计将有越来越多的自适应产品投入市场，以满足用户的多样化需求。

9. 系统节能技术

在节能技术研究中，除了燃气采暖热水炉本身的节能性外，采暖系统节能技术研究逐渐得到行业重视。当前的系统节能技术主要包括硬件、软件和智能化方案。硬件方案包括在各个房间安装室内温控器和室外温度传感器，以及采用高效燃烧技术的燃气采暖热水炉。软件方案包括智能温控系统的算法和控制策略，以及智能预热和定时控制功能。智能化方案则是将硬件和软件相结合，实现自动化控制和优化能源利用的功能。总体而言，通过这些技术的相互配合，可以有效提高燃气采暖系统的能源利用效率，减少能源消耗，从而实现节能减排的目标。

智能温控技术是系统节能技术的一个重要方向，通过智能化的室内温控器和中央控制器，精确控制供暖系统的工作状态和温度，避免能量浪费。分区控制和个性化供暖技术可以根据不同区域或房间的需求进行独立调控，灵活调整温度，节约能源。智能预热和定时控制技术可以通过人体行为研究和用户手机定位，提前预热室内空间，减少启动时间和能源消耗，并设置定时开关机功能，合理控制供暖时间，避免能源浪费。智能识别与自学习技术通过人工智能算法，学习用户行为模式和习惯，自动识别最佳供暖策略，提高能源利用效率。节能监测和反馈技术通过能耗监测设备和实时数据反馈功能，用户可以实时了解能源消耗情况，并根据数据优化供暖设备的运行状态和温度控制策略，进一步节约能源。

室温自适应技术也是一个重要的系统节能技术，通过联动燃气采暖热水炉、双向通信型温控器和室外温度传感器，精准平衡室内外温度，根据室外温度的变化实时调整出水温度，以实现节能效果。该技术基于室外温度传感器实时监测室外温度信号，判断室内温度的平衡点，自动调整燃气采暖热水炉的工作状态，从而调整出水温度以保证室内的舒适温度。此外，该技术基于大量消费者样本的人为模式调研，适用于不同地理、气候和家居建筑条件，具有普遍适用性。

4.3 燃气采暖热水炉市场现状

4.3.1 燃气采暖热水炉生产企业分析

与家用燃气灶和家用燃气热水器产品一样，2019 年之前，燃气采暖热水炉生产企业按“工业产品生产许可证制度”进行管理。截至 2019 年 8 月，燃气采暖热水炉生产企业获得“生产许可证”的企业数量共有 314 家，如图 4-46 所示。从 2013—2017 年整体保持稳步增长趋势，2017 年随着北方“煤改气”政策的快速推进，大量新的燃气采暖热水炉生产企业开始在北方地区布局。

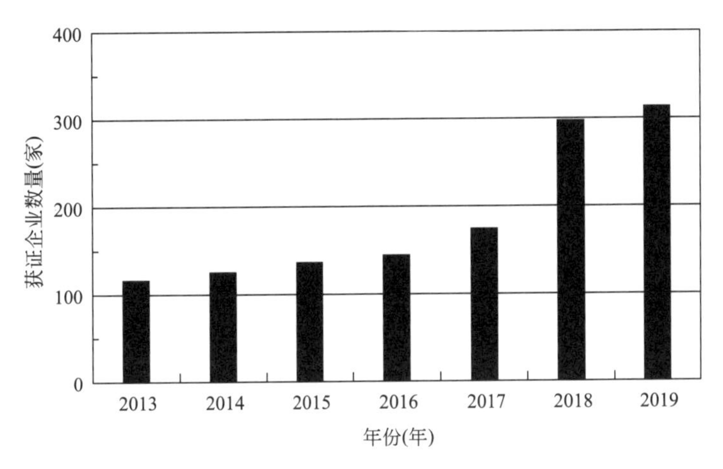

图 4-46 家用燃气热水器获证企业数量情况（2013—2019 年）

2020 年开始，燃气采暖热水炉生产企业转为 CCC 认证管理。截至 2022 年年底，中国内地（不含港澳台）获得家用燃气灶 CCC 认证的企业 235 家，共获得 CCC 认证证书 2764 张；海外地区获得家用燃气灶 CCC 认证的企业 38 家，共获得 CCC 认证证书 306 张。根据获得 CCC 认证企业的分布情况，中国内地的家用燃气灶生产企业主要分布在广东省、河北省和山东省等地区，其中广东省获证企业数量占比 49.8%、获证数量占比 59.0%；此外，浙江省、江苏省、上海市等长三角地区也有一定数量的燃气采暖热水炉生产企业。中国燃气采暖热水炉产能达到 1000 万台/年以上。

4.3.2 燃气采暖热水炉市场规模分析

2015—2022 年，国内燃气采暖热水炉市场经历了受房地产调控政策影响的缓慢增长时期，又经历了北方“煤改气”政策红利的爆发式增长时期，以及“煤改气”政策消退和新冠肺炎疫情叠加影响的艰难时期。2017 年在“2＋26”北方“煤改气”工程的推进下，全年燃气采暖热水炉销量达到了 550 万台，同比增长了 162%，创历史新高。随着“煤改气”市场逐渐恢复理性，2018 年和 2019 年燃气采暖热水炉市场逐渐回归常态化稳步发展趋势。2020 年燃气采暖热水炉市场全年总销量为 420 万台，相比 2019 年增长 4.5%。2022 年进入“煤改气”政策末期，同时面对新冠肺炎疫情反复和经济下行交织叠加影响，燃气采暖热水炉作为强安装属性产品，市场影响较为严重，行业压力重重，全年销量为255万台，相较于2021年降幅17.7%，创近5年市场最低销量（图4-47）。

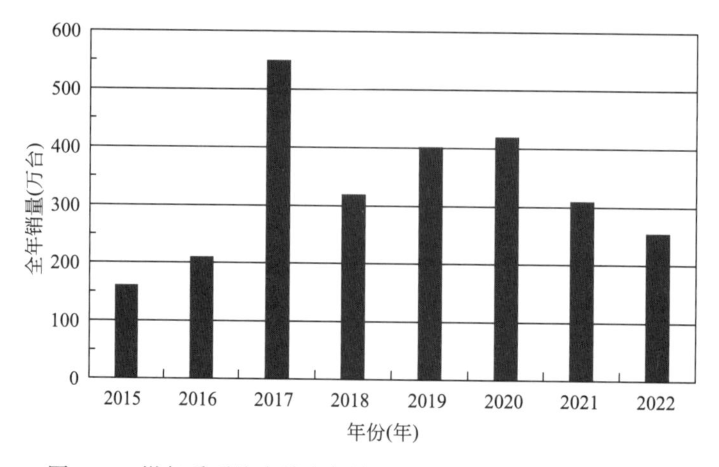

图4-47 燃气采暖热水炉市场销量变化情况（2015—2022年）

在国家“双碳”战略目标的实施推进下，燃气采暖热水炉行业扎实做好“碳达峰、碳中和”各项工作，大力推广冷凝技术产品，“十三五”时期，冷凝式燃气采暖热水炉（以下简称冷凝炉）市场销量合计达到了近130万台，占据了“十三五”时期燃气采暖热水炉市场总销量的7%，年均增长率为11%。在北方地区对节能环保的高度重视和政策引导下，以北京地区为代表，冷凝炉市场迎来快速增长期，特别是2017年冷凝炉全年销量达38万台。后续几年随着北京、天津等地煤改气工程中已完成冷凝炉改造，冷凝炉市场开始有所下降。但得益于南方市场消费升级对冷凝炉市场的带动作用，在工程和零售市场占比却反而有所提升，“十三五”时期，工程和零售市场共销售冷凝炉95万台，占冷凝炉总量的74%。2022年冷凝炉全年销量为28.5万台，占全年总销量的11.2%，相比2021年增长9.6%，连续两年保持增长趋势（图4-48）。

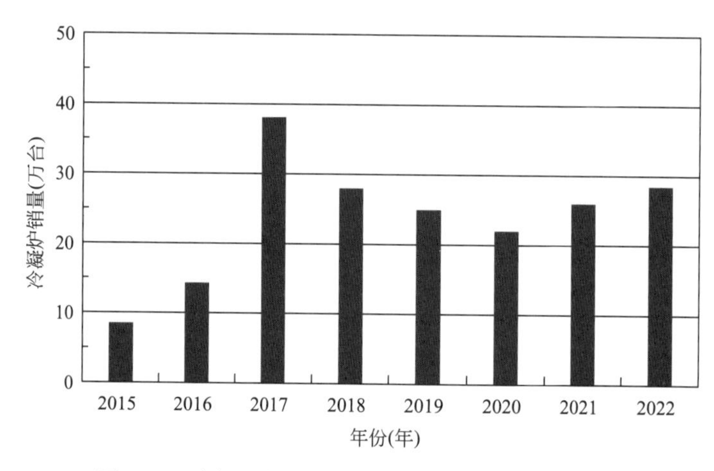

图4-48 冷凝炉市场销量变化情况（2015—2022年）

普通型燃气采暖热水炉（以下简称普通炉）作为中国燃气采暖热水炉市场的主要产品类型，是目前市场上占比最大的燃气采暖热水炉。“十三五”时期，普通炉总销量超过了

1600 万台，占据了“十三五”时期燃气采暖热水炉市场总销量的 88%，年均增长率为 14%。其中，煤改气市场共销售普通炉 932 万台，占普通炉总量的 56%，工程和零售市场共销售普通炉 744 万台，占普通炉总量的 44%。2022 年普通炉全年销量为 221 万台，占全年总销量的 86.7%，相比 2021 年降幅 15.6%，主要受煤改气市场下滑影响，2022 年煤改气市场中普通炉销量下降了 61.8%（图 4-49）。

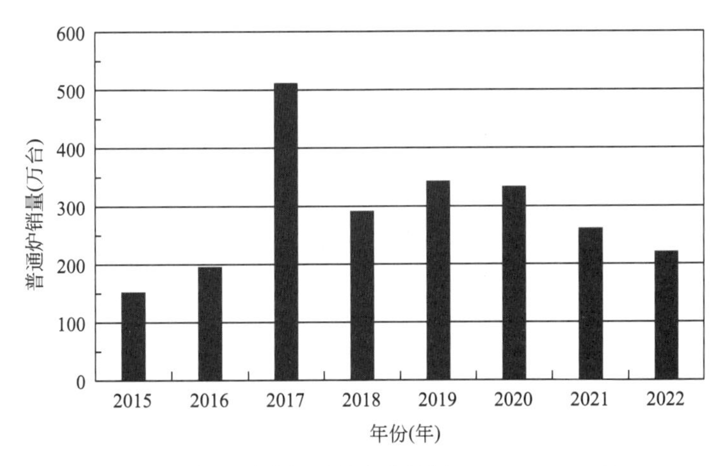

图 4-49 普通炉市场销量变化情况（2015—2022 年）

4.3.3 燃气采暖热水炉销售渠道结构分析

燃气采暖热水炉主要销售渠道包括工程和零售渠道，随着“十三五”时期“煤改清洁能源”政策红利释放，煤改气市场成为一个重要的销售渠道。

从 2016—2022 年，煤改气市场一共销售了 1187.5 万台燃气采暖热水炉，其中 2017 年借助政策东风，燃气采暖热水炉市场一路飘红，实现突破性发展，煤改气市场共销售了 377.5 万台。

经历了 2017 年的飞跃式发展，2018 年的冷静期，2019 年和 2020 年燃气采暖热水炉市场逐渐步入常态化发展，煤改气市场销量稳步提升，工程和零售市场保持稳定发展。

2021 年后，随着煤改气政策红利逐渐褪去，煤改气市场销量开始下滑。2021 年煤改气市场全年销量为 95 万台，同比降幅 64.6%；2022 年煤改气市场全年销量为 32 万台，同比降幅 66.3%。经过 7 年北方“煤改气”政策推进，2022 年燃气采暖热水炉煤改气市场销量已逐渐回归 2016 年政策初期水平。

从 2016—2022 年，工程和零售市场一共销售了 1279.5 万台燃气采暖热水炉。随着煤改气市场大幅下降，大部分企业将市场重心转向工程和零售市场。继 2021 年燃气采暖热水炉工程和零售市场销量增长 41.4%，2022 年工程和零售市场销量保持持续增长，全年销量达到 223 万台，相比 2021 年增长 3.7%。

经历了 2022 年如此艰难的一年，在行业各方的共同努力下，燃气采暖热水炉在工程和零售市场领域依旧取得了不错的成绩。企业通过提升产品品质，构建全渠道销售模式，保障售后服务质量，提升经销商服务水平，为用户搭建舒适产品销售体验，零售市场同比增长了 4.0%，占全年总销量的 51%。虽然受房地产市场下行和新冠肺炎疫情叠加影响，但伴随着精装房配套市场的成长和发展，工程市场同比增长3.3%，市场表现让人惊喜。未来，随着“煤改气”政策收尾，工程和零售渠道将是燃气采暖热水炉最重要的销售渠道（图4-50）。

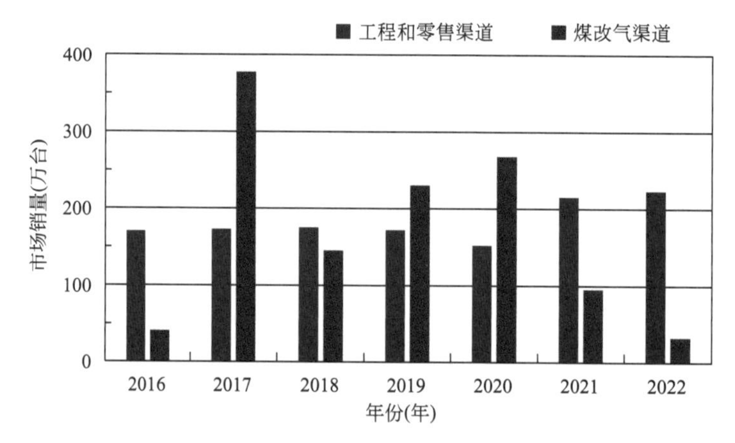

图4-50　不同销售渠道市场销量变化情况（2016—2022年）

4.3.4　燃气采暖热水炉品牌市场结构分析

相比于其他品类家用燃气用具，燃气采暖热水炉市场的品牌集中度不高，但从2018—2022年，品牌集中度不断提升。

从市场销量TOP3品牌占比来看，2018年仅为21.6%，到2022年提升至32.1%，与家用燃气灶线上销量TOP3品牌占比接近。燃气采暖热水炉市场销量TOP5品牌占比从2018年的32.2%提升至2022年的43.1%，市场销量TOP10品牌占比从2018年的52.0%提升至2022年的63.4%，远低于家用燃气灶、集成灶、家用燃气热水器线下销量TOP5品牌占比和TOP10品牌占比（均在80%以上）。2022年燃气采暖热水炉市场销量TOP20品牌占比为86.3%，品牌集中度还有较大的提升空间（图4-51）。

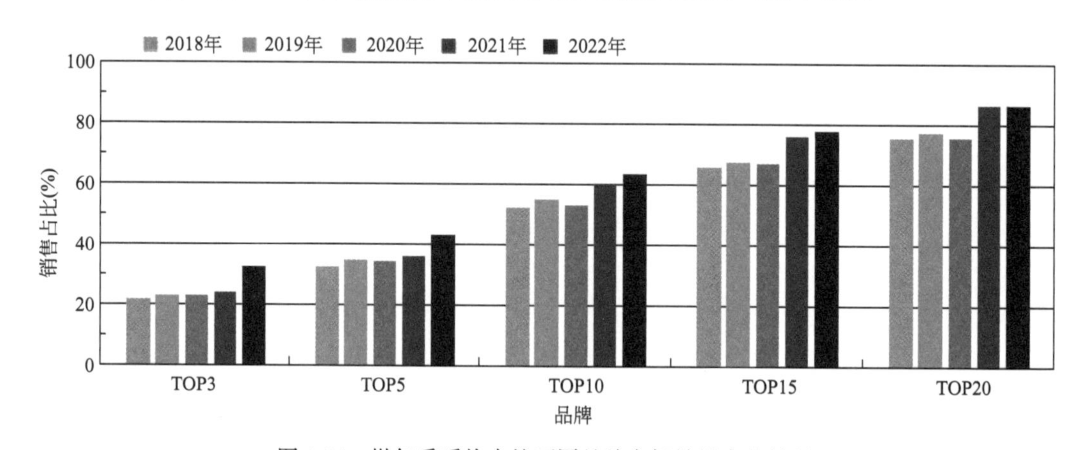

图4-51　燃气采暖热水炉不同品牌市场销量变化情况

4.3.5 燃气采暖热水炉各地区市场占有率分析

目前中国燃气采暖热水炉工程和零售市场在各地区的市场销售占比情况，如图 4-52 所示。

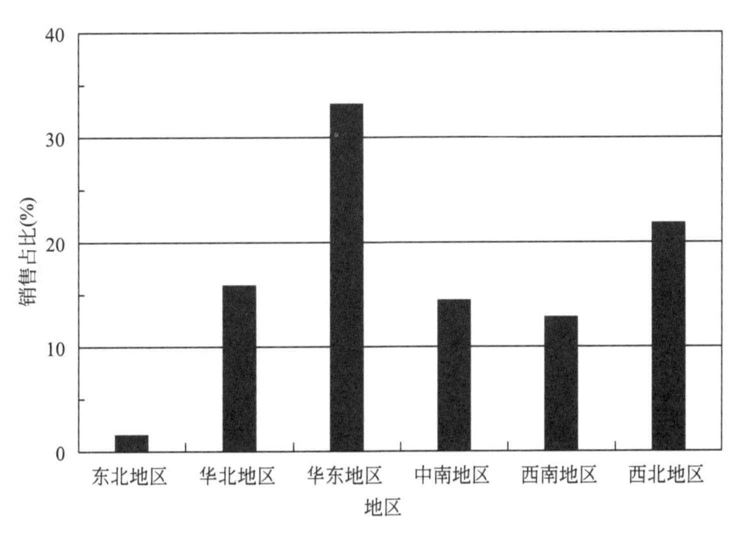

图 4-52 燃气采暖热水炉各地区工程和零售市场销量占比情况

华东地区是全国最大的燃气采暖热水炉市场，占比 33%，零售和工程市场销量都很可观，且工程市场表现优于零售市场，这与华东地区精装房市场发展较成熟有一定关系。西北地区作为第二大销售区域，占比 21.9%，工程和零售市场发展均衡，市场成熟，消费者对燃气采暖热水炉的认识很普及，这也是西北地区的一大优势，起步早，消费群体大。华北地区作为传统采暖需求区域，工程和零售市场表现中规中矩，市场占比 15.9%。长江流域的西南地区和中南地区两个片区，零售市场表现显著优于工程市场，未来随着精装房逐渐向西发展，工程市场可能会有所增长。

随着南方消费市场对分户采暖需求越来越旺盛，消费者对燃气采暖热水炉认识的逐步加深，长江流域冬季湿冷的采暖需求已经开始刺激零售市场的增量。中国燃气采暖热水炉市场逐渐由以北方集中采暖地区为主向南方分户采暖地区发展，华东地区、西南地区、中南地区为主的东部沿海和南方地区市场占比已超过 50%，成为中国燃气采暖热水炉重要的销售区域。但北方冬季采暖的刚性需求以及未来因煤改气市场转化的置换市场，仍将继续支撑北方燃气采暖热水炉工程和零售市场的增长。

第 5 章　商用燃气燃烧器具发展历程和现状

商用燃气燃烧器具是指用于商用厨房烹饪的燃气用具，其产品种类众多，主要包括炒灶类、大锅灶类、蒸汽发生器类、蒸箱类、烤箱类、炸炉类、煮食炉类、煲仔炉类、平头炉类、沸水器类、饭锅类、洗碗机类、烧烤炉类、热板炉类等。商用燃气燃烧器具广泛应用于大型食堂、酒店饭店厨房、连锁餐饮和社会餐饮、学校食堂、部队食堂、机关企事业单位食堂等商用厨房。

5.1　商用燃气燃烧器具发展历程

5.1.1　初始阶段

1980 年以前，中国燃气事业的发展还比较落后，城市燃气普及程度非常低，仅有一些城市的部分居住区开始供应以人工煤气和液化石油气为主的燃气。商用燃气燃烧器具的发展处于初始阶段，只有一些高档涉外的宾馆、饭店才能用到商用燃气灶产品，且产品结构简单，功能单一，以炒菜、蒸煮食品为主。

5.1.2　起步阶段

改革开放以后，人民生活水平逐步改善，商业活动日益增多，从而带动了酒店、餐馆业的蓬勃发展。酒店、饭店等餐饮用餐对大热负荷、高热效率的厨房设备有了较大需求，快速做饭炒菜、快速出菜成为餐饮厨房的首要需求。在此背景下，厨房设备厂技术人员通过模仿、研发、改造，将燃油炉头改良成燃气炉头，并逐渐演变成能满足市场需求的商用燃气灶具系列。根据地域的不同、菜式的差异以及厨师烹饪习惯的区别，商用燃气灶具逐渐演化为广式灶、宁式灶和山东灶三大类别，以炒菜灶和大锅灶为主。

1980—2000 年，是商用燃气燃烧器具的大发展时期，诞生了很多生产企业和相关的零部件企业，市场快速发展。由于当时市场比较混乱，各类商用燃气燃烧器具产品无统一标准规范要求，产品安全隐患大，如爆锅伤人、漏气引发火灾、输出功率不稳定、一氧化碳超标等。1987 年，建设部出台了第一部商用燃气燃烧器具的国家标准《中餐燃气炒菜灶》GB 7824—1987，规范了商用燃气燃烧器具行业，使产品的可靠性和耐用性有了初步提高。1999 年，将标准修订并发布《中餐燃气炒菜灶》CJ/T 28—1999，对输出热负荷偏差、热效率、一氧化碳排放、可靠接地线标识、电路电线标准等进行了详细规定，产品标准的推广进步提升。1995 年，建设部发布了《炊用燃气大锅灶》CJ/T 3030—1995，对大锅灶的热负荷准确度、热效率、燃烧工况、烟气中的一氧化碳含量、各部位表面温度以及结构材质等进行了详细的规定。

5.1.3 发展阶段

2000—2010年，是商用燃气燃烧器具的发展阶段。随着改革开放的进一步深入，国外的饮食习惯逐步传入国内，西餐厅、西式快餐店等饮食形式逐步走入人们的生活。与之相配套的各式各样的商用燃气燃烧器具，如煮面炉、矮汤炉、平头炉、扒炉、烧烤炉、烤箱、石窑披萨炉、多功能组合炉等，渐渐出现在国内的商用燃气燃烧器具市场。与此同时，由于人民生活水平的不断提高，烧鸭炉、烧猪炉等不断出现的产品也为人们提供了更加丰富的餐饮选择。以炒菜灶、大锅灶为主的商用燃气燃烧器具在技术上也迎来了快速发展，节能炉头通过混合腔预混技术，使得以中餐炒菜灶为代表的商用燃气燃烧器具的热效率有了突破，热效率达到30%以上的产品不断出现，部分产品热效率可达45%；另一方面高噪声对厨师烹饪造成了不良影响，降噪技术开始被关注。

在此期间，根据商用燃气燃烧器具的发展和相关零部件性能的提高，建设部修订了中餐燃气炒菜灶标准《中餐燃气炒菜灶》CJ/T 28—2003，并制定了《燃气蒸箱》CJ/T 187—2003，进一步规范了市场。商用燃气燃烧器具产品也在此期间被纳入许可证管理范围，进一步加强了对商用燃气燃烧器具生产企业和产品的监督管理。

5.1.4 良性发展阶段

2010年至今，是商用燃气燃烧器具行业从普通产品向节能产品转变的良性发展阶段，商用燃气燃烧器具智能功能的研发正在逐步形成。此期间，很多商用燃气燃烧器具生产企业与院校、研究部门合作，不断研发出各种各样的节能产品，并在部队、机关、学校等单位食堂的节能改造中纷纷有所收获。2015年后节能环保产品开始畅销，需求翻倍增长。传统广式炉头逐渐不被用户接受，截至2020年年底市场需求占有量已经下降到20%以下。传统炉头低价竞争、偷工减料，导致品质下降严重，市场需求从以前的45%下降到10%以下。宁式炉头市场需求占有量下降到2%以下。

在此期间，《中餐燃气炒菜灶》CJ/T 28—2013行业技术标准修订，恢复了2003年国家行业技术标准撤销的热效率指标，对促进节能炉头的快速发展效果明显。对大锅灶标准进行了修订，增加了火焰监控装置和电气性能的要求，补充了结构要求，修改了燃烧噪声，并于2012年发布《炊用燃气大锅灶》CJ/T 392—2012。《商用燃气灶具能效限定值及能效等级》GB 30531—2014标准的制定，将能效等级评定进行量化，并要求企业在明显位置粘贴能效标识，进行能效分级声明，方便用户选择。《商用燃气燃烧器具》GB 35848—2018标准的制定，将商用燃气燃烧器具安装熄火保护装置作为强制性要求，产品使用安全进一步提高。熄火保护技术经过十几年的不断改进，产品质量趋于成熟。

5.2 商用燃气燃烧器具应用现状

5.2.1 商用燃气燃烧器具产品类型

目前，中小餐饮和大中型商用厨房、食堂，一般都配备炒灶类的中餐炒菜灶、大锅灶类的炊用大锅灶、蒸箱或蒸汽发生器、烤箱类等常用的商用燃气燃烧器具。

1. 中餐炒菜灶

中餐是世界范围最受欢迎的饮食之一，中餐炒菜灶是中餐烹饪最主要的设备，是一种使用范围较广的商用燃气燃烧器具。由于中国各地有不同菜系烹饪习惯的要求，中餐炒菜灶有不同的结构形式，比较典型的有广式灶、宁式灶和山东灶。中餐炒菜灶要求火力集中强劲，热负荷大，出菜速度快，同时为适应爆、炒、煎、炸、煮、炖、蒸等多种烹饪工艺，要求火力调节方便。

中餐炒菜灶一般由燃烧器、鼓风机、炉膛、烟道、余热水罐、上下水管、锅圈支架、点火器、燃气阀、控制器等组成（图 5-1）。中餐炒菜灶单个燃烧器热负荷一般不大于 60kW，常见的热负荷范围在 20～40kW，由于燃烧产生的高温火焰与锅底的接触时间较短，热交换不充分，热效率一般在 20%～40%，烟气排烟温度较高。中餐炒菜灶一般采用鼓风燃烧方式，由于风机功率大，导致燃烧噪声大。

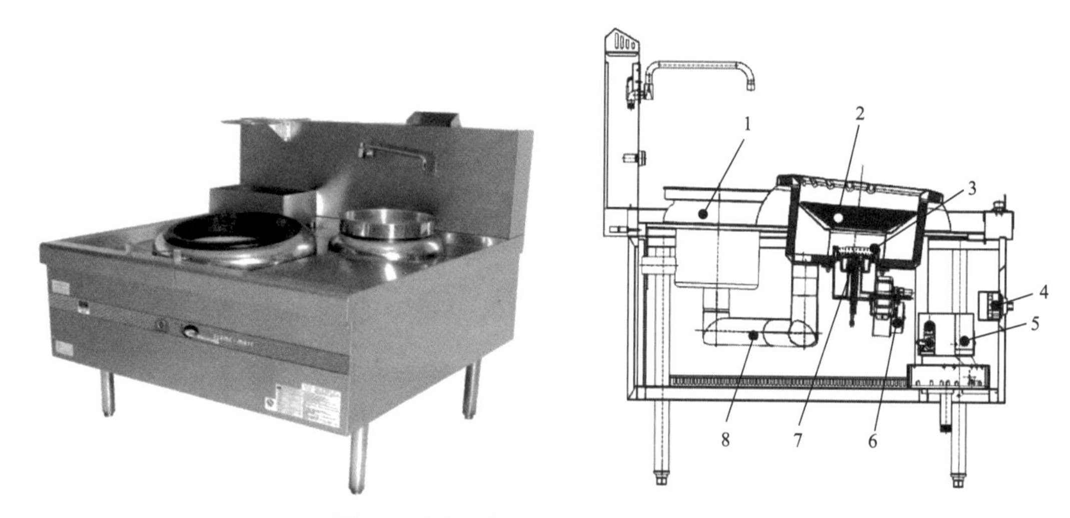

图 5-1　中餐炒菜灶结构实物图和示意图

1—余热水罐；2—炉膛；3—燃烧器；4—燃气阀；5—控制器；6—鼓风机；7—点火器；8—烟道

2. 炊用燃气大锅灶

炊用燃气大锅灶是用于大型商用厨房等需要烹饪大量食物的商用燃气燃烧器具，按照燃烧器个数可分为单眼大锅灶、双眼大锅灶等，按照燃烧器结构形式可分为扩散式、大气式、鼓风式等，按照排烟方式可分为烟道式和间接式。

炊用燃气大锅灶一般由燃烧器、炉膛、烟道、进水管、观火孔、燃气阀、点火器、控制器等组成（图 5-2）。炊用燃气大锅灶单个燃烧器热负荷一般不大于 80kW，锅口直径不小于 600mm，常见热负荷范围在 25～75kW，常规锅口直径有 600mm、660mm、710mm、760mm、860mm、1020mm 等。相比于中餐炒菜灶，炊用燃气大锅灶炉膛内胆隔热及合理的结构设计，保温性能好，燃烧产生的高温烟气与锅底的接触时间较长，热交换更充分，热效率可达 45%。炊用燃气大锅灶广泛应用于酒店、工厂、院校、医院、部队、企事业单位及机关行政单位等大型厨房。

3. 燃气蒸箱

燃气蒸箱是通过燃烧器把储水腔体内的水加热至蒸汽后输送到蒸箱腔体进行烹饪的一

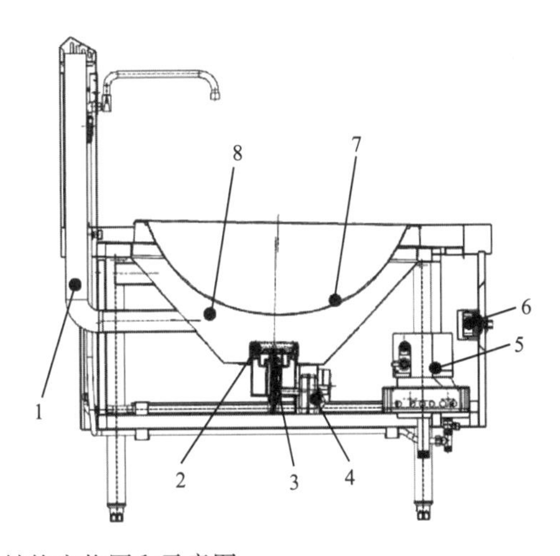

图 5-2 炊用燃气大锅灶结构实物图和示意图

1—烟道；2—燃烧器；3—点火器；4—鼓风机；5—控制器；6—燃气阀；7—大锅；8—炉膛

种商用燃气器具。燃气蒸箱能快速蒸煮海鲜、蔬菜、米饭、馒头、糕点等各种食物，并保持食物原味，是规模式餐饮场所不可或缺的重要商用燃气燃烧器具。

燃气蒸箱主要由燃烧器、储水腔体、蒸箱腔体、燃烧控制装置以及安全保护装置等组成（图 5-3），安全装置主要包括过热安全装置、缺水保护装置、超压放散装置等。目前常见的燃气蒸箱有两种结构形式，水胆式燃气蒸箱和蒸汽发生器式燃气蒸箱。

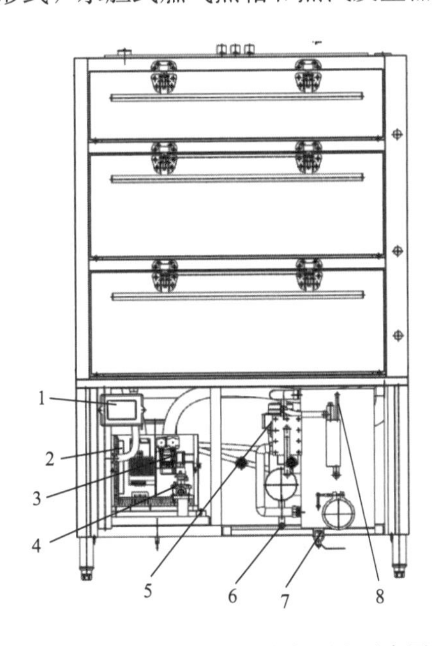

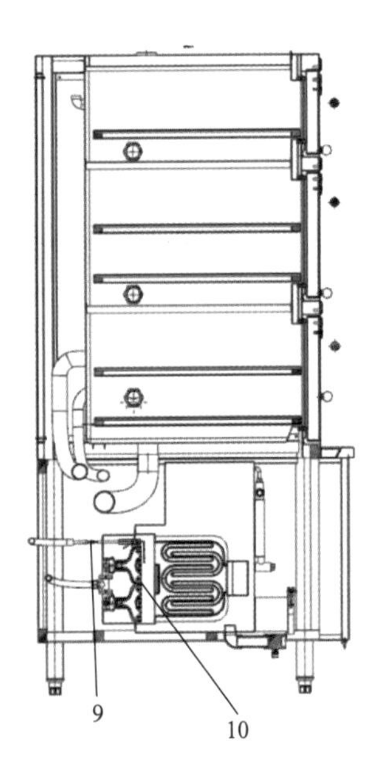

图 5-3 燃气蒸箱结构实物图和示意图

1—显示屏；2—控制器；3—燃气阀；4—进气口；5—直流风机；6—进水口；7—排水口；8—水位探针；9—点火针感应；10—火排燃烧器

水胆式燃气蒸箱内部设有一个较大容积的水胆，蒸汽产生之前的预热时间较长，结构相对简单，除污除垢方便，占据不小的市场份额。

蒸汽发生式蒸箱内部集成一个蒸汽发生器，优点是产蒸汽快，集成了控制程序，可满足厨师不同烹饪需求，市场份额不断扩大；缺点是水路结构复杂，对水质要求高。

随着行业的不断发展和消费者需求的不断提高，高能效燃气蒸箱产品开始在市场上应用，如冷凝式燃气蒸箱热效率达到了94%以上。

4. 蒸汽发生器

蒸汽发生器是用于酒店、饭店、企事业单位、学校、公共食堂等商用厨房蒸制食品以及餐具消毒等的商用燃气设备（图5-4），主要包括强排抽风过流式、强排抽风容积式、直排过流式和直排容积式等类型。

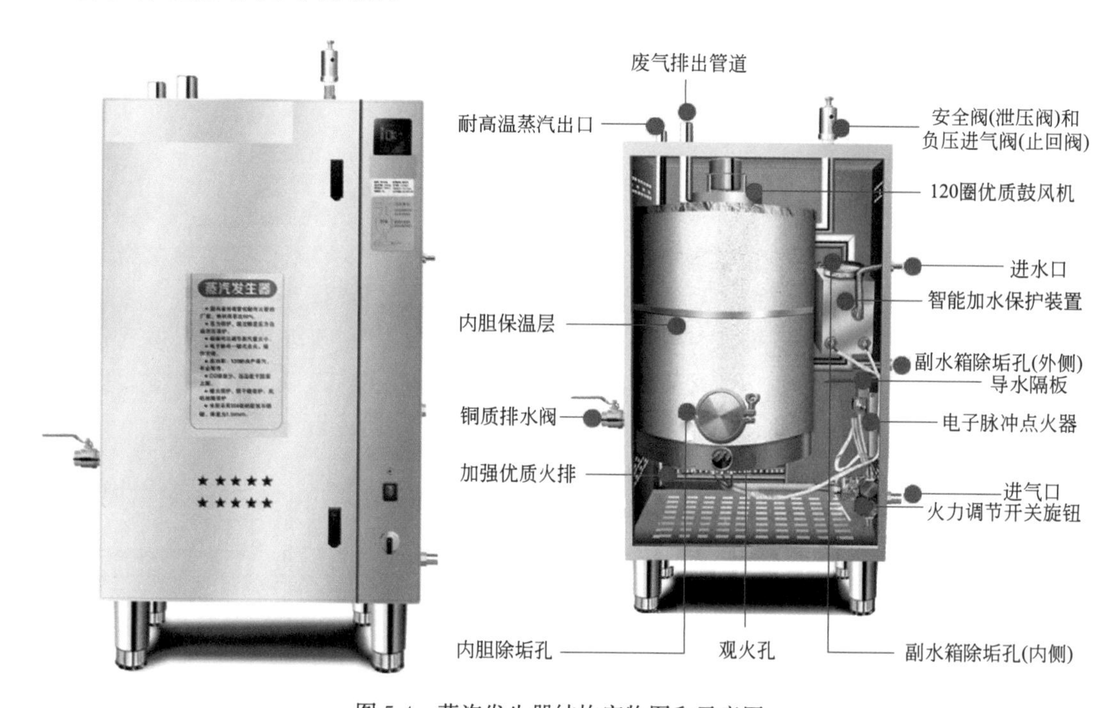

图5-4 蒸汽发生器结构实物图和示意图

强排过流式蒸汽发生器是在家用燃气热水器的基础上研发出来的，基本结构与家用燃气热水器比较类似，主要包括燃烧火排、热交换器、风机、排烟装置、控制器等，并增加了补水自动控制阀，通过控制水量在高温管道中产生蒸汽。此种机型特点是产蒸汽快，蒸汽温度低，但对水质要求特别高。

强排容积式蒸汽发生器主要由换热室、蒸汽室、浮球室补水装置、电路控制装置等组成，其中，换热室内部设置换热器，多为管道式和板式换热器。此种机型特点是产蒸汽速度比过流式略慢，蒸汽温度高。

蒸汽发生器必须设置熄火保护装置，燃烧火焰不得外溢，控制装置需设置隔热措施。自动补水装置可设置浮球式、探针式或其他自动补水装置，同时需设置缺水保护，当容器内水位下降到警戒水位以下时，启动缺水保护程序，关闭燃气阀。另外，蒸汽发生器应设置过压保护安全阀，以保证蒸汽压力过高时及时泄压。

5. 烤箱类商用燃气燃烧器具

烤箱类商用燃气燃烧器具作为商用燃气燃烧器具的重要分支，主要用于烘焙面包、蛋糕、肉制品等食品，常用于各类糕点、面点、烤肉等商用厨房，也有部分用于家庭日常烹饪，满足人们对食品多样化的需求。

烤箱类商用燃气燃烧器具包含有燃气烤箱、燃气热风炉、燃气旋转炉、燃气摇篮炉、燃气隧道炉等种类，如图 5-5 所示。其中，燃气旋转炉、燃气摇篮炉、燃气隧道炉产品更偏重工业化食品烘焙工厂使用，燃气烤箱、燃气热风炉用于家庭和商业门店。

以燃气烤箱为例，其主要是采用鼓风预混管式燃烧器，使用火焰监控系统进行熄火保护，一般配备机械式或电子式温控仪表来控制设备，也有一部分产品使用集成的电子控制板来控制整个燃烧系统。

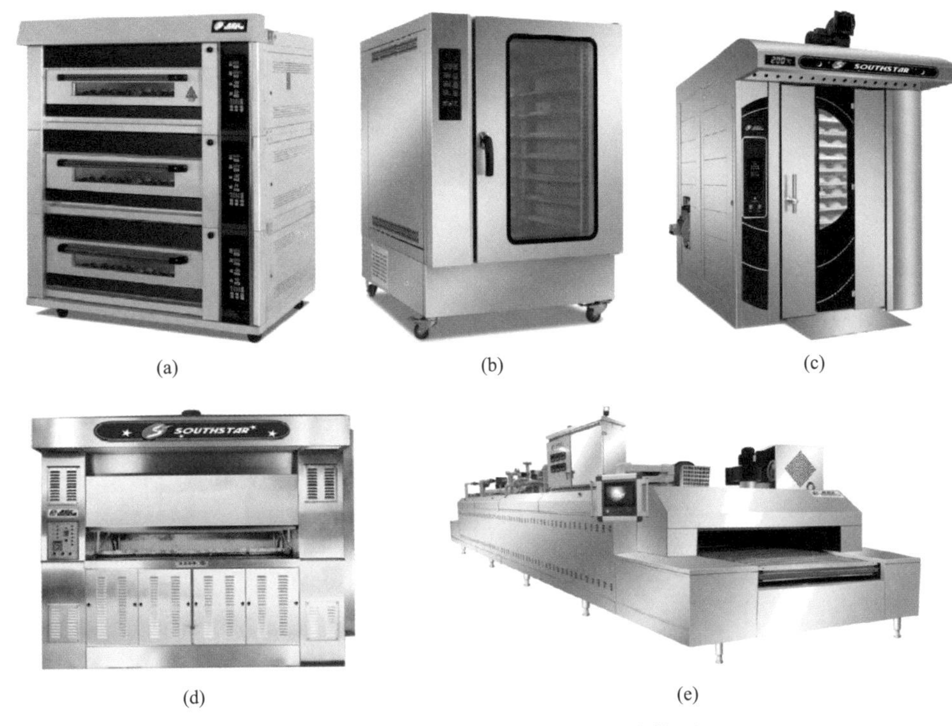

(a) (b) (c)

(d) (e)

图 5-5 烤箱类商用燃气燃烧器具实物图

(a) 燃气烤箱；(b) 燃气热风炉；(c) 燃气旋转炉；(d) 燃气摇篮炉；(e) 燃气隧道炉

5.2.2 商用燃气燃烧器具主要部件

1. 商用燃气燃烧器具常用燃烧器

商用燃气燃烧器具常用燃烧器可分为鼓风扩散式燃烧器、鼓风预混式燃烧器和大气式燃烧器。

(1) 鼓风扩散式燃烧器

鼓风扩散式燃烧器又称鼓风后混空气式燃烧器，是广式灶常用的燃烧器，结构如图 5-6 所示，空气和燃气分别被送入燃烧混合腔体，未预先混合直接点燃燃烧。鼓风扩散式燃烧器的特点是火力强劲集中，不存在回火问题，可调性强，但噪声较大，燃烧器配件易受高温损坏，因此火焰监控装置的耐久性和稳定性不足。另外，鼓风扩散式燃烧器由于空气和燃气混合比例无法准确控制，一般燃烧配比的空气量较大，导致过剩空气系数大，燃烧效率低，热量损失大，热效率低。

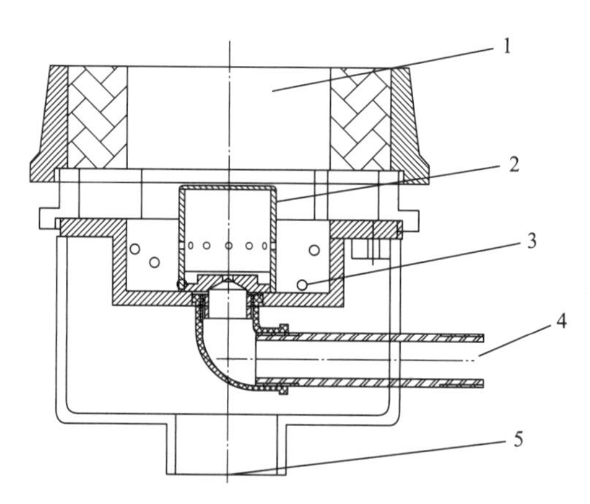

图 5-6 鼓风扩散式燃烧器结构示意图

1—燃烧空间；2—燃烧火盖；3—空气出口；4—燃气入口；5—空气入口

鼓风扩散式燃烧器的关键部件是决定混合效果的空气出口的风孔布置（孔径、数量、角度等）和燃烧火盖的燃气孔布置，燃气孔的高度对火焰形状有决定性影响。鼓风扩散式燃烧器调校的关键是实现燃气和空气联动调节，达到一定控制比例的空燃比效果，但空燃比的线性关系不强，燃烧器有较强的空燃比适应能力。

鼓风扩散式燃烧器由于设计热负荷大、风机出口气流速度大，一般设置点火燃烧器进行点火。点火燃烧器一般为长明火种，要求易点燃主火，点燃主火时不发生吹熄，坐锅点火时不发生爆燃现象。

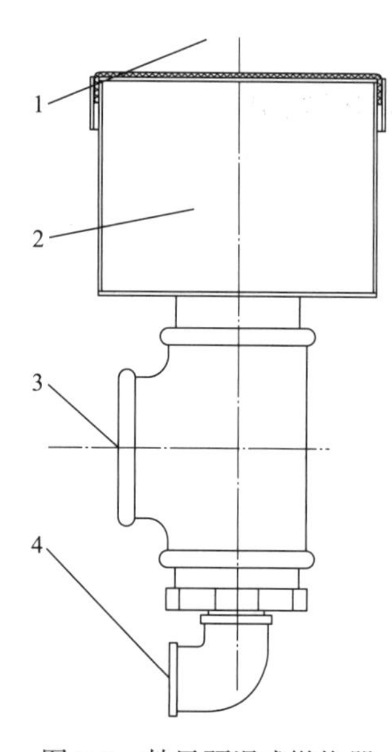

图 5-7 鼓风预混式燃烧器结构示意图

1—燃烧空间；2—混合空间；3—空气入口；4—燃气入口

（2）鼓风预混式燃烧器

鼓风预混式燃烧器是燃气和空气预先混合后从火孔排出燃烧的燃烧结构，如图 5-7 所示。鼓风预混式燃烧器的特点是火力强劲集中，噪声较小，燃烧器配件不易损坏，可以配备电子点火、火焰监控等部件装置。

近几年，随着鼓风预混燃烧技术的发展，内向火鼓风预混燃烧器广泛应用在商用燃气燃烧器具中，特别是中餐炒菜灶。内向火鼓风预混燃烧器的结构原理如图 5-8 所示，由主火炉头、长明火点火装置、炉头底座和混气三通构成。主火炉头、长明火点火装置和混气三通通过炉头底座相连接，方便安装拆卸维修。混气三通的燃气口与供燃气管道相连，进风口与风机的出口通过管道相连，燃气由主火喷嘴向均布的喷嘴孔与垂直方向通过的空气混合进入主火炉头的混气室，混气室内有一层或多层不同孔径距离的多孔板分隔成多个空间，使空气与燃气混合均匀，气流稳定。混合气由导流板之间的空隙即火孔内向排出点火燃烧。炉头中间设置向下凸出的集液槽，方便清洁，防止堵塞火孔。长明火点火装置安装在炉头底座上，方便拆装。

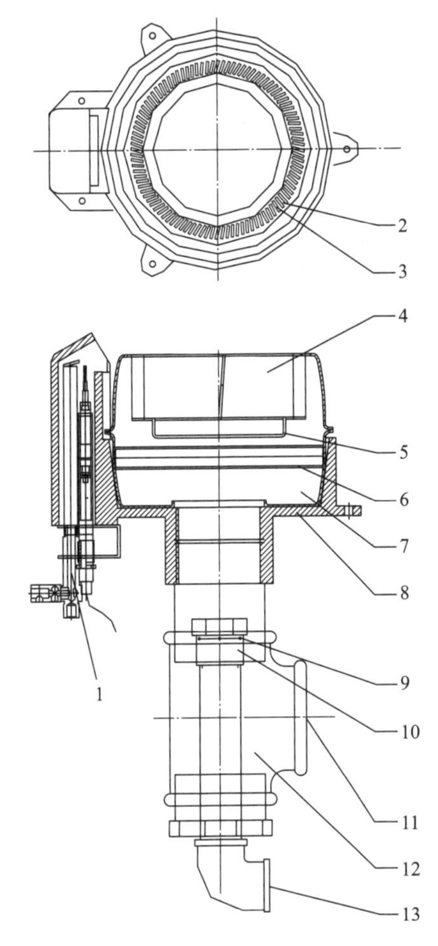

图 5-8　内向火鼓风预混燃烧器的结构原理图

1—长明火点火装置；2—火孔；3—导流板；4—主火炉头；5—集液槽；6—多孔板；7—混气室；8—炉头底座；9—喷嘴孔；10—主火喷嘴；11—空气入口；12—混气三通；13—燃气入口

内向火鼓风预混燃烧器的混合气燃烧前吸收炉头外壳热量，炉头自身热量平衡，可以提高燃烧效率，降低炉头温度，提高炉头的耐用性，由于火孔向内，解决直出火孔燃烧器易堵塞的问题。内向火鼓风预混燃烧器的火孔热强度较大，火力可调范围宽，小火燃烧状态稳定。由于鼓风机作用，混合气出口气流速度高，使得燃烧产生的高温烟气也具有一定气流速度，火力集中强劲，适宜中餐炒菜灶的要求。内向火鼓风预混燃烧器的混合腔通过多孔结构划分独立混合单元，空气燃气混合充分，使得火孔出火均匀，燃烧充分。

（3）大气式燃烧器

大气式燃烧器是较常用的燃烧器，一般由燃烧器头部和引射器组成。由于商用燃气燃烧器具日常工作时间长，引射大气式燃烧器的引射器和燃烧器头部一般为一体式结构，避免温度变形，引起漏气或回火（图 5-9）。

图 5-9 商用燃气燃烧器具大气式燃烧器结构图

2. 点火燃烧器

商用燃气燃烧器具一般热负荷较大，设置点火燃烧器是首选的安全措施。点火燃烧器俗称火种，可分为长明点火燃烧器和交叉点火燃烧器。

长明点火燃烧器独立工作时不得产生回火、熄火、离焰，在主火燃烧器点燃和熄灭时，不得产生熄火现象。在主火燃烧器点燃时也不得产生回火、熄火、离焰等现象。当主燃烧器调至最小热负荷时，点火燃烧器能保证主火燃烧器被点燃，且不发生爆燃。

采用长明点火燃烧器点火，一般其供气管内径不得小于 2mm，喷嘴结构应不易被堵塞。点火燃烧器的位置应易点燃主火燃烧器，且不被吹熄，不使其他部件过热。燃烧器、点火燃烧器、电点火装置和熄火保护装置等的相互位置应准确固定，在正常使用中不得松动或脱落。

3. 熄火保护装置

自 2019 年 3 月 1 日实施《商用燃气燃烧器具》GB 35848—2018 以来，由于标准强制要求商用燃气燃烧器具必须安装熄火保护装置，商用燃气燃烧器具用熄火保护装置应用继续扩大。商用燃气燃烧器具用熄火保护装置常见的类型有三种，分别是热电式熄火保护装置、离子感应式熄火保护装置、紫外检测式熄火保护装置，目前常用的有热电式和离子感应式，点火、熄火保护一体的单、双电磁阀体等熄火保护装置也有一定范围的使用。

由于商用燃气燃烧器具用熄火保护装置的使用环境恶劣，使得安装了熄火保护装置的商用燃气燃烧器具在使用过程中，因熄火保护控制器故障，出现设备无法正常运行的情况，导致客户要求拆除熄火保护装置，致使出现生产厂家生产时不严格执行国家强制性标准的要求安装熄火保护装置的现象。

（1）热电式熄火保护装置

热电式熄火保护装置是最常用的一种熄火保护装置，通过热电偶采集火焰温度驱动燃气阀门开闭，优点是结构简单、价格便宜。热电式熄火保护装置如图 5-10 所示，按压复位键使辅助阀关闭通向主燃烧器的燃气通路，并继续运动使主阀升高，燃气流向小火燃烧器并被点燃；将复位键按压至最大行程，衔铁被电磁铁吸引，当热电偶头部被加热时，电磁铁产生磁力，使主燃气阀保持开启。如果燃烧器熄灭，热电偶头部变冷，电磁铁失去磁力，主阀随即关闭。

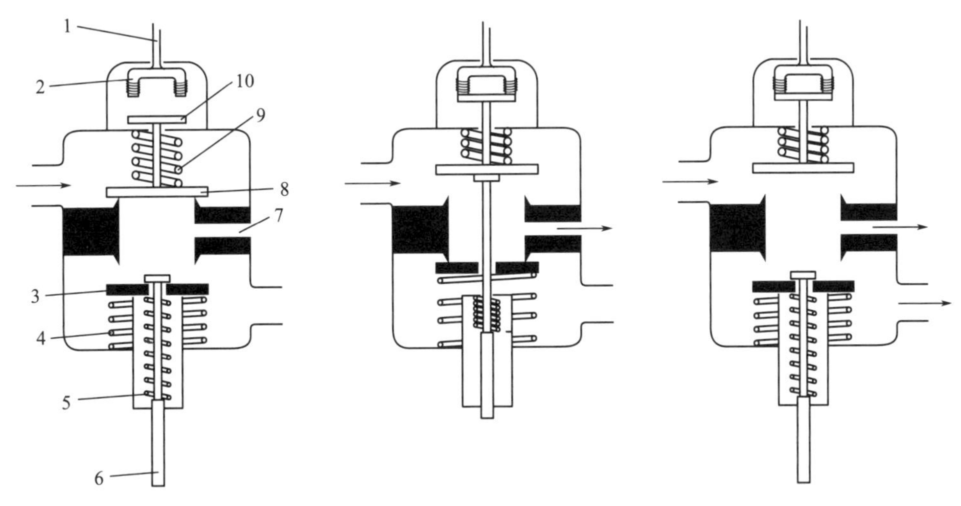

图 5-10　热电式熄火保护装置原理结构示意图

1—热电偶引线；2—电磁铁；3—继电器阀门；4—继电器弹簧；5—复位旋钮弹簧；6—复位旋钮；7—通道；8—主阀；9—工作弹簧；10—引铁

热电式熄火保护装置的缺点是需要手动开阀，且感应头部达到温度需要一定时间，通常需要 10～40s 时间，标准要求一般开阀时间不长于 45s；当发生意外熄火时，由于感应头部温度下降需要一定时间，因此关阀时间较长，特别是对于设置环境温度较高的情况，标准要求一般闭阀时间不长于 60s。另外，由于感应头部接触高温，容易损坏；由于热电偶感应线安装环境，导致使用过程中被油污、硫化物等污染腐蚀，接触不良而失效。

(2) 离子感应式熄火保护装置

火焰中存在有电离微粒，因此可以将火焰作为导电体或用火焰离子把交流电整流来对火焰进行检测。离子感应式熄火保护装置工作原理如图 5-11 所示，利用高温烟气具有单向导电作用的原理，在火焰中外加一个交流电压，通过检测电流的有无确认火焰状态。离子火焰检测电路由单片机、振荡电路（产生一个交流脉冲电压）、离子信号处理电路等组成。交流脉冲电压通过导线连接到火焰探测针上，当燃气被点燃时，因火焰具有单向导电特性，将火焰探测针上的交流电源信号通过半波整流变成直流信号，整流后产生的离子信

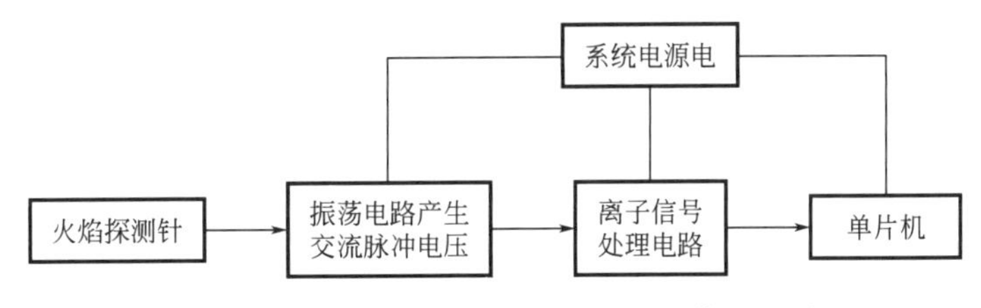

图 5-11　离子感应式熄火保护装置工作原理图

号经离子信号电路处理后，送到单片机的火焰信号检测输入口，单片机根据输入的电流信号来判断是否有火焰。

采用离子感应式熄火保护装置一般要求正常操作不会发生误动作，点火装置与供气系统电磁阀协调动作，意外熄火时，能自动关闭气源。标准要求闭阀时间不得大于 2s，一般设定为 1s。在日常使用过程中，离子感应式熄火保护装置存在一些故障问题，如探测针与燃烧器头部金属部分接触形成短路出现异常，常明火出现离焰导致探测针检测不到火焰出现异常，点火针点火放电过程引起探测针高压过载导致损坏等。

4. 风压开关

对于使用鼓风式燃烧器的商用燃气燃烧器具一般应安装风压开关，当发生停电或风机故障时，风压开关联动熄火保护切断燃气供应。如图 5-12 所示是常用的风压开关。

图 5-12　风压开关实物图

选用的风压开关的闭合压力和断开压力应符合安装位置风压的要求，风压开关与熄火保护装置感应线相连时，不应导致熄火保护装置开关时间过长，且正常操作时不产生误动作。

5. 燃气稳压调压器

商用燃气厨房由于用气设备多、用气量大，在使用高峰时段时，由于燃气管网压力波动，可能会导致商用燃气燃烧器具燃气进口压力出现波动，导致燃烧状态不稳定。为解决用气不均性的影响，保证火焰稳定性，一般推荐安装燃气稳压器。对于采用鼓风全预混燃烧方式的商用燃气燃烧器具，为保证燃烧稳定，一般要求使用稳压调压器对燃气进口压力进行调节。所选用的调压器的进出口压力和流量应符合安装位置燃气的压力和流量的要求，调压器稳压精度±10%。如图 5-13 所示，是简单胶皮式燃气调压器结构与原理示意图。

6. 燃气止回阀

燃气止回阀的主要作用是防止介质倒流。在燃烧系统中，燃气止回阀安装在燃烧器供气的管路中，以防止助燃空气或氧气流进燃气输配管道。安装在空气管道中，可以防止燃气进入空气管路或风机中。对于使用鼓风式燃烧器的商用燃气燃烧器具，特别是鼓风预混式燃烧器的商用燃气燃烧器具，当结构形式有可能产生回流时，一般要求安装燃气止回阀，以确保燃气使用安全。

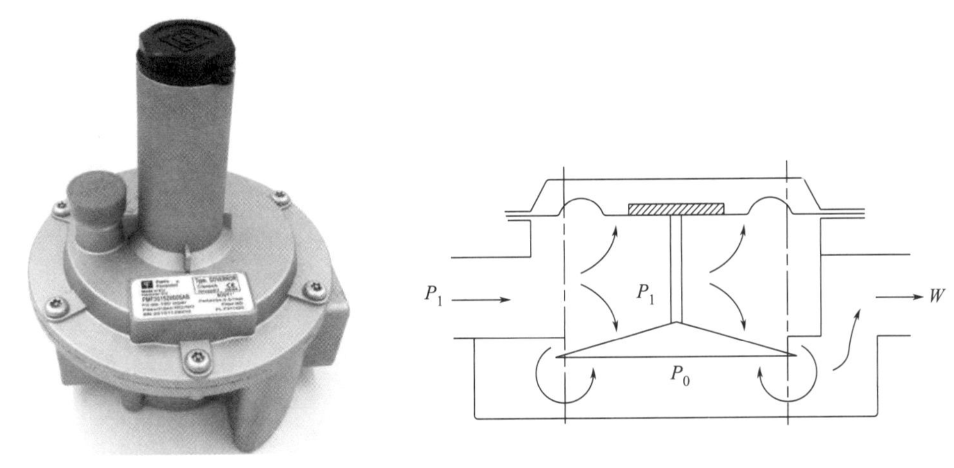

图 5-13　简单胶皮式燃气调压器结构与原理示意图

如图 5-14 所示，是一种膜片式止回阀的结构示意图。在存在背压的情况下，膜片会向阀头靠紧，阻止逆向气流通过。如果背压继续增大，阀座会克服支撑弹簧的作用而向阀座靠紧，从而有更大的受压面积来承受较高的背压。

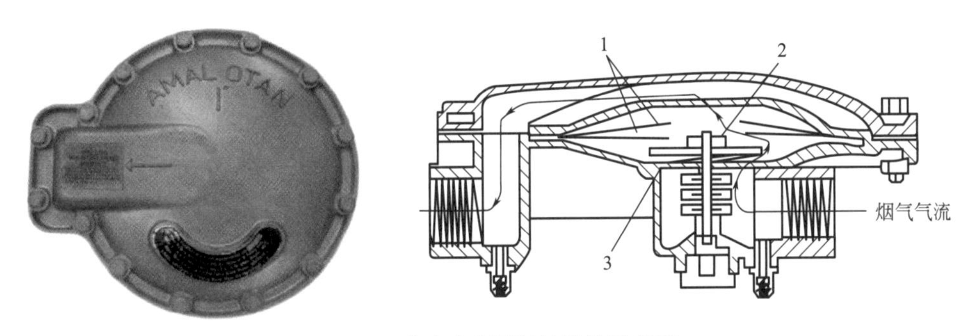

图 5-14　膜片式止回阀的结构示意图

1—膜片；2—阀头；3—阀底

5.2.3　商用燃气燃烧器具标准发展现状

现行有效的商用燃气燃烧器具标准主要有《中餐燃气炒菜灶》CJ/T 28—2013、《炊用燃气大锅灶》CJ/T 392—2012、《燃气蒸箱》CJ/T 187—2013、《商用燃气燃烧器具通用技术条件》CJ/T 451—2014、《商用燃气灶具能效限定值及能效等级》GB 30531—2014、《商用燃气燃烧器具》GB 35848—2018 等。2013 年燃气蒸箱、中餐燃气炒菜灶和炊用燃气大锅灶等产品的国家行业技术标准的制定，恢复了对热效率指标的规定。

《商用燃气灶具能效限定值及能效等级》GB 30531—2014 标准的制定，对中餐燃气炒菜灶、炊用燃气大锅灶和燃气蒸箱的能效进行了分级规定，让产品的能效等级评定有量化指标，用户通过器具上的标识就可获得该产品的节能情况，节能概念迅速扩展，激发行业对节能产品的研发积极性，对促进节能炉头的快速发展效果明显。

2018 年 2 月 6 日，《商用燃气燃烧器具》GB 35848—2018 标准发布，对商用燃气燃烧器具产品规范化、标准化发挥了重要的作用，使得商用燃气燃烧器具行业得以健康发展。

该标准适用的燃气用具涵盖了大部分商用燃气燃烧器具，主要包括蒸汽发生器类燃具、蒸箱类燃具、炸炉类燃具、煮食类燃具、大锅灶类燃具、平头炉类燃具、常压固定式沸水器类燃具、饭锅类燃具、洗碗机类燃具、炒灶类燃具、烧烤炉类燃具、热板炉类燃具、烤箱类燃具等。

该标准系统规定了商用燃气燃烧器具的材料要求、通用结构要求、燃气系统零部件要求、燃具特殊结构要求和性能要求等，并对试验方法和检验规则进行了规定，对产品的标志、警示、说明书、包装、运输和贮存等内容进行了规定。

《商用燃气燃烧器具》GB 35848—2018 标准对商用燃气燃烧器具强制性安装熄火保护装置做了明确的规定，生产企业在标准的引导下，积极研发适合于商用燃气燃烧器具特殊环境使用的熄火保护系统，并取得了实质性的成果，熄火保护装置安装的比例大幅提高，在一定程度上保证了商用燃气燃烧器具的安全。但由于产品种类繁多，结构十分复杂，仍需要在技术研发和生产质量控制上加大投入，市场监管上加大力度，从而确保商用燃气燃烧器具的安全。

5.2.4 商用燃气燃烧器具性能指标要求

现行国家标准《商用燃气灶具能效限定值及能效等级》GB 30531—2014 对几类商用燃气燃烧器具的能效进行了规定，如表 5-1 所示。

商用燃气燃烧器具能效等级 **表 5-1**

类型	热效率 η(%)		
	1 级	2 级	3 级
炒菜灶(≤60kW)	45	35	25
大锅灶(≤80kW)	65	55	45
蒸箱(≤80kW)	90	80	70

现行国家标准《商用燃气燃烧器具》GB 35848—2018 对商用燃气燃烧器具的主要性能进行了规定，如表 5-2 所示。

商用燃气燃烧器具主要性能指标要求 **表 5-2**

性能	要求
气密性	从燃气入口到燃气阀门，漏气量不应大于 0.14L/h
	从燃气入口至燃烧器火孔，外部应无可视泄漏
热负荷	各燃烧器的实测折算热负荷与额定热负荷的偏差不大于 10%
	具有两个燃烧器的燃具总实测折算热负荷不应小于单个燃烧器实测折算热负荷之和的 90%，具有 3 个及以上燃烧器的燃具不应小于 85%
热效率	冷凝式蒸汽发生器热效率不低于 94%，非冷凝式蒸汽发生器热效率不低于 80%
	冷凝蒸汽发生式蒸箱热效率不低于 94%，非冷凝蒸汽发生式蒸箱热效率不低于 80%，水胆式蒸箱热效率不低于 70%
	炸炉类、煮食炉类热效率不低于 50%
	大锅灶热效率不低于 45%

续表

性能	要求
热效率	煲仔炉热效率不低于50%，矮汤炉热效率不低于40%
	非冷凝式沸水器热效率不低于80%
	燃气饭锅测试热效率不低于50%
	中式炒菜灶热效率不低于25%
燃烧工况	无回火、熄火，离焰火孔数不应超过总火孔数的10%，火焰均匀、清晰，4s内传遍所有火孔，无爆燃
燃烧噪声	≤80dB(A)
熄火噪声	≤85dB(A)
$CO_{(\alpha=1)}$	≤0.10%（额定工况），≤0.20%（特殊工况）
点火装置	动作100000次后，点火性能合格，不妨碍使用

5.2.5 商用燃气燃烧器具技术发展现状

商用厨房对于烹饪速度有要求，商用燃气燃烧器具必须保证在烹饪时火力集中，锅底热强度高，热负荷较大，温度能快速达到厨师烹饪要求。现有商用燃气燃烧器具（以中餐炒菜灶、炊用燃气大锅灶为例），大多数采用鼓风式燃烧器，来增加燃烧混合气的出流速度，提高烟气的对流换热系数，满足商用厨房烹饪要求。

商用燃气燃烧器具现阶段的技术发展主要是为了解决热效率低、燃烧不完全、能源浪费、燃烧噪声大等问题。在商用燃气燃烧器具燃烧技术方面，主要是在燃烧器结构设计、燃气-空气比例控制、燃烧室结构设计等方面开展技术研究。燃烧技术研究致力于通过燃烧器结构的创新设计改善燃气-空气混合控制，保证合理的过剩空气系数以及燃烧前混合充分。燃烧室结构设计主要是优化高温烟气与锅底的对流传热时间，使得燃烧腔体温度保持高温状态，高温烟气与锅底的热交换充分，降低烟气余热损失。

目前，针对以中餐炒菜灶、炊用燃气大锅灶为主的商用燃气燃烧器具已发展形成了一些比较成熟的节能技术和燃烧技术。

1. 改善燃烧技术

燃气燃烧时如果空气过量，过量的冷空气会带走更多的热量，甚至会降低火焰温度导致燃烧不完全；如果燃气过量，则因为空气不足导致燃烧不完全，均会产生过量一氧化碳。

燃气要充分燃烧，首先要使燃气与空气的混合比例达到最佳，通常过剩空气系数取值在1.05～1.1之间。预混燃烧技术通过燃气比例阀可对燃气和空气混合比例进行实时控制，从而保证燃烧处于最佳空燃比。

（1）鼓风预混燃烧器

与鼓风扩散燃烧方式相比较，鼓风预混燃烧器的火焰较短，呈蓝色。由于鼓风机可以提供更多的助燃空气，单个燃烧器热负荷可以达到40kW以上。鼓风扩散燃烧的火焰温度在900℃左右，而鼓风预混燃烧器可将火焰温度提高至1100℃左右，极大地提高了传热效果。

随着鼓风预混燃烧器的技术发展，鼓风旋流式预混燃烧技术逐渐在商用燃气燃烧器具中应用，采用燃气旋流与空气旋流反向旋转来强化燃气与空气的混合过程，提高了燃烧器的燃烧强度并减小结构尺寸。同时，由于燃气-空气混合气流剧烈旋转，在环状燃烧火道底部会形成高温烟气回流区，起到稳定火焰的作用。

内向火鼓风预混燃烧技术由于其突出的燃烧性能，近些年被广泛应用在中餐炒菜灶等商用燃气燃烧器具中。内向火鼓风预混燃烧器内预混气体通过吸收炉头外壳热量，降低炉头温度，提高炉头的耐用性，同时预热燃气-空气混合物，提高燃烧效率；由于火孔表面向内，解决了金属纤维网高温热损坏和直出火孔燃烧器易堵塞的问题。内向火鼓风预混燃烧技术又具备冲焰燃烧的特点，加快燃烧气流速度，提高有效面积的传热效率，火力集中强劲；混气装置的合理设计，使得火孔出火均匀，避免湍流燃烧爆振引起的哨叫声，燃烧噪声有明显改善，对中餐厨房的工作环境噪声的改善有直接作用。

（2）陶瓷辐射板燃烧器

陶瓷辐射板燃烧器属于红外燃烧方式，燃烧基本上无可见火焰，又称为“无焰燃烧”。由于在燃气被点燃前已经和空气按一定比例混合，可以提高燃烧效率。红外燃烧的主要热传递方式为辐射传热，但是陶瓷辐射板作为燃烧器，在实际使用过程中存在急冷急热导致陶瓷材料寿命缩短的情况。

红外燃烧不需要从周围环境获取二次空气，锅底距离燃烧器表面较近，在较小的锅支架高度情况下，产生的高温烟气与锅底充分接触，进行辐射和对流换热，增加辐射换热量，减少锅底与燃烧器表面之间的空隙向周围环境的热损失，提高热效率。

（3）金属纤维表面燃烧器

金属纤维表面燃烧器是将预混好的燃气和空气通过分流板，均匀流动到金属纤维表面，火焰在金属纤维表面上燃烧，以辐射和对流的形式向外传热。金属纤维表面燃烧器通过调节空气量来控制燃气量，可以大幅度提高燃烧效率，燃烧噪声低，热负荷调节比大，可以采用无级调节。金属纤维表面燃烧方式对金属材质的要求较高，金属纤维网的成本也很高。

2. 减少热量流失技术

绝大多数采用鼓风式燃烧器的商用燃气燃烧器具，由于高温烟气与锅底的对流传热时间短，热交换不充分，大量高温烟气余热被快速通过烟道排出，造成热量未被充分利用，因此通过减少热量流失可以有效提高商用燃气燃烧器具热效率。

（1）烟气余热再利用技术

鼓风燃烧的排烟温度在300～500℃之间，可利用烟气余热作为高温热源生产热水，满足商用厨房加工过程中的大量热水需求，中餐炒菜灶的尾锅就是通过烟气余热利用加热热水，但是排烟温度仍然较高，还有很大的利用空间。

（2）炉膛辐射技术

将商用燃气燃烧器具的炉膛设计成双层内空结构，内层为辐射层，外层为保温层，将燃气在炉膛里燃烧后产生的热量通过高温烟气辐射加热炉膛表面的辐射板，辐射板材料具有较大的热辐射发射率，可对锅表面进行有效的二次热辐射。同时辐射板增大了烟气的流动阻力，延长了高温烟气在炉膛内的滞留时间，一定程度上增加了高温烟气与锅表面和辐射板的换热时间，使得热效率得到提高。

（3）新型保温材料的应用

传统鼓风式燃烧器的炉膛内空间比较大，且炉膛结构采用耐火砖、耐火土等厚重材料，隔热性能不佳，导致部分热量被商用灶本身吸收，造成热量流失。新型保温材料具有隔热性能好、耐火、质轻、环保、节能的特点，如岩棉、发泡塑料等，可以将更多的热量留在燃烧炉膛内，提高烟气温度和传热效率；同时新型保温材料的使用可以大大降低商用燃气燃烧器具的重量，降低运输成本。

3. 防止荒火技术

商用厨房的厨师在使用中餐炒菜灶等商用燃气燃烧器具过程中，因为加调料、出菜等原因造成设备处于空烧的状态，且这种状态在厨师烹饪的整个使用过程中有很长时间会出现。这种商用燃气燃烧器具处于空烧的状态称为荒火。荒火虽然不能从标准的热效率试验中反映出来，但其造成一定程度的能源浪费，商用燃气燃烧器具行业对防止荒火技术进行了研发和攻关。

人立火燃、人走火熄的防止荒火技术是厨师离开就意味着停止炒菜，其传感器在商用燃气燃烧器具的前端，通常为红外感应式。当传感器感应到厨师站在灶前时，打开主火燃气电磁阀，引燃大火；当传感器感应不到厨师时，则关闭主火燃气电磁阀，仅保留长明火。这种设计理念需要有可靠的红外感应器来支撑，当感应器发生故障时，炒菜灶易发生大火不燃或不灭的故障。

锅落火燃、锅抬火熄的防止荒火技术是锅抬到一定高度离开锅圈就意味着停止炒菜，其传感器在炒菜灶的锅圈上，通常为机械压杆式。当传感器感应到锅放在锅圈上时，打开主火燃气电磁阀，引燃大火；当传感器感应不到锅时，则关闭主火燃气电磁阀，仅保留长明火。

4. 炊用燃气大锅灶配合节能铁锅

在炊用燃气大锅灶中可以采用节能型大铁锅来提升传热效率。如图 5-15 所示，该节能型大铁锅包括内层和外层两部分铸合为一个整体铁锅，内层保留传统中餐尖顶锅的铸铁光滑面，外层增加了若干条以锅底为中心的均衡向锅沿口切向展开的 S 形旋转薄条翼片，S 形旋转薄条翼片与铁锅浇铸为同一整体锅壳。S 形旋转薄条翼片在设计上增加了锅外层的表面积，有效增大铁锅的吸热面积，锅底采用渗铝或高温喷铝工艺，其导热系数可增加近 5 倍，可节约能耗 10%以上，节能型大铁锅的热效率比原传统型大铁锅增加 20%左右。

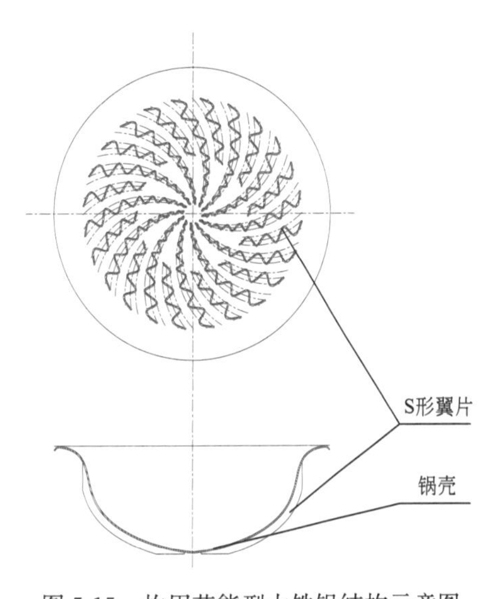

图 5-15　炊用节能型大铁锅结构示意图

5.3　商用燃气燃烧器具市场现状

5.3.1　商用燃气燃烧器具生产企业分析

商用燃气燃烧器具企业全国各地分布较均衡，以山东、广东、浙江等地为代表，具有生产能力的企业超过1000家，但具有一定竞争规模的生产企业不到50家，大部分生产企业以小规模加工零售和以工程招标投标的生产经营方式为主。

中国商用燃气燃烧器具生产企业大部分集中在中低端市场，没有较大的高端品牌。目前国内传统的商用燃气燃烧器具企业应在短期内突破地域性品牌限制，成长为全国性的品牌，这样才能引领商用燃气燃烧器具行业向规模化、品牌化的高质量发展。

自2019年10月起，由于商用燃气燃烧器具生产许可证制度取消，开始转为自愿性认证制度，商用燃气燃烧器具及相关零配件生产商进入了企业自律发展模式和市场后监管同步实施的新格局中。

5.3.2 商用燃气燃烧器具市场规模分析

商用燃气燃烧器具产品种类众多，主要应用于大型食堂、酒店饭店厨房、连锁餐饮和社会餐饮、学校食堂、部队食堂、机关企事业单位食堂等场景。由于商用燃气燃烧器具一般作为工程项目建设的组成部分，因此无法独立统计市场规模，根据奥维云网（AVC）发布的统计数据，商用厨房设备市场规模整体达到了800亿元左右。

根据国家统计局发布的最新数据，2016—2021年期间，全国保有连锁餐饮和星级饭店4万家左右，2021年突破5万家；学校数量有所增加，2021年共有52.16万所学校；机关及事业单位数量保持在100万个以上，2021年有所下降。另外，根据对国家统计局普查报告、部队总后勤部数据、社会餐饮白皮书等资料，2021年中国社会餐饮厨房数量在400万个以上，各类企业食堂数量约在45万个，部队、军警食堂约有3万个。因此，据不完全统计，中国现有商用厨房总数在600万个以上，商用燃气燃烧器具保有量约2000万台，市场年销量约300万台套，相关统计数据见图5-16～图5-18。

图5-16 连锁餐饮和星级饭店统计数据

根据国家统计局发布数据，2016—2021年期间，餐饮行业收入基本保持稳定增长，除2020年受新冠肺炎疫情影响餐饮收入同比下降15.4%外，其余各年份餐饮收入同比增长7%～11%，2021年同比增长18.6%；2016—2019年期间，餐饮收入占社会消费品零售总额的比例均超过11%，2020年和2021年该比例依旧保持在10%以上，说明随着中国经济发展和居民收入水平的提高，餐饮行业整体发展态势良好（图5-19）。

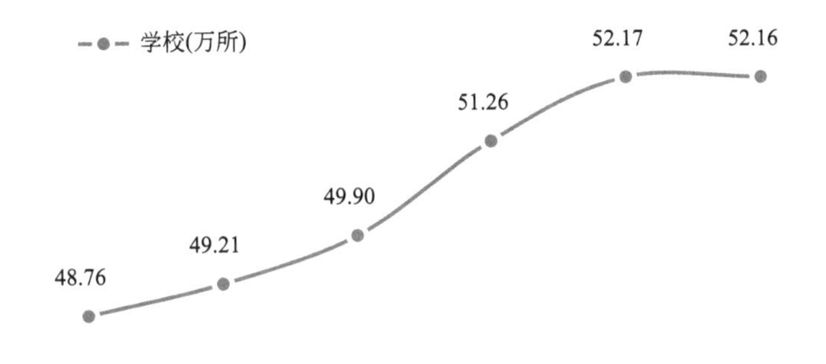

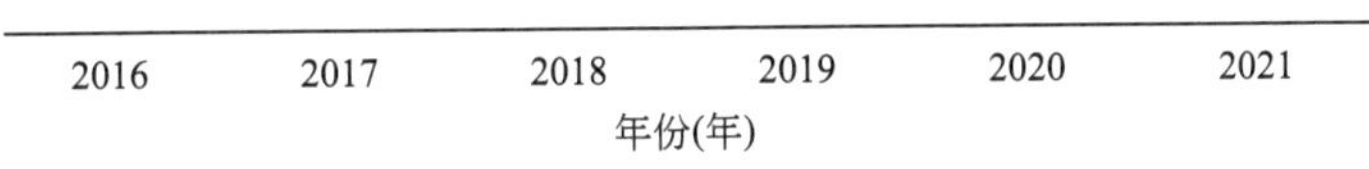

图 5-17　学校数量统计数据

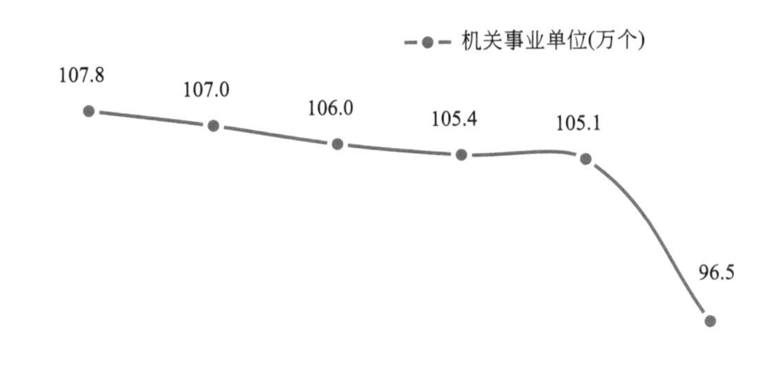

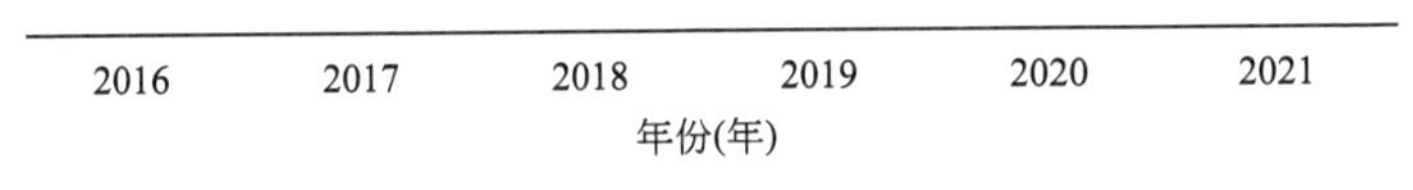

图 5-18　机关事业单位数量统计数据

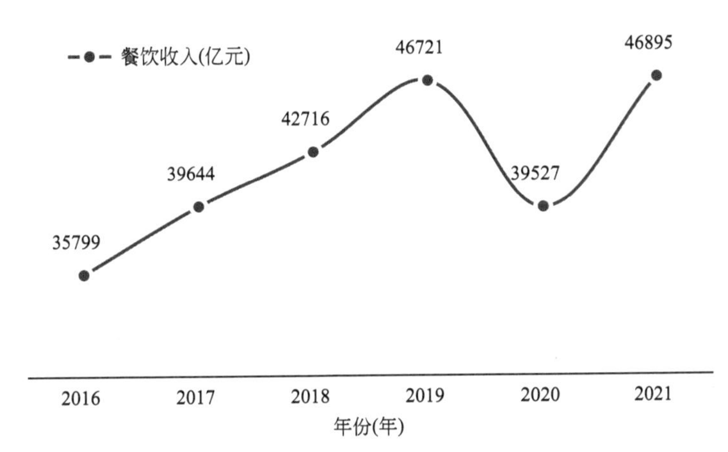

图 5-19　2016—2021 年全国餐饮收入统计数据情况

随着国家提倡节能环保和光盘行动，同时伴随着互联网新兴产业的发展带动的外卖餐饮市场蓬勃发展，餐饮市场呈现“健康理性消费、反对铺张浪费”的良好氛围，大众餐饮逐步走向台前，渐成主流，快餐和小吃企业在生意火爆的同时着力发展社区便利餐饮，高端餐饮企业向大众化转型重拾人心，让大众化餐饮成为餐饮行业发展的主力军，全年保持了稳定增长。商用厨房设备在餐饮市场整体增长的大环境下亦实现快速发展，据奥维云网（AVC）统计数据，中国商用厨房设备市场规模从 2016 年 549 亿元增长至 2021 年 830 亿元，增长率保持在 7%～18%（图 5-20）。随着城市工作节奏的加快以及人民生活水平的提高，与住宿饮食相关的行业蓬勃发展，商用燃气燃烧器具产品正健康稳步发展。

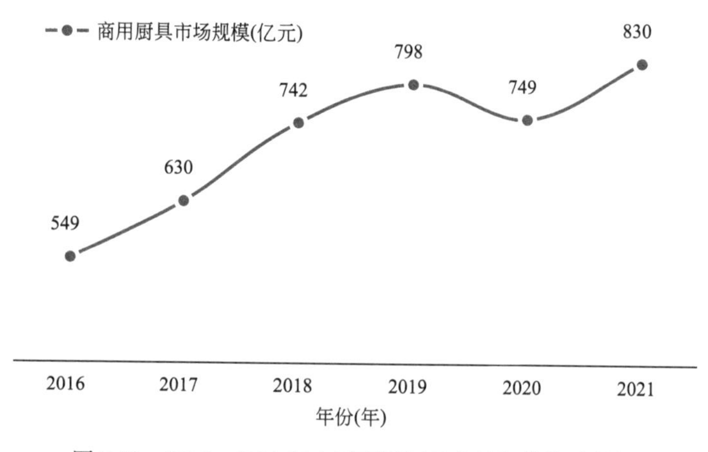

图 5-20　2016—2021 年中国商用厨具市场规模统计数据

第6章　燃气用具行业发展相关政策

“十三五”期间，国家大力推进能源发展政策、环保政策以及其他相关政策，为天然气行业快速发展和燃气用具行业的增长起到了至关重要的作用，特别是在北方地区造成了非常重大的影响，“煤改气”工程的持续不断推进，为燃气用具行业市场发展注入了新动力，特别是对燃气采暖热水炉产品，市场规模从“十二五”末期的200万台上升至“十三五”末期的400万台以上。北方大部分农村地区实现天然气管道入户，为燃气用具产品进入农村地区提供了便利条件。“十四五”时期，随着“双碳”政策的不断深入、环保政策的继续推进，加之“十三五”时期“煤改气”工程安装的相关燃气用具产品，将继续对燃气用具行业发展起到关键作用。

6.1　能源发展政策

2014年4月14日，《国务院办公厅转发发展改革委关于建立保障天然气稳定供应长效机制若干意见的通知》(国办发〔2014〕16号)，提出增加天然气供应，到2020年天然气供应能力达到4000亿 m^3，力争达到4200亿 m^3；保障民生用气，基本满足新型城镇化发展过程中居民用气（包括居民生活用气、学校教学和学生生活用气、养老福利机构用气等)、集中供热用气，以及公交车、出租车用气等民生用气需求，特别是要确保居民用气安全稳定供应；支持推进“煤改气”工程，落实《国务院关于印发大气污染防治行动计划的通知》(国发〔2013〕37号）要求，到2020年累计满足“煤改气”工程用气需求1120亿 m^3；建立有序用气机制，坚持规划先行、量入为出、全国平衡、供需协商，科学确定各省（区、市）的民生用气和“煤改气”工程用气需求量，加强需求侧管理，规范用气秩序。

2016年12月26日，《国家发展改革委 国家能源局关于印发能源发展“十三五”规划的通知》(发改能源〔2016〕2744号)，制定了到2020年的能源发展目标。保持能源供应稳步增长，国内一次能源生产量约40亿t标准煤，非化石能源7.5亿t标准煤。非化石能源消费比重提高到15%以上，天然气消费比重力争达到10%，煤炭消费比重降低到58%以下。

2016年12月10日，《国家发展改革委关于印发〈可再生能源发展“十三五”规划〉的通知》(发改能源〔2016〕2619号)，为实现2020年非化石能源占一次能源消费比重15%的目标，加快建立清洁低碳、安全高效的现代能源体系，促进可再生能源产业持续健康发展。

2016年12月24日，《国家发展改革委关于印发石油天然气发展“十三五”规划的通知》(发改能源〔2016〕2743号)，发布了《天然气发展“十三五”规划》，提出2020年国内天然气综合保供能力达到3600亿 m^3 以上；“十三五”期间，新建天然气主干及配套管道4万km，2020年总里程达到10.4万km，干线输气能力超过4000亿m^3/年；地下储气库累计形成工作气量148亿m^3；天然气占一次能源消费比例8.3%～10%，城镇人口天然气气化率达到57%。

2017年2月10日，国家能源局公布了《国家能源局关于印发2017年能源工作指导意见的通知》（国能规划〔2017〕46号），做好2017年能源工作，进一步深化能源供给侧结构性改革，推进“十三五”规划全面实施，提出计划在2017年把非化石能源消费比重提高到14.3%左右，天然气消费比重提高到6.8%左右。

2017年6月23日，十三部委联合印发《关于印发〈加快推进天然气利用的意见〉的通知》（发改能源〔2017〕1217号），指出要“将天然气培育成我国现代清洁能源体系的主体能源之一”，这是继《天然气发展“十三五”规划》后，再一次从国家层面确立了天然气的主体能源地位，这将对下一步天然气行业发展起到重要推动作用，也进一步表明了中国将大力推动天然气发展的决心。

2018年8月30日，国务院发布《国务院关于促进天然气协调稳定发展的若干意见》（国发〔2018〕31号），“煤改气”要坚持“以气定改”、循序渐进，保障重点区域、领域用气需求。落实各方责任，强化监管问责，确保民生用气稳定供应。

2020年9月，习近平主席在第七十五届联合国大会向全世界庄严宣布，中国将力争于2030年前实现碳达峰，在2060年前实现碳中和。这是全球应对气候变化历程中的里程碑事件，体现了中国作为世界第二大经济体的责任与担当。2020年中央经济工作会议明确将做好碳达峰、碳中和工作列为全年八项重点任务之一。习近平总书记系列重要讲话和党中央决策部署为推动气候环境治理和可持续发展擘画宏伟蓝图、指明道路方向，彰显了中国坚持绿色低碳发展的战略定位和积极应对气候变化、推动构建人类命运共同体的大国担当。

2020年12月21日，国务院新闻办公室举行《新时代的中国能源发展》白皮书新闻发布会。国家能源局法制和体制改革司司长朱明在接受媒体采访时表示，关于推进北方地区冬季清洁取暖，要不断建立健全清洁取暖政策体系，积极稳妥推进清洁取暖工作，保障群众安全温暖清洁过冬。

2021年9月22日，《中共中央 国务院关于完整准确全面贯彻新发展理念做好碳达峰碳中和工作的意见》，提出到2025年，非化石能源消费比重达到20%左右，为实现碳达峰、碳中和奠定坚实基础；到2030年，非化石能源消费比重达到25%左右，二氧化碳排放量达到峰值并实现稳中有降；到2060年，非化石能源消费比重达到80%以上，碳中和目标顺利实现。

2021年10月21日，《国家发展改革委 国家能源局 财政部 自然资源部 生态环境部 住房和城乡建设部 农业农村部 中国气象局 国家林业和草原局 关于印发“十四五”可再生能源发展规划的通知》（发改能源〔2021〕1445号），锚定碳达峰、碳中和与2035年远景目标，提出可再生能源“十四五”主要发展目标，到2025年，可再生能源消费总量达到10亿t标准煤左右，可再生能源发电量达到3.3万亿kWh左右，全国可再生能源电力总量消纳责任权重达到33%左右，地热能供暖、生物质供热、生物质燃料、太阳能热利用等非电利用规模达到6000万t标准煤以上。

2021年10月24日，《国务院关于印发2030年前碳达峰行动方案的通知》（国发

〔2021〕23号），制定“十四五”与“十五五”期间的发展目标，提出了能源绿色低碳转型行动、节能降碳增效行动、工业领域碳达峰行动、城乡建设碳达峰行动、交通运输绿色低碳行动、循环经济助力降碳行动、绿色低碳科技创新行动、碳汇能力巩固提升行动、绿色低碳全民行动、各地区梯次有序碳达峰行动等“碳达峰十大行动”，以深入贯彻落实党中央、国务院关于碳达峰、碳中和的重大战略决策，扎实推进碳达峰行动。

2022年1月29日，《国家发展改革委 国家能源局 关于印发〈“十四五”现代能源体系规划〉的通知》（发改能源〔2022〕210号），提出了中国能源发展方针、主要目标和任务举措，是“十四五”时期加快构建现代能源体系、推动能源高质量发展的总体蓝图和行动纲领。

2022年3月17日，《国家能源局关于印发〈2022年能源工作指导意见〉的通知》（国能发规划〔2022〕31号），围绕2022年能源工作提出三个主要目标、七大方面重要工作，明确2022年全国能源生产总量达到44.1亿t标准煤左右，天然气产量2140亿m^3左右，非化石能源占能源消费总量比重提高到17.3%左右等具体要求，以全面实施“十四五”规划，深入落实碳达峰行动方案。

2022年3月23日，国家发展改革委、国家能源局联合印发《氢能产业发展中长期规划（2021—2035年）》，明确了氢的能源属性，是未来国家能源体系的组成部分，同时明确氢能是战略性新兴产业的重点方向，是构建绿色低碳产业体系、打造产业转型升级的新增长点，提出了氢能产业发展各阶段目标，到2025年，基本掌握核心技术和制造工艺，燃料电池车辆保有量约5万辆，部署建设一批加氢站，可再生能源制氢量达到10万～20万t/年，实现二氧化碳减排100万～200万t/年。到2030年，形成较为完备的氢能产业技术创新体系、清洁能源制氢及供应体系，有力支撑碳达峰目标实现。到2035年，形成氢能多元应用生态，可再生能源制氢在终端能源消费中的比例明显提升。

2022年5月10日，《国务院办公厅关于印发城市燃气管道等老化更新改造实施方案（2022—2025年）的通知》（国办发〔2022〕22号），对材质落后、使用年限较长、运行环境存在安全隐患、不符合相关标准规范的城市燃气、供水、排水、供热等老化管道和设施进行更新改造。其工作目标是在全面摸清城市燃气等管道老化更新改造底数的基础上，马上规划部署，加快开展相关工作，彻底消除安全隐患，在2025年年底，基本完成城市燃气管道等老化更新改造任务。通过开展城市燃气管道等老化更新改造，加强市政基础设施体系化建设，保障安全运行，提升城市安全韧性，促进城市高质量发展，让人民群众生活更安全、更舒心、更美好。

2022年5月14日，《国务院办公厅转发国家发展改革委 国家能源局关于促进新时代新能源 高质量发展实施方案的通知》（国办函〔2022〕39号），为实现2030年风电、太阳能发电总装机容量达到12亿kW以上的目标，加快构建清洁低碳、安全高效的能源体系，制定了促进新时代新能源高质量发展实施方案，更好发挥新能源在能源保供增供方面的作用，助力扎实做好碳达峰、碳中和工作。

2022年8月19日，国家能源局、国务院发展研究中心、自然资源部等联合发布《中国天然气发展报告（2022）》，总结了2021年国内外天然气发展形势，提出2022年中国天然气发展面临的新要求与建设的重点方向，并对中国天然气市场进行了展望。

2022年9月20日，国家能源局印发《能源碳达峰碳中和标准化提升行动计划》，提出到 2025 年，初步建立起较为完善、可有力支撑和引领能源绿色低碳转型的能源标准体系；到 2030 年，建立起结构优化、先进合理的能源标准体系，能源标准与技术创新和产业转型紧密协同发展，能源标准化有力支撑和保障能源领域碳达峰、碳中和。

2023 年 3 月 28 日，《国家能源局关于加快推进能源数字化智能化发展的若干意见》（国能发科技〔2023〕27 号），提出针对电力、煤炭、油气等行业数字化智能化转型发展需求，通过数字化智能化技术融合应用，急用先行、先易后难，分行业、分环节、分阶段补齐转型发展短板，为能源高质量发展提供有效支撑。到 2030 年，能源系统各环节数字化智能化创新应用体系初步构筑、数据要素潜能充分激活，一批制约能源数字化智能化发展的共性关键技术取得突破。

6.2 环保政策

“十二五”末，雾霾天气对北方大部分地区的空气质量带来了恶劣影响，大气十条等大气污染治理政策的实施，一定程度上改善了空气质量。“十三五”初期，为了进一步加大大气污染防治力度，破解北京及周边地区大气污染防治工作，带动全国大气污染防治工作，2016 年 6 月 17 日，环境保护部联合北京市人民政府、天津市人民政府和河北省人民政府印发《关于印发京津冀大气污染防治强化措施（2016—2017 年）》（环大气〔2016〕80 号），大力推进清洁取暖，限时完成农村散煤清洁化替代，积极推进农村“电代煤”和“气代煤”工作。京津冀各地相继推出各自的“煤改气”行动方案和补贴政策。

2016 年 12 月 21 日，中央财经领导小组第十四次会议，习近平强调，推进北方地区冬季清洁取暖等 6 个问题，都是大事，关系广大人民群众生活，是重大的民生工程、民心工程。推进北方地区冬季清洁取暖，关系北方地区广大群众温暖过冬，关系雾霾天能不能减少，是能源生产和消费革命、农村生活方式革命的重要内容。要按照企业为主、政府推动、居民可承受的方针，宜气则气，宜电则电，尽可能利用清洁能源，加快提高清洁供暖比重。

2017 年 5 月 16 日，财政部、住房和城乡建设部、环境保护部等联合发布的《关于开展中央财政支持北方地区冬季清洁取暖试点工作的通知》（财建〔2017〕238 号）中规定，在三年的“煤改气”试点示范期间内，中央财政按照城市规模分档予以补贴，其中直辖市每年安排 10 亿元，省会城市每年安排 7 亿元，地级城市每年安排 5 亿元。如此，在“2＋26”城市群中，直辖市、省会城市、地级市每年分别可以获得 20 亿元、28 亿元、110 亿元的中央财政支持，28 个城市每年可获得中央财政奖补 158 亿元，3 年总共 474 亿元。

2017 年 8 月 21 日，环境保护部等印发《京津冀及周边地区 2017—2018 年秋冬季大气污染综合治理攻坚行动方案》（环大气〔2017〕110 号），对北京、天津、河北、山西、山东、河南 6 省市“煤改气”“煤改电”提出详细要求，2017 年 10 月底前，“2＋26”城市完成以电代煤、以气代煤 300 万户以上。其中，北京市 30 万户、天津市 29 万户、河北省 180 万户、山西省 39 万户、山东省 35 万户、河南省 42 万户。北京、天津、廊坊、保定市 2017 年 10 月底前完成“禁煤区”建设任务，散煤彻底“清零”。

2017 年 12 月 4 日，环境保护部向京津冀及周边地区“2＋26”城市下发《关于请做好散煤综合治理确保群众温暖过冬工作的函》（环办大气函〔2017〕1874 号）特急文件，提出坚持以保障群众温暖过冬为第一原则，进入供暖季，凡属（“煤改气”“煤改电”工程）没有完工的项目或地方，继续沿用过去的燃煤取暖方式或其他替代方式。

2017年12月5日，十部委联合发布《北方地区冬季清洁取暖规划（2017—2021）》。对北方重点地区冬季清洁供暖“煤改气”气源保障总体方案作出了具体安排。到2021年北方地区清洁取暖率达到70%，替代散煤烧（含低效小锅炉用煤）1.5亿t。力争5年时间左右，基本实现雾霾严重化城市地区的散煤供暖清洁化。规划“2+26”城市2017—2021年累计新增天然气供暖面积18亿m^2，新增用气230亿m^3；其中，燃气采暖热水炉新增用户1200万户，新增用气90亿m^3。

2018年1月24日，河北省发展改革委印发文件，要求除2017年结转的农村“煤改气”任务外，当年原则上不再新增农村“煤改气”和燃煤锅炉改气。

2018年7月3日，国务院出台《打赢蓝天保卫战三年行动计划》，坚持从实际出发，宜电则电、宜气则气、宜煤则煤、宜热则热，确保北方地区群众安全取暖过冬。集中资源推进京津冀及周边地区、汾渭平原等区域散煤治理，优先以乡镇或区县为单元整体推进。2020年供暖季前，在保障能源供应的前提下，京津冀及周边地区、汾渭平原的平原地区基本完成生活和冬季取暖散煤替代；“煤改气”坚持“以气定改”，新增天然气量优先用于城镇居民和大气污染严重地区的生活和冬季取暖散煤替代。

2018年7月23日，《财政部 生态环境部 住房城乡建设部 国家能源局关于扩大中央财政支持北方地区冬季清洁取暖城市试点的通知》（财建〔2018〕397号），试点申报范围扩展至京津冀及周边地区大气污染防治传输通道“2+26”城市、张家口市和汾渭平原城市。张家口市比照“2+26”城市标准。汾渭平原原则上每市每年奖补3亿元。

2018年9月5日，《国务院关于促进天然气协调稳定发展的若干意见》（国发〔2018〕31号），强调天然气是优质高效、绿色清洁的低碳能源。加快天然气开发利用，促进协调稳定发展，是中国推进能源生产和消费革命，构建清洁低碳、安全高效的现代能源体系的重要路径。充分利用天然气等各种清洁能源，多渠道、多途径推进煤炭替代。“煤改气”要坚持“以气定改”、循序渐进，保障重点区域、领域用气需求。落实各方责任，强化监管问责，确保民生用气稳定供应。

2018年9月21日，生态环境部等《关于印发〈京津冀及周边地区2018—2019年秋冬季大气污染综合治理攻坚行动方案〉的通知》（环大气〔2018〕100号），坚持从实际出发，统筹兼顾温暖过冬与清洁取暖；坚持因地制宜，合理确定改造技术路线，宜电则电、宜气则气、宜煤则煤、宜热则热。坚持以气定改、以电定改，各地在优先保障2017年已经开工的居民“煤改气”“煤改电”项目用气用电基础上，根据年度和供暖期新增气量以及实际供电能力合理确定居民“煤改气”“煤改电”户数；坚持先立后破，对以气代煤、以电代煤等替代方式，在气源电源未落实情况下，原有取暖设施不予拆除。根据各地上报，2018年10月底前，“2+26”城市要完成散煤替代362万户。其中，北京市替代15万户，平原地区基本实现散煤“清零”；天津市替代19万户，力争2019年10月底前基本完成散煤替代工作；河北省替代174万户，力争2019年10月底前基本完成北京市以南、石家庄市以北散煤替代工作；山西省替代28万户、山东省替代45万户、河南省替代81万户。

2019年2月28日，《生态环境部办公厅关于印发〈2019年全国大气污染防治工作要点〉的通知》（环办大气〔2019〕16号），稳步推进北方地区清洁取暖。按照以气定改、以供定需、先立后破的原则，加大京津冀及周边地区和汾渭平原散煤治理力度，统筹兼顾温暖过冬与清洁取暖，配合有关部门加强重点区域气源电源供应保障。

2019年10月11日，生态环境部等印发《京津冀及周边地区2019—2020年秋冬季大气污染综合治理攻坚行动方案》（环大气〔2019〕88号）。有效推进清洁取暖。按照“以气定改、以供定需，先立后破、不立不破”的原则，坚持“先规划、先合同、后改造”，在保证温暖过冬的前提下，集中资源大力推进散煤治理；因地制宜，合理确定改造技术路线。坚持宜电则电、宜气则气、宜煤则煤、宜热则热。合理确定“煤改气”“煤改电”户数，合同签订不到位、基础设施建设不到位、安全保障不到位的情况下，不新增“煤改气”户数。根据各地上报情况，2019年10月底前，“2＋26”城市完成散煤替代524万户。其中，天津市36.3万户、河北省203.2万户、山西省39.7万户、山东省114.3万户、河南省130.7万户。

2019年11月4日，生态环境部等印发《汾渭平原2019—2020年秋冬季大气污染综合治理攻坚行动方案》（环大气〔2019〕98号）。有效推进清洁取暖。按照“以气定改、以供定需，先立后破、不立不破”的原则，坚持“先规划、先合同、后改造”，坚持宜电则电、宜气则气、宜煤则煤、宜热则热。根据各地上报情况，2019年供暖季前，汾渭平原完成散煤治理198万户。其中，山西省60万户、河南省30万户、陕西省108万户。

2020年5月15日，生态环境部大气司司长刘炳江在例行新闻发布会上明确表示，“煤改气”“煤改电”对环境改善效益明显，将持续推进。京津冀及周边、汾渭平原散煤清零，是刚性任务。生态环境部会坚定不移持续推进，确保2020年供暖季前京津冀及周边地区的平原地区农村散煤基本清零。

2020年10月30日，生态环境部等印发《京津冀及周边地区、汾渭平原2020—2021年秋冬季大气污染综合治理攻坚行动方案》（环大气〔2020〕61号）。坚持“宜电则电、宜气则气、宜煤则煤、宜热则热”，按照“以气定改、以供定需、先立后破”的原则，集中资源大力推进散煤治理。2020年供暖季前，在保障能源供应的前提下，京津冀及周边地区、汾渭平原基本完成平原地区生活和冬季取暖散煤替代，基本建成无散煤区。根据各地上报情况，2020年供暖季前，京津冀及周边地区、汾渭平原共完成散煤替代709万户。其中，河北省337万户、山西省96万户、山东省163万户、河南省40万户、陕西省73万户。

2021年1月11日，生态环境部印发《关于统筹和加强应对气候变化与生态环境保护相关工作的指导意见》（环综合〔2021〕4号），主要目标是“十四五”期间，应对气候变化与生态环境保护相关工作统筹融合的格局总体形成，协同优化高效的工作体系基本建立，在统一政策规划标准制定、统一监测评估、统一监督执法、统一督察问责等方面取得关键进展，气候治理能力明显提升。到2030年前，应对气候变化与生态环境保护相关工作整体合力充分发挥，生态环境治理体系和治理能力稳步提升，为实现二氧化碳排放达峰目标与碳中和愿景提供支撑，助力美丽中国建设。其中明确指出要加强温室气体监测，逐步纳入生态环境监测体系统筹实施，试点开展石油天然气、煤炭开采等重点行业甲烷排放监测。

2021年10月27日，国务院新闻办公室发布《中国应对气候变化政策与行动》白皮书，中国高度重视应对气候变化，在克服自身经济、社会等方面困难，实施一系列应对气候变化战略、措施和行动，参与全球气候治理，应对气候变化取得了积极成效，白皮书介绍了中国应对气候变化的进展情况，分享中国应对气候变化实践和经验，增进国际社会了解。

2021 年 10 月 29 日，生态环境部等部门《关于印发〈2021—2022 年秋冬季大气污染综合治理攻坚方案〉的通知》（环大气〔2021〕104 号），考虑各地秋冬季大气环境状况和区域传输影响，2021—2022 年秋冬季攻坚范围在京津冀及周边地区“2＋26”城市和汾渭平原城市基础上，增加河北北部、山西北部、山东东部和南部、河南南部部分城市。将确保群众安全过冬、温暖过冬放在首位，集中资源以区县或乡镇为单元成片推进清洁取暖。按照宜电则电、宜气则气、宜煤则煤的原则，因地制宜、科学规划清洁取暖技术路线，确保居民可承受、效果可持续，居民“煤改气”要坚持“以气定改”，坚持“先立后破、不立不破”。根据各地上报情况，2021 年供暖季前，各地共完成散煤替代 348 万户。其中，北京、河北、山西、山东、河南、陕西分别完成 2 万户、78 万户、81 万户、148 万户、4 万户、35 万户。

2021 年 11 月 2 日，《中共中央 国务院关于深入打好污染防治攻坚战的意见》，提出到 2025 年，生态环境持续改善，主要污染物排放总量持续下降，单位国内生产总值二氧化碳排放比 2020 年下降 18%；到 2035 年，广泛形成绿色生产生活方式，碳排放达峰后稳中有降，生态环境根本好转，美丽中国建设目标基本实现的发展目标。立足新发展阶段，完整、准确、全面贯彻新发展理念，构建新发展格局，以更高标准打好蓝天、碧水、净土保卫战，以高水平保护推动高质量发展、创造高品质生活。

2021 年 12 月 28 日，《国务院关于印发“十四五”节能减排综合工作方案的通知》（国发〔2021〕33 号），提出到 2025 年全国单位国内生产总值能源消耗比 2020 年下降 13.5% 的减排目标，明确实施节能减排重点工程，以推动节能减排，打好污染防治攻坚战，推进经济社会发展全面绿色转型，助力实现碳达峰、碳中和目标。

6.3 其他相关政策

纵观家电市场发展过程，家电下乡对市场影响具有重大的历史意义。在全球经济危机的影响下，家电下乡扩大农村消费，有力拉动内需。其次，消化家电业过剩产能，促进行业整体发展形势。另外，改善了农民生活，有效缩小城乡差距。总体来看，家电下乡政策对整个家电行业销售的刺激是非常有效的，对家电产品市场普及率的提升是显而易见的。电储水热水器、燃气热水器和太阳能热水器也在家电下乡的名单当中，其中，太阳能热水器受到政策影响更为明显，市场快速发展。

虽然在政策的引领下，市场迎来爆发期，但是这种短暂的繁荣也提前透支了市场需求，留下一系列的“寅吃卯粮”式的后遗症。在“家电下乡”“家电以旧换新”“家电节能补贴”等政策纷纷“下架”之后，市场销售明显受到影响，一方面，补贴政策的退出造成了消费者的心理落差形成购买障碍；另一方面，一系列的市场补贴政策透支了市场需求，使得市场需求在政策的取消后出现疲软，这无论对于大型企业还是中小企业来说，都不利于后期产能的预估和市场的扩张。此外，短期的政策刺激虽然拉动了企业的增长，但是企业却将大部分人力、物力、财力投入到扩大产能方面，以迎合政策所带来的市场需求。另外，家电下乡时期，出现了一批的“专有”品牌，这些品牌在产品质量和售后服务方面有明显不足，给市场和消费者带来较坏影响。

从最近几年家电市场的发展来看，家电市场已经成熟并且完成普及，家电下乡和节能补贴政策之后，大范围刺激家电销售的政策出现的可能性已几乎不存在。然而，这并不排除个别区域的小范围的行业促进政策的出现，不过这些促进政策的重点都在于产品升级，着眼于引领家电行业向绿色高效高端和市场规范化发展。而且，新的刺激政策对于企业而言有参与门槛，这与之前的家电下乡等政策有明显的不同。例如，北京市的节能补贴政策，对热水器产品能效标识为一级的产品补贴 13%，能效标识为二级能效为 8%。此次补贴促进节能产品普及和升级的意图已非常明显。

2022 年 1 月 27 日，北京市商务局发布《关于延长节能减排促消费政策实施周期的公告》，节能减排促消费政策延长至 2022 年 3 月 31 日结束，也就意味着 2022 年 4 月份开始，消费者购买能效标识为 1 级或 2 级的家用燃气灶、热水器等节能减排商品也无法领取资金补贴。

2022 年 4 月开始，北京市商务局发布《北京市商务局关于实施促进绿色节能消费政策的通知》（京商消促字〔2022〕24 号）、《北京市商务局关于实施促进绿色节能消费政策的补充通知》（京商消促字〔2022〕29 号）、《北京市商务局关于调整促进绿色节能消费政策适用商品范围的通知》（京商消促字〔2022〕47 号）、《北京市商务局关于 2022 年度延长促进绿色节能消费政策的补充通知》（京商消促字〔2022〕62 号），面向在京消费者发放绿色节能消费券，鼓励消费者购买使用绿色节能商品，商品类别中燃气热水器、燃气灶等需要达到二级能效及以上等级，燃气采暖热水炉需要满足一级能效。系列通知中政策实施周期逐渐延长，商品类别逐步扩充，从最开始的 20 类增加至 46 类，同时消费券金额也逐步提升，在京消费者优惠券总金额从 900 元增加至 1500 元。

第7章 燃气用具行业发展趋势

7.1 燃气用具市场发展趋势

7.1.1 市场发展特点

家用燃气灶作为日常生活烹饪的家用产品，已成为每户家庭的必备燃气用具产品，其具有极高的百户拥有量、极强的换新属性和下沉市场的低饱和度特征。家用燃气灶市场直接受城镇燃气发展的影响，与房地产市场发展情况呈现极强的正相关性，同时在一、二线城市的换新需求较大，在下沉市场依旧有较大的增量市场潜力。

集成灶作为集成化家用厨房设备产品，过去十年迎来快速发展阶段。一方面集成灶品牌宣传推广力度的加大、销售渠道的增多，使得集成灶进入更多消费者视线之中，消费者接受度提升。另一方面，主要布局于三、四线市场的集成灶，随着三、四线城市在棚改货币化政策刺激下，显著拉动厨房配置需求，为集成灶市场增长提供了良好契机。集成灶与家用燃气灶同属家用烹饪产品，两者具有一定的互相替代性。集成灶市场发展同样受天然气、房地产市场、收入和消费水平等因素的影响，未来增量市场发展潜力巨大，相比而言换新市场需求较小。

家用燃气热水器在热水器市场中约占到40%的市场份额，略低于电热水器市场占比，但显著高于太阳能等其他能源类型热水器市场占比。随着“双碳”政策的提出，天然气在一次能源消费占比将进一步提升；同时，考虑到太阳能热水器产品痛点明显和家用燃气热水器在使用舒适性方面的显著优势，随着城镇燃气逐步向乡村地区普及，在具备燃气使用条件的地区，家用燃气热水器替代电热水器和太阳能热水器将逐渐成为趋势。另一方面，在一、二级市场保有量已近饱和，家用燃气热水器市场开始步入存量换新市场；下沉市场产品饱和度比较低，随着经济和生活水平的提升，消费者需求持续释放，下沉市场有望成为家用燃气热水器市场新增量需求的主要来源。

燃气采暖热水炉市场在供给侧改革、房地产市场拉升、城镇化进程提速、燃气管网供应基础建设不断推进、分户供暖逐渐普及到南方市场、“煤改清洁能源”政策红利释放等多方利好因素的共同作用下实现突破性发展。政策因素对燃气采暖热水炉市场的发展起到至关重要的作用，在“煤改气”政策的推动下，燃气采暖热水炉产品知名度提升，消费者购买意愿增强，房地产市场得以稳步发展。后“煤改气”时代的置换市场和南方分户供暖市场将是燃气采暖热水炉市场未来发展的重要领域。

商用燃气燃烧器具主要应用于大型食堂、酒店饭店厨房、连锁餐饮和社会餐饮、学校食堂、部队食堂、机关企事业单位食堂等场景。随着中国经济发展和居民收入水平的提高，餐饮行业整体发展态势良好，餐饮行业收入基本保持稳定增长。随着互联网新兴产业的发展带动外卖餐饮市场蓬勃发展，大众餐饮渐成主流，快餐和小吃餐饮在生意火爆的同时着力发展社区便利餐饮；高端餐饮企业向大众化转型，让大众化餐饮成为餐饮行业发展的主力军。与此同时，随着旅游行业的快速发展，节假日出行游玩，入住酒店，也为餐饮行业的发展注入动力，一定程度上助推商用燃气燃烧器具的发展。

7.1.2 影响因素分析

不同品类的燃气用具由于各自功能特点和应用场景有所不同，市场发展的影响因素有差异，但总体上影响燃气用具市场发展的主要因素包括：宏观经济因素、人口因素、城镇化率因素、收入和消费因素、消费市场因素、气源因素、房地产市场因素、材料配件及供应链因素等。

1. 宏观经济因素

2020年5月14日，中共中央政治局常委会会议首次提出“深化供给侧结构性改革，充分发挥中国超大规模市场优势和内需潜力，构建国内国际双循环相互促进的新发展格局”。“双循环”发展以国内大循环为主体、国内国际双循环相互促进，提高供给侧的创新力和竞争力，对外提升产业链安全。

“十三五”期间，中国经济增长动力强劲，经济发展迅速，供需关系逐步改善，市场活力动力增强，就业民生较好保障，国民经济延续稳定态势。虽然新冠肺炎疫情三年对中国经济增长有所影响，但2020—2022年中国GDP年均增速达4.5%，是二十国集团（G20）中年均增速最高的经济体之一。“十四五”时期中国经济将进入“新常态”发展阶段，将带来四大新机遇：一是增速虽然放缓，但增量依然可观；二是增长更趋平稳，动力更为多元；三是经济结构优化升级，发展前景更加稳定；四是政府简政放权，市场活力将进一步释放。

2. 人口因素

人口在经济发展中发挥巨大作用，“人口红利”形成的超大规模市场和劳动力供给，是中国改革开放以来经济快速发展的一项核心竞争力。中国人口发展已经进入低生育水平阶段，2018年年末全国就业人口总量首次出现下降，2022年年末全国人口比上年末减少85万人，预计未来劳动年龄人口还会逐年减少。“人口红利”的消失，导致未来对燃气用具产品的新增需求将会持续减弱，换新需求成为主导力量。

3. 城镇化率因素

城镇化是现代化的必经之路，随着经济发展水平的不断提高和工业化进程的不断加快，促使农村人口大量流入城市，推动城镇化水平稳步提升。近年来随着城镇化发展战略的逐步推进，中国城镇化率稳步提升，2022年达到65.22%。城镇化进程的加速，意味着大量农村居民向城镇转移，消费者对于产品有更高需求，从而带来大量需求释放，燃气用具产品需求将随着城镇化的推进而稳步增长。下沉市场燃气用具产品的低保有量以及城镇化进程的深入推进，将为燃气用具行业发展带来广阔空间。

4. 收入和消费因素

根据国家统计局发布数据，2022年全国居民人均可支配收入36883元，比上年增长2.9%。其中，城镇居民人均可支配收入49283元，比上年增长1.9%；农村居民人均可支配收入 20133 元，比上年增长 4.2%。

人均可支配收入的稳步增长，一方面能提高燃气用具产品的整体需求与消费者购买能力，另一方面也有助于推动需求结构升级，消费者购买需求已经从普及型需求转变成更新换代需求。消费者在购买燃气用具产品时更加注重产品品质，中高端产品越来越受到消费者的欢迎。整体化、节能环保化、美观智能化、健康化、人性化和多样化成为燃气用具市场消费的重要发展趋势。收入水平增长带来的消费能力提升，将为燃气用具行业注入长期发展动力。

5. 消费市场因素

消费升级是新消费发展的动力基础，“双循环”下线上消费和网络零售等新消费模式成为趋势。随着移动互联网和移动支付的快速普及，碎片化时间的充分利用使燃气用具产品网络零售深度融入居民生活，网络零售规模持续较快增长，线上消费习惯逐渐养成。在网络消费规模扩大过程中，燃气用具产品消费方式由单纯线上或线下向线上线下融合发展转变，全渠道消费快速增长。另外，新消费的营销渠道主要是线上新媒体平台，燃气用具产品品牌推广和营销方式更加多变，使得产品得到更快速的热点和更大范围的曝光量。

随着厂商宣传渠道的多样化，消费者对于燃气用具各品牌的认知了解有了明显的提升，购买时对于品牌的选择会投入更高的权重。消费者在购买燃气用具产品的过程中，更关注品牌代表的质量承诺和文化内涵，愿意为品牌承载的品质支付额外溢价，一定程度上刺激换新市场需求和新增购买需求。

6. 气源因素

“十三五”期间，中国建成了中俄东线、东北管网系统、陕京系统和西气东输系统，天然气管输互联互通，总体呈现“西气东输、北气南下、海气登陆”态势，构建了西北、西南、东北、海上进口天然气四大战略通道及“三纵三横”管网架构，形成了横跨东西、纵贯南北、联通海外的天然气骨干管网格局，保障国家能源安全。天然气消费持续快速增长，从 2015 年的 1871 亿 m^3 增长至 2020 年的 3280 亿 m^3，天然气消费量在一次能源总消费量中的占比从“十二五”末期的 5.9%提升至 8.4%。据统计，2022 年，全国天然气表观消费量 3663 亿 m^3，在一次能源中的占比尚未突破 10%。在城镇燃气方面，《北方地区冬季清洁取暖规划（2017—2021 年）》的发布推进京津冀、汾渭平原地区居民“煤改气”工程，城乡居民燃气用量保持稳定增长，城镇燃气快速发展，促进了燃气用具行业新发展态势。液化天然气（LNG）点供站和液化石油气（LPG）在偏远地区的推广使用，也为燃气用具进入更多下沉市场用户提供了宝贵渠道。

“十四五”期间，中国能源发展将开启“2030 年前碳达峰、2060 年前碳中和”的低碳转型升级新征程，一次能源结构调整将进入加速变革和全面推进高质量发展的新时期，天然气行业仍将处于发展期。与此同时，氢能利用将逐步向城镇日常用能延伸，掺氢天然气将在城镇燃气领域起到至关重要的作用，氢能在燃气用具领域的应用将迎来全新的发展机遇。

“十四五”期间，随着中国经济质量提高，能源资源配置更加合理，能源利用效率大幅提高，清洁能源需求和高效天然气利用技术需求持续上涨，推动天然气消费增长仍然是中国能源转型的主要方向。环渤海、华北和西北等重点区域稳步推进居民清洁供暖和“煤改气”工程，持续推进城镇燃气领域的“煤改气”，东南沿海、长三角和华中地区推动城镇燃气加快发展，引导南方地区天然气供暖。预计“十四五”期间中国天然气消费量年均增长率仍将在5%以上，“十四五”末中国天然气消费量预计为4300亿～4500亿m^3。

7. 房地产市场因素

燃气用具市场与房地产市场关联度较大，随着近年来精装房政策的逐步推广实施，家用燃气灶、集成灶、家用燃气热水器、燃气采暖热水炉等燃气用具产品在精装房中的配套率逐步提升，房地产市场的走向一定程度上影响着燃气用具市场的发展情况。

国家以及地方政府加速推动全装修房和保障性住房政策落地，未来保障性租赁住房将作为工程精装修的主要阵地。随着人民生活水平的提高和城镇化率的提升，精装房市场和保障房市场发展潜力巨大。精装房市场家用燃气灶配套率达到95%以上，家用燃气热水器配套率连年攀升，燃气采暖热水炉配套率虽与建材、厨房、卫生间等标配部品配套率相差悬殊，但市场潜力不容小觑。房地产市场健康持续发展将为燃气用具行业的可持续增长带来需求保障。

8. 材料配件及供应链因素

燃气用具的燃烧器、燃气比例阀、热交换器、水泵、各类传感器等主要零部件的生产与不锈钢、铸铁、铜、铝等原材料息息相关，燃气用具的生产与各类原材料和配件的供应密不可分，材料配件和供应链是否可持续将直接影响燃气用具产品的生产。供应链中的每个环节都关系到燃气用具的质量和安全性，如果供应链出现问题，可能会导致燃气用具生产延迟和质量安全问题，原材料价格的变化波动也将直接影响燃气用具的生产成本和市场销售价格。同时，零部件行业的发展、技术质量的进步也为燃气用具行业发展提供了有力支持。

未来，随着全球经济形势的变化，各国贸易政策和税收政策的调整，燃气用具生产相关的原材料供应会不同程度的受到影响。不断优化供应链和原材料配件选择，严格管控燃气用具产品生产成本，保持燃气用具行业供应链生态持续健康发展，将对燃气用具行业的发展至关重要。

7.1.3 市场规模预测

基于影响燃气用具市场发展的宏观经济、人口、城镇化率、收入和消费水平、消费市场、气源、房地产市场等主要因素，分析各因素与各类燃气用具市场规模的关联性，选取具有较强关联性的各类因素，通过多元线性回归模型和岭回归模型，充分剔除各因素之间的共线性影响，得到各类燃气用具市场规模与各影响因素之间的回归预测模型。

同时，结合各影响因素的整体发展过程、国内外宏观环境影响、政策发展趋势等对各影响因素未来的发展趋势做三种可能出现的情景预判，分别为不理想发展情景、正常发展情景和理想发展情景，并基于回归模型，对各类燃气用具市场规模进行三种情景下的发展预测。根据各影响因素历年增长率变化情况，结合德尔菲法对各影响因素未来增长率的变化趋势进行专家打分，得到三种可能出现的情景下各影响因素未来增长率。

基于回归模型和三种发展情景下各影响因素的增长率情况，对各类燃气用具市场规模进行三种情景下的发展预测，预计到2025年燃气用具市场规模预测数据如表7-1所示。

2025 年燃气用具市场规模预测数据　　表 7-1

燃气用具类别	不理想发展情景下市场规模	正常发展情景下市场规模	理想发展情景下市场规模
家用燃气灶产量	3900 万台/年	4300 万台/年	4700 万台/年
集成灶销量	330 万台/年	385 万台/年	470 万台/年
家用燃气热水器产量	2200 万台/年	2400 万台/年	2600 万台/年
燃气采暖热水炉(零售和工程市场)销量	240 万台/年	285 万台/年	340 万台/年
商用燃气燃烧器具销售额	135 亿元/年	155 亿元/年	185 亿元/年

7.2　燃气用具标准发展趋势

标准的发展与技术的发展密不可分，对未来燃气用具标准发展趋势的展望主要体现在技术的创新、各项基础性能指标的领先（作为世界范围内行业标准的标杆）以及与其他行业标准的关联性。标准的发展趋势在基础的权威性、科学性、民主性之外，还应能体现新颖性、时代性、预见性，为更长久的行业发展指明方向。

7.2.1　家用燃气灶标准发展趋势

关于家用燃气灶标准体系方面，目前中国家用燃气灶标准体系由国家标准、行业标准、地方标准、团体标准、企业标准等组成，内容涵盖了多方面，包括家用燃气灶性能标准和能效标准，分别为《家用燃气灶具》GB 16410—2020 和《家用燃气灶具能效限定值及能效等级》GB 30720—2014，以及对燃气用具的试验方法标准《家用燃气用具通用试验方法》GB/T 16411—2008；对特定燃气灶根据其特殊功能及特性制定了单独的标准，有《家用二甲醚燃气灶》GB 29410—2012、《家用沼气灶》GB/T 3606—2001 等；此外由于中国气源种类较为丰富，为明确家用燃气灶性能，对气源种类进行了分类，制定了国家标准《城镇燃气分类和基本特性》GB/T 13611—2018。

随着中国燃气用具行业的整体发展，制定完善的具有鲜明性、多样性、适应性、开放性的标准体系是未来的家用燃气灶标准的发展目标与方向，同时随着国际经济贸易合作的不断深入和“一带一路”倡议的推进，正在加紧制定家用燃气灶国际标准体系，国家标准也要逐步与其相协调。

在技术参数要求方面，节能环保、智能化、集成化、人性化是家用燃气灶产品未来发展的大趋势，未来家用燃气灶标准也会围绕着这些方向进行完善。从节能环保角度，为鼓励企业对于热效率指标进行升级，热效率限定值有进一步提高的可能性。另外，对于家用燃气灶热负荷限定值需要进一步研究讨论，对于一味追求超高热负荷参数进行标准规范。此外，对氮氧化物排放要求也可进一步提高，智能化产品与传统产品有着更为复杂的系统和不同的使用场景，针对这些改变，制定科学、合理、全面的标准是未来标准需要完善的内容。

7.2.2　集成灶标准发展趋势

随着集成灶产业的不断扩大，消费者对集成灶产品的关注度日益上升，国家主管单位、各检测机构、标准制订单位、销售平台等纷纷出台政策，对产品的各类指标和性能要求进行严格的规范和要求。2012 年 2 月 8 日，《集成灶》CJ/T 386—2012 发布；2013 年 1 月，《家用燃气灶具》GB 16410—2007 第 1 号修改单将集成灶纳入国家标准，对产品符合的功能、性能以及安全等方面起到了关键的规范作用。2019 年 8 月 28 日，《认监委关于发布防爆电气、家用燃气器具等产品强制性产品认证实施机构指定决定的公告》正式发布，集成灶作为家用燃气灶的一种类别正式纳入强制性认证产品目录。

目前集成灶中的燃气灶部分将继续执行《家用燃气灶具》GB 16410 的要求，新版标准已于 2020 年 12 月 24 日发布，于 2022 年 1 月 1 日实施。集成灶中的电气安全单元部分，按照《家用和类似用途电器的安全 第 1 部分：通用要求》GB 4706.1—2005、《家用和类似用途电气的安全 驻立式电灶、灶台、烤箱及类似用途器具的特殊要求》GB 4706.22—2008 中的相关规定执行。对于集成灶中的吸排油烟装置部分，按照现行国家标准《吸油烟机及其他烹饪烟气吸排装置》GB/T 17713—2022 中的吸排油烟装置性能要求执行。上海、浙江等地区在开展集成灶监督抽查时，还按照《家用电器、电动工具和类似器具的电磁兼容要求 第 1 部分：发射》GB 4343.1—2018 的要求进行集成灶电磁兼容性试验，按照《家用和类似用途电器的安全 带有电气连接的使用燃气、燃油和固体燃料器具的特殊要求》GB 4706.94—2008 进行集成灶的电气安全实验。此外，现行国家标准《家用和类似用途电器的安全 整体厨房器具的特殊要求》GB 4706.107—2012 也在修订中，未来相关机构也可能采用该标准开展集成灶电气安全试验。

未来的集成灶标准将在以下几方面作进一步的指标要求：

一是通用互换性要求。随着集成灶产业的继续发展和早期产品的更新替换，针对不同企业产品之间的通用性、互换性的矛盾点逐渐浮现，因此对集成灶产品结构和尺寸方面需要进一步做统一的标准化规定，包括产品周边设施的安装和售后，应建立统一的标准并进行规范的引导，如电源接入、燃气接入和排烟口的位置等，以方便产品在终端的安装、置换等服务，同时便于开展与周边橱柜、电气设备的标准化衔接。

二是国际化要求。厨电是全世界日常生活都需要的产品，因此集成灶的使用、安装、安全和有关的认证检测也将与国际化接轨，使产品能冲出国门，走向世界，让更多不同国家、不同烹饪饮食习惯的人也能感受到集成灶带来的更加健康的厨房生活。

三是用材的环保性及可回收性要求。为提升产品的使用寿命和倡导环保理念，应注重产品的环保性能和重复利用，使用可回收材料或可再生材料，加强新材料、新工艺的研发、引进和利用。

四是能耗要求。当前环境大趋势下，随着社会各阶层对环境污染的重视，低碳、减排、节能降耗的理念深入人心，也越来越受到全世界的关注，因此对各类产品的能耗要求也势必将成为检验一个产品优劣的衡量标准，随着产品自身技术的不断提高，未来针对集成灶的标准也将在耗电、燃气等资源的能耗上提出更加严格的要求。

7.2.3 家用燃气热水器标准发展趋势

家用燃气热水器现行标准主要是国家标准《家用燃气快速热水器》GB 6932—2015 和现行国家标准《家用燃气快速热水器和燃气采暖热水炉能效限定值及能效等级》GB 20665—2015，除此之外还有针对燃气容积式热水器的现行国家标准《燃气容积式热水器》

GB 18111—2021 和针对冷凝式燃气热水器的现行行业标准《冷凝式家用燃气快速热水器》CJ/T 336—2010，以及现行国家标准《燃气燃烧器具质量检验与等级评定》GB/T 36503—2018、现行行业标准《燃烧气具用给排气管》CJ/T 199—2018、现行标准化协会标准《燃气采暖热水炉及热水器用燃烧器》T/CECS 10007—2018、现行国家标准《燃气燃烧器和燃烧器具用安全和控制装置 特殊要求 电子控制器》GB/T 38603—2020 等。

未来家用燃气热水器标准发展趋势将主要集中在提高热水舒适性、提升环保水平、提升安全性能等方面。

一是提高热水舒适性。随着生活水平的不断提升，用户日常热水需求的舒适性要求越来越高，参照国外相关标准，结合中国实际情况，通过单独定标或整合在热水器标准的形式，制定热水舒适性评价标准，增加相应的性能指标要求；增加最小热负荷偏差要求和供气压力在特定范围内变化时的水温波动要求，来提高夏天洗浴舒适性；增加对零冷水及燃烧噪声方面的要求，提升热水使用舒适性。

二是提升环保水平。家用燃气热水器一氧化碳现行标准规定值为 0.06%，介于欧洲《Gas-fired instantaneous water heaters for the production of domestic hot water》B S EN 26—2015 的要求（0.1%）以及美国 ANSI/CSA/AM Z21.10.3/CSA 4.3《Gas-fired water heaters，volume Ⅲ，storage water heaters with input ratings above 75000 Btu per hour，circulating and instantaneous》的要求（0.04%）之间。随着清洁燃烧技术的不断发展，家用燃气热水器一氧化碳排放值未来一定会大幅降低。随着技术的不断成熟，家用燃气热水器氮氧化物排放标准会进一步向低排放值迈进，氮氧化物排放各等级会进一步提高。

三是进一步提升安全性能。家用燃气热水器安全性能至关重要，随着燃气安全监管加强，未来家用燃气热水器关于安全方面的标准要求也将越来越严格。针对燃气气密性要求，将进一步提高测试压力，对电气安全相关要求也将进一步提升。同时，标准将对高原地区应用中的材料、结构、电气安全、保护装置等作出更专业的要求，并对高原地区的燃气安全（如一氧化碳排放、燃烧工况、火焰稳定性等）和热水性能（如热负荷、热效率、温度控制等）进行规定。

7.2.4 燃气采暖热水炉标准发展趋势

燃气采暖热水炉现行标准主要是以国家标准《燃气采暖热水炉》GB 25034—2020 和《家用燃气快速热水器和燃气采暖热水炉能效限定值及能效等级》GB 20665—2015 为核心，以《家用燃气用具电子式燃气与空气比例调节装置》CJ/T 398—2012、《燃气燃烧器具气动式燃气与空气比例调节装置》CJ/T 450—2014、现行国家标准《燃气燃烧器和燃烧器具用安全和控制装置通用要求》GB/T 30597—2014、《燃气燃烧器具质量检验与等级评定》GB/T 36503—2018、《燃气燃烧器和燃烧器具用安全和控制装置 特殊要求 电子控制器》GB/T 38603—2020、《燃烧气具用给排气管》CJ/T 199—2018、《燃气采暖热水炉及热水器用燃烧器》T/CECS 10007—2018 等零部件标准为基础标准。以《家用燃气燃烧器具安装及验收规程》CJJ 12—2013、《燃气采暖热水炉应用技术规程》T/CECS 215—2017 及《城镇燃气燃烧器具销售和售后服务要求》GB/T 25503—2010 等作为燃气采暖热水炉安装验收和服务标准。

未来，燃气采暖热水炉标准发展将集中在舒适性、结构和性能一致性、特定产品等方面，越来越多的市场自主制定的团体标准来满足市场竞争和创新发展的需求。通过燃气采暖热水炉标准的体系化和多层次应用，提升燃气采暖热水炉的整体性能、安全性和可靠性，为用户提供更好的采暖和热水服务体验。

一是提升舒适性指标。燃气采暖热水炉舒适性指标主要包括生活热水性能和运行噪声指标。将着重改进燃气采暖热水炉的生活热水性能，集中关注水温波动、加热时间以及最小热负荷占额定热负荷的比例等关键指标的改进，以提供更加稳定的水温、更快的加热速度以及更强的热负荷适应能力，满足用户对高品质生活热水的期望。将规定更严格的噪声限制要求，对燃气采暖热水炉的噪声水平进行测试和设定相应的限制值，要求制造商采用降噪技术和材料，优化设计和结构，以减少运行时产生的噪声，让用户享受到宁静安逸的家居使用环境。

二是提升结构和性能的一致性，以确保燃气采暖热水炉在结构设计和性能表现方面达到更高的标准，对涵盖燃气采暖热水炉各个关键部件和系统的设计、材料选择、加工工艺、装配要求等方面提出更加详细和精确的规定，通过提高一致性要求，提升燃气采暖热水炉产品质量和可靠性。

三是提高全预混燃烧冷凝炉的管理和检测标准要求。标准将对全预混燃烧冷凝炉制造商的质量控制体系、生产工艺的监管等规定更加严格的管理要求。同时，标准将加强对全预混燃烧冷凝炉性能的检测要求，确保其冷凝效率、热效率等关键性能指标符合标准要求，提升产品的能效和环保性能。

四是完善零冷水功能相关标准要求，进一步优化和提升零冷水燃气采暖热水炉性能。标准的完善将重点关注零冷水功能的设计、操作可靠性、节能性能等方面的要求，对零冷水功能的工作原理、自动控制系统、水温调节精度等关键指标进行规定，以确保燃气采暖热水炉在提供快速、便捷的热水供应的同时，保持安全、高效和节能的特性，提高用户体验和系统的整体性能。

7.2.5 商用燃气燃烧器具标准发展趋势

商用燃气燃烧器具现行有效的标准主要有国家标准《商用燃气燃烧器具》GB 35848—2018 和《商用燃气灶具能效限定值及能效等级》GB 30531—2014，以及配套的行业标准《中餐燃气炒菜灶》CJ/T 28—2013、《炊用燃气大锅灶》CJ/T 392—2012、《燃气蒸箱》CJ/T 187—2013、《商用燃气燃烧器具通用技术条件》CJ/T 451—2014 等。未来还需要配套制定特殊商用燃气燃烧器具产品标准和重要零部件的标准，制定专用的安装验收标准，进一步完善商用燃气燃烧器具的标准体系。

目前，商用燃气燃烧器具产品的标准执行情况尚不理想。《商用燃气燃烧器具》GB 35848—2018 标准已发布实施四年，根据目前行业情况，该标准的一些条款要求并未能执行到位，存在生产企业对标准要求理解不到位、检测单位对标准相关检测方法和要求理解不一致、监管部门检查依据标准不全面等现象，造成生产能够完全满足标准要求产品的企业不多，部分标准产品送检过程中存在检测单位标准理解差异化导致测试项目结论出现差异。

针对于此，未来商用燃气燃烧器具标准首先要进一步做好标准宣贯和条款释义宣传工作，企业要落实相关技术人员标准学习和指导培训工作，统一标准技术理解，熟知标准技术要求，从而对企业生产起到正向引导作用。其次，针对能效标准修订、产品标识、使用年限、全预混燃烧定义、中压阀安全性问题、燃具零部件合规性等标准相关内容，进行探讨和总结，开展技术研究工作，为《商用燃气燃烧器具》GB 35848—2018 标准实施提供更好的意见和建议，积极做好标准修订工作。与此同时，从市场监管层面加强对商用燃气燃烧器具标准的执行力度，规范产品检测和认证工作，提高生产企业的守法意识和管理水平，使商用燃气燃烧器具行业逐步规范化发展。

7.2.6 燃气用具其他标准发展趋势

1. 智能化和网络化标准发展趋势

燃气用具的智能化和网络化发展趋势日益明显。随着智能手机、近场通信（NFC）技术和人工智能的广泛应用，远程控制和智能控制的需求将越来越细化，既要保证方便使用，也要确保安全使用。

在此背景下，能源智能分配联动技术和远程控制技术将逐步成为燃气用具行业的发展重点，并推动相关标准的制定和完善。标准将注重燃气用具与其他智能家居设备的兼容性和互联互通，规定通信协议、数据传输格式和接口标准，以确保设备间的智能联动。同时，标准将推动数据采集、分析和应用能力，要求传感器和数据采集设备监测关键参数，并传输至云平台进行智能化分析和决策。安全性和隐私保护将是标准关注的重点，要求燃气用具设备具有安全认证机制、数据加密技术和访问控制策略，确保用户信息和设备安全。

2. 与燃气用具相关的零部件标准

随着多能源互补利用技术的推广应用，不同能源形式之间的集成系统会涉及新的零部件应用，零部件标准将更加关注新能源相关技术的要求，发展制定相应的标准，以确保多能源系统的兼容性和安全性。

随着智能家居技术的快速发展，零部件标准将更加关注与智能家居系统的互联互通，包括与智能家居平台的通信协议和接口的兼容性要求，以实现燃气用具与智能家居系统之间的无缝连接和远程控制功能。

制定或修订与燃气用具相关的各个零部件标准，包括燃气阀、热交换器、燃烧器、温控器、控制板、风机、传感器等，标准应涵盖设计、制造、安装、使用和维护等方面的要求，确保零部件的安全性、性能和可靠性。对零部件标准与现有燃气用具各产品标准的接口和兼容性进行深入规划，以确保两者之间有效对接和协同发展。将现有燃气用具产品标准中与零部件相关的内容尽量安排在基于零部件标准的型式检验中完成，以确保整体燃气用具产品标准的条理清晰和简洁。

3. 可靠性和耐久性标准发展趋势

随着用户对燃气用具产品质量和性能的要求提高，制定更严格、更科学的可靠性和耐久性标准成为必然趋势。

在可靠性方面，标准的发展将重点关注安全项目的进一步完善和提高，意味着在燃气用具的设计、制造和使用过程中，将更加注重风险评估、安全测试和安全控制措施的实施，以确保产品在正常运行和异常情况下的安全可靠性。

在耐久性方面，标准的发展将要求更严格的整机耐久测试和零部件耐久性测试。耐久性测试将涉及燃气用具在长时间运行中的性能稳定性和使用寿命评估，以验证产品在各种工作条件下的可持续性和耐久性。零部件耐久性测试将对关键零部件的质量和可靠性进行严格检测，确保它们能够承受长期使用和恶劣环境的考验。

7.3 燃气用具技术发展趋势

7.3.1 推进节能环保技术创新和产品应用

随着“碳达峰”目标和“碳中和”远景的提出，燃气用具节能低排放技术将是未来发展的重要趋势。

优化家用燃气灶和集成灶的燃烧系统及聚能技术。研发新型燃烧器结构设计，通过增压式燃烧、聚能燃烧、全预混鼓风燃烧、低排放燃烧、自适应燃烧、混合能源应用等技术创新，优化燃气自动控制技术，改善二次空气供给和热交换途径，开发新型聚热辐射锅架结构，提升燃烧效率、强化换热效率、降低燃烧污染物排放，实现高效、节能、环保目的。推进低成本、高能效燃烧器研发，将高能效家用燃气灶和集成灶产品向下延伸，开拓产品应用市场。

提升集成灶吸油烟能力，减少污染物排放。大力发展集成灶静电吸附油污技术、动态螺旋滤油技术、负离子净化技术、活性吸附技术、织物过滤技术、湿式净化技术、紫外线光解净化技术等油烟净化技术，优化风机性能，开发风机烟道环境自适应技术、降噪风道结构技术、直流变频驱动技术，改善吸排烟系统结构。开发基于多产品融合的能量回收技术，打造干净舒适的厨房环境，降低系统噪声，保障用户使用环境的绿色环保与健康便捷。

聚焦家用燃气热水器低氮高效燃烧技术和新型热交换器材料技术。继续在浓淡燃烧技术、催化燃烧、掺氢或纯氢燃烧以及无焰燃烧技术等方面加大研究深度，在关键器件的研发、系统控制技术、环境适应性技术等领域开展重点研究。研发新材料合金热交换器，完善不锈钢翅片管热交换器结构，应用经济型材料，如复合材料、石墨、搪瓷玻璃等导热材料，以及其他高效导热、耐高温、防腐蚀、防结垢材料，研发高效功能涂层材料技术，提升热交换器的防腐性能和使用寿命。提升家用燃气热水器产品能效，改善家用燃气热水器产品全生命周期内使用的平均能效水平，提升高能效和低氮排放产品市场占比。

大力推广燃气采暖热水炉应用高效低氮全预混燃烧冷凝技术。研发低成本、高质量燃气采暖热水炉低氮燃烧技术和全预混燃烧技术，全预混燃烧自适应技术实现进一步优化和推广应用，研发具有更佳应用调节比的燃气-空气比例控制技术。继续开展燃气采暖热水炉低氮燃烧技术研究，提升小热负荷段使用时的热效率。响应国家能源发展转型政策，积极发展燃气采暖热水炉掺氢或纯氢燃烧技术，保证燃烧工况不变和可靠性不变，提升高能效和低氮排放产品市场占比。

合理发展燃气用具燃气自适应技术。通过更先进的传感器和控制系统，优化燃气阀门和预混器结构设计，实现更精准的燃气-空气比例控制，提高燃气自适应技术的燃烧效率和节能减排效果，扩展燃气自适应技术的应用范围，适应多能源混合燃烧和新能源发展的需求，引领燃气用具行业迈向更加节能环保的未来。

优化和推广商用燃气燃烧器具燃烧技术和节能技术。研发新型全预混燃烧器，提高燃烧器的燃烧效率及辐射传热能力，进而提高能源利用率；通过调整炉膛结构、炉膛排烟口形式及位置，改变烟气在炉膛内的流向，进行合理的烟气余热回收利用，提高换热效率和能源利用率，降低燃烧产物排放；通过控制燃气量和空气量比例调节，改善大小火时燃烧效率不均的问题，使燃气燃烧控制更加精确，避免燃烧用空气量控制不精准造成的热能浪费，节约燃气。需要人工值守的商用燃气燃烧器具，优化其防空烧燃烧技术，减少其无效使用时间，节约燃气耗量，降低污染物排放。

强化燃气用具绿色设计理念。在燃气用具产品原材料选择、生产、使用及报废回收的全生命周期内优化各有关设计因素，充分考虑对资源和环境的影响，在满足产品功能、质量、开发周期和成本要求的同时，使得燃气用具产品对环境的总体影响和资源消耗降到最低。

7.3.2 提升燃气用具产品舒适性技术应用

在满足用户功能需求的基础上更舒适便捷、提升用户体验是燃气用具行业持续追求的目标。

家用燃气灶和集成灶产品舒适性技术发展。开发高热负荷调节比技术，提高热负荷调节范围，满足不同用户对家用燃气灶和集成灶热负荷的需求；优化火焰分布技术，使其更均匀，减小烹饪过程对用户的热辐射，改善厨房环境；改善家用燃气灶和集成灶整体结构，降低零部件温升，提升产品的安全性与使用寿命。发展热熔洗技术、高温蒸汽洗技术、疏水基表面涂层技术等自清洁技术，优化家用燃气灶和集成灶整体结构和外观设计，实现易清洁性，提升用户体验，解决厨房因爆炒造成油污较重而带来的清洁问题。

保证用户生活热水使用舒适性，优化家用燃气热水器恒温技术。进一步提升相应恒温功能部件的综合控制性能，优化进出水路设计，提升管路保温材料性能；进一步优化恒温控制程序应对复杂外部使用工况变化，使得恒温变量的预判更加智能，保持出水温度恒定，同时解决小负荷停水温升控制的问题；进一步优化智能增压技术，满足高端用户多点用水、浴缸用水等大水量需求，在更先进的燃烧控制和换热控制方式下，降低启动水流量和最小热负荷，实现小水量热水温度恒定。

保证用户生活热水使用舒适性，进一步优化零冷水技术。基于现有内置循环预热和外置循环预热等技术，研发更方便安装的循环管路系统，研制更优秀的节能算法以及更完美的有回水管和无回水管解决方案，研究快速循环预热技术和精确温度控制技术，解决零冷水产品系统安装繁琐以及用水体验不佳的问题，实现生活热水“即开即热”的需求，为用户进一步节约安装和使用成本，提升用户洗浴舒适性和生活品质。

保证用户日常使用舒适性，提升降噪技术应用水平。家用燃气热水器和燃气采暖热水炉在以降低火孔热强度、气流降噪、水路降噪、吸声降噪等降噪技术基础之上，针对不同噪声源开发更有效的降噪技术，研发更高效的吸声材料，在燃烧控制、给排气控制和水流控制方面持续改进。随着整机一体式燃烧系统、不锈钢热交热器及铸铝合金热交热器等关键技术在家用燃气热水器和燃气采暖热水炉中的应用，整机噪声研究也将是降噪技术研究趋势。

提升燃气采暖热水炉舒适性技术发展。将高输出调节比、燃烧比例控制、分段燃烧、水量伺服等技术运用到燃气采暖热水炉中的生活热水部分，持续提升燃气采暖热水炉生活热水的性能和舒适性，极大提升使用的舒适度。应用气候补偿技术和室内温控技术，自动优化调节采暖出水温度，合理匹配有效的板式热交换器、耦合罐、蓄热缓冲罐等，将燃气采暖热水炉系统与辅助供暖设备、智能控温系统、智能家居系统、能源管理系统等外置系统进行科学的耦合匹配，提高采暖舒适性和经济性。

规范结构尺寸，优化外观设计。与现有住宅标准规范相结合，标准化与规范化家用燃气灶、集成灶、家用燃气热水器、燃气采暖热水炉安装尺寸，便于用户安装和后续置换。探索新面板材料、新配色方案以及产品与家装融合方案，根据市场导向设计产品外观，在开发产品性能和功能的同时注重其对外观的影响，同时产品设计与时尚、健康等现代化理念相结合，使得燃气用具从单一功能性产品延伸至带有设计理念、设计元素、与家装风格统一的工艺品。

7.3.3 加快燃气用具产品智能化技术应用

家用燃气灶和集成灶产品控制和安全防护智能化技术发展。基于智能触摸操控、智能防干烧保护、烟灶联动、智能控温、智能烹饪和网络互联等智能化功能，家用燃气灶和集成灶的智能化技术发展将更侧重于产品本身的使用功能，如集成灶的烟机风道阻力自适应技术等，并通过语音识别指令、云服务、智能家电 APP 等方式提高人机交互水平。进一步优化燃气流量自动控制技术，集成温度检测和加热时间控制技术，优化程序算法，解决烹饪过程中火力难以调节、温度难以控制的痛点问题，实现一键烹饪和自动烹饪，通过网络互联智能功能，发展智能菜谱技术，实现网络共享菜谱自动烹饪。进一步优化安全防护智能传感技术应用，提升防干烧、回火、燃气泄漏等安全防护智能传感精度，基于网络互联智能技术和人工智能等先进技术，实现运行状态实时监测和异常状态远程上报，保障家用燃气灶和集成灶产品的全方位智能控制与安全防护，如防烫伤高温提醒技术、测温精度±5℃的测温系统、预测型智能算法等技术，提高产品的安全性和便捷性，提升用户体验。

家用燃气热水器和燃气采暖热水炉产品舒适性智能化技术发展。利用物联网等信息技术手段，如智能无感交互技术、远程控制技术、语音控制技术、手势控制技术、近场通信技术、空中下载技术等，丰富家用燃气热水器和燃气采暖热水炉操作方式，实现远程协助、增加可拓展性，更好地适应快节奏的变化需求。利用智能技术自主学习提高人机交互体验，主动预判用户使用习惯，主动感知外在影响因子的变化，自主调节家用燃气热水器和燃气采暖热水炉燃烧工况和水路系统，自主判断机器部件状态，完善产品自身功能。基于大数据分析、智能控制算法应用和运行方案优化设计，为不同用户实现个性化温度调节和精准调节，提高居家生活的舒适度并减少不必要的功耗，提升综合能源使用效率。

燃气用具运行监测和售后服务智能化技术发展。建立燃气用具产品运行大数据平台和售后维修控制平台，利用物联网通信技术，通过传感器实时监测设备的运行及待机健康状态，实时将监测数据传送至云端服务器，通过智能化数据分析及整机身份编码判断，实现设备远程控制、安全监控、能源消耗统计、自动故障识别诊断报修等功能，及时将服务数据发送至最近的服务网点进行上门服务以及通过云端直接远程维护，实现更可靠和智能化的售后服务。

燃气用具信息安全与隐私保护技术发展。智能化燃气用具与智能家居系统紧密集成，实现与其他家庭设备的互联互通，加强用户信息安全和隐私保护技术研究，应用信息加密、防火墙等防护措施，确保用户数据安全和设备的稳定运行。

7.3.4 积极推动燃气用具氢能技术应用

氢能大规模利用是推动化石能源清洁利用和促进可再生能源发展的重要路径，作为未来国家能源体系的重要组成部分和用能终端实现绿色低碳转型的重要载体，积极推动燃气用具氢能技术应用，将为燃气用具行业可持续发展注入新动力。

结合氢能发展趋势和国家清洁能源政策发展要求，积极开展掺氢燃气燃烧技术研究，优化燃烧过程，改善燃烧系统设计，确保掺氢后的燃气用具在各种工况下都能稳定运行，保持燃气用具可靠性不变，进一步提高燃烧效率、降低污染物排放。重点关注燃气用具中应用掺氢燃烧技术的安全性问题，着重研究和应用更安全和稳定的掺氢供应、储存和使用技术，以确保掺氢燃烧系统在各种工况下的运行安全性。研发新型氢气燃烧技术，解决氢气燃烧回火、氮氧化物排放超标等问题，研制适用于纯氢燃烧的燃气用具产品，将氢能燃气用具产品进行商业开发和应用，并能适应一定掺氢比例的富氢天然气和常规天然气。

积极完善氢能燃烧技术标准化研究，对现行燃气用具相关标准中富氢天然气相关的内容进行补充，并完善燃气用具氢能应用相关的国家、行业或地方标准的制修订和预研究工作，推动提升氢能燃气用具技术水平和产品质量。

7.3.5 统筹发展多能源应用系统

随着“双碳”目标的提出和节能环保形势的发展，家庭热能供应系统的节能问题已成为国家关注的焦点。

推广应用多能源互补家庭供热系统。通过开发系统能量管理技术，优化系统配置方法及系统运行与控制技术，基于信息流调控能量流，在多能源互补模型的优化、多能源互补系统的集成设计、多能源互补的智能化控制等方面，充分考虑各种能源的特点和限制，将可再生能源、清洁能源、新能源等进行有机结合，制定供能端不同能源出力计划，实现能源的多元化利用和高效补充。基于智慧家庭能源管理系统，实现不同形式能量的合理转换，提高供能系统与用能系统的匹配性，注重高效能源转换和多能源储能技术的研究和应用，实现多能源储能、多能源转换和多能源利用的优化组合和协同运行。

提升多能源应用系统综合使用效率，降低用户能源支出。集成燃气、太阳能、热泵等多能源应用系统，为家庭各种能源的接入提供技术支持，结合标准化通信协议和端口，应用人工智能、大数据及物联网和数字孪生等技术，实现关键冷热源设备之间的数据通信和运行控制，充分发挥各种能源的优势，实现能源的最优配置，提高能源利用率。以多种冷热源为基础，优化冷热源装置之间的故障影响和系统可靠运行管理，协调各种热源的差异性，保障能源供应稳定性，进行合理的水力系统和控制系统设计，与余热回收系统、建筑能源管理系统等联动，实现更低能源消耗和更低碳排放。以气候条件为主实现冷热源切换和互补控制功能，考虑供能端与用能端特性差异，辅以能源价格为主导的成本控制模型，实现多能源应用系统成本最优化。

提升燃气用具产品在多能源应用系统中的占比。加速编制、发布和实施多能源应用相关技术标准，合理解决多能源系统联合运行产生的特有安全、技术、经济等问题，规范多能源系统市场监管和市场准入制度，保护消费者利益，促进太阳能、热泵技术在家用燃气供热水和采暖领域的应用，促进燃气采暖热水炉和家用燃气热水器产品的可持续发展。

7.3.6 加快建设燃气用具数字化质量管控系统

基于工业互联网思维，以产业数字化、体系标准化为发展方向，采用“软件＋硬件”的实施方案，围绕燃气用具行业上下游产业链，建设与打造燃气用具智能制造可信体系，实现产业链协同与质量数据的可信追溯。推行云计算、云服务、大数据的融合运用，加大对企业智能化改造的力度，利用现代信息技术对燃气用具产业进行全方位、全角度、全链条的改造，推动燃气用具行业数字化加速转型。通过5G赋能，推动燃气用具企业内部数字化转型升级，以海量的质量检测数据为基础，依托国家工业互联网标识解析体系，形成产品溯源码，通过国家工业互联网二级节点标识解析与区块链技术，实现从产品生产、整机检测、质量监管到消费者购买使用的全生命周期可信溯源。

建立燃气用具产品全生命周期质量可信溯源体系，通过软硬件检测手段的升级，实现从配件采购到产品生产、整机的100％检测率。搭建覆盖全行业质量管控可信制造服务平台，将所有品质信息进行数据化分析、智能化管控、高效化使用，完成工业大数据汇聚。聚焦行业质量管控，借助数字化转型升级机遇，开展系统性的顶层设计，深化核心工业软件开发，实现全产业链质量数据实时联动，通过产业数字化推动燃气用具产品全生命周期质量可信溯源。

建立产品质量可信认证标准。根据行业权威检测机构提供的产品质量可信认证标准，依托物联网标识加密和联盟链技术，对标准进行APP化，实现产品生产过程中的产品质量可信云监管，远程监控产线检测设备的设备状态和检测数据，将相关可信质量数据与质检部门进行对接，通过质量可信云监控提高监管效率，填补监管漏洞，建立统一的产品合格标准，为产品提供质量保障，最终创造良币驱除劣币的产业环境。以工业互联网标识为链接，通过合格产品的可信溯源标识码，监控产品流通与使用过程，实现市场监管的数字化管控，以及消费者使用过程的安全预警与预售后质量管控服务，提升燃气用具行业的整体质量水平与安全服务能力。

搭建覆盖全行业质量管控可信制造服务平台。通过产业链数据流转，形成可信要素数据的集合，联合多家机构，赋予企业产品质量可信，为企业赋能，实现企业间供应链管理系统与质量数据协同。帮助企业内部的生产数据流与在用户层采集的使用数据流进行整理收集处理，把数据分享给需要的供应链上下游，适时把数据化描述分享给网络，实现智能化监管追溯体系，将所有品质信息进行数据化分析、智能化的管控、高效化的使用，完成工业大数据汇聚。

国际物品编码组织（GS1）共建全球工业互联网标识解析体系。以GS1全球标识标准体系和国家工业互联网标识解析体系为基础，将国家工业互联网标识和GS1全球标准化体系标识结合，实现标识互联互通，打造国家工业互联网标识和GS1全球体系（两个标准）标识一体化功能平台。以商品追溯、商品物流、商品信息查询的服务创新应用为建设方向，推动燃气用具行业境内外企业接入工业互联网标识解析体系，针对行业场景建设标识解析应用，促进境内外大数据流通。同时，通过全球工业互联网标识体系的建设，标识将贯穿境内外燃气用具行业企业供应链，贯穿企业生产到用户消费的全流程，形成持续不断的双环，实现境内外产品的质量可信溯源，助推中国燃气用具智能制造质量与销量的提升。

7.3.7 合理发展小型化和集成化燃气用具

小型化燃气用具适应更多应用场景。通过燃烧技术创新、设计结构优化、多功能化设计，应用高效换热技术、智能控制技术和新材料技术，发展燃气采暖热水炉和家用燃气热水器小型化技术，便于既有家用燃气热水器用户在原安装位置直接更新为燃气采暖热水炉，提高配件集成度，为更多场景安装应用提供有效解决方案。家用燃气灶产品类型逐渐多样化，烹饪方式的精细化逐步衍生出功能细分的家用燃气灶产品，品质高、功能强、体积小、颜值高的小型化家用燃气灶将更能适应新消费需求。

集成化燃气用具产品满足更多使用需求。随着用户需求的细分，水质净化和软化、杀菌消毒、整体浴室、整体厨房等多品类集成技术为用户提升使用功能扩展，完善燃气用具产品结构集成化设计，不断集成各种新型技术，结合用户实际需求实现定制化集成开发，达到安全、舒适、便利和个性化的使用感受，提高用户的产品使用体验。家用燃气灶和集成灶将实现更多的功能集成，集成定时、烟灶联动、火力挡位显示、挡位精控、坐锅感应、语音提示、灯光指示、燃气泄漏报警、重要部件过温保护、燃气稳压等附加功能。集成厨房各种多功能电器，将各个功能完美融合，缩小设备占用空间的同时提供更加人性化便捷的操作方式，提高用户的使用体验。

7.3.8 加强燃气用具产品可靠性和耐用性

提升燃气用具产品可靠性与耐用性。开发点火可靠性技术、生产过程可靠性控制技术、产品与零部件同寿命技术等，提高生产制造水平，确保燃气用具产品品质，降低故障率。提升商用燃气燃烧器具熄火保护装置的稳定性、可靠性和耐久性，保证安装有熄火保护装置的产品在调试运行工作中的有效性。

燃气采暖热水炉和家用燃气热水器模块化和集成化设计，简化安装和维护流程，使各个部件易于更换和维修，提高设备的安全性和耐用性。改进整机结构设计，优化热交换器结构和材料，增加设计寿命，减少热应力、热疲劳等现象，发展鼓风直流变频燃烧技术，解决相关配件高温老化、积碳腐蚀等寿命问题。

加强燃气用具火焰控制、防爆防冻等安全控制技术应用研究，保证燃气用具日常运行安全。研究燃气泄漏报警联动控制技术和安全预警应急处理系统，通过与智能化技术的融合，实现在线健康监测、提前预警，预测和预防潜在安全隐患，在发生故障或异常情况时，及时切断燃气阀门，保证应用场景燃气输配安全和燃气用具产品使用安全。

7.3.9 推动发展燃气用具行业智能制造

深入实施燃气用具行业智能制造和绿色制造。推动燃气用具行业制造高端化、智能化、绿色化，积极向数字化、网络化、智能化方向转型。提升燃气用具产品生产设备数字化和网络化能力，完成生产设备联网和运行数据采集，实现生产设备远程监控，提升数据分析利用率，系统地挖掘分析生产制造数据，基于数据驱动实现智能化制造。

扎实推进燃气用具制造数字化设计。基于燃气用具产品的参数化、模块化设计，开展计算机辅助设计、三维模型设计、数字化建模仿真等，对产品设计和工艺设计数据进行结构化管理与归档，建立典型组件和设计数据库，快速适应外部环境技术动态性以及响应外部市场需求不确定性。

着力推进燃气用具生产过程智能化。建设智能化车间，实现作业指导、加工程序、工艺参数等工艺文件的远程下达，实现生产的人、机、料、法、环、测数据采集，实现生产计划和作业工单的自动排程，实现生产过程信息的可视化与数据统计，实现设备的信息化管理，消除信息孤岛，促进燃气用具生产过程实现信息互联与互操作，达到信息流、数据流无缝传递状态。

7.3.10 燃气用具行业发展建议意见

1. 加大政策支持力度

加大政策力度，推动城镇燃气普及率提升和燃气管网向下延伸，开展乡镇村地区燃气管网供气基础设施建设，推进燃气用具在下沉市场的普及应用。持续推动清洁取暖政策，制定有效政策，优先保障居民用气供应。加大对天然气清洁能源应用的政策支持，制定节能、低氮、低碳燃气用具产品激励政策，大力发展高效节能燃气用具产品和创新技术，鼓励和引导全预混燃烧冷凝式、低排放式等各类节能环保燃气用具产品快速进入市场。

2. 加强燃气用具市场监管

依托现行标准规范和市场监管相关要求，加强燃气用具行业监管和市场监管，明确监管职责，完善监管体系，建立健全完整配套的燃气用具市场监管法律法规体系，发挥法律、法规、规章对燃气用具行业发展的引导和约束作用，强化地方市场监管机构的主体地位。充分发挥CCC认证制度和自愿性认证制度对燃气用具产品质量管理的作用，形成全方位的质量监管管理体系，引导优质产品自愿性认证体系的有序实施，实现对不符合标准规范的燃气用具产品和生产企业严厉打击，构建“良币驱逐劣币”的良性市场环境，保障燃气用具行业有序、健康、平稳发展。

3. 加速燃气用具行业平台建设

凝聚行业发展合力，共同推动燃气用具行业高质量发展平台建设。依托燃气用具行业平台，加强燃气用具产业链上下游企业协同合作，加强与利益相关方沟通交流，促进整机生产企业与零部件生产企业、原材料供应企业、经销商群体、线上线下销售平台等多方协调联动发展；加强国际交流合作，积极参与国际标准编制，携手国际同行共同为实现“双碳”目标和燃气用具行业可持续发展贡献力量。

4. 加强燃气用具企业能动性

强化各燃气用具产品及相关零部件产品生产企业作为行业发展的实施主体地位，细化调整企业实施方案，积极有序推进科研项目实施和市场推广，对行业发展实施情况提出建议，及时总结经验、分析问题、制定对策，根据经济社会发展和国家政策推进情况，适时调整发展方向。加强科技攻关和研发，加强企业科技创新体系建设，以企业创新为主体，科研院所创新为保障，提高自主创新能力，依托科研项目加快重大技术突破。

5. 坚持高效利用和环境保护

坚持高效环保、节约优先，提高利用效率，培育新兴市场，扩大高效节能燃气用具市场规模。处理好燃气用具行业发展与生态环境保护的关系，注重生产、运输和利用中的环境保护和资源供应的可持续性，减少环境污染。充分发挥燃气用具产品舒适、节能、便捷的特点，满足消费者对舒适家居和智能家居的美好生活需求。